特殊教育學生的正向行為支持

中華民國特殊教育學會　策劃

洪儷瑜、鳳華、何美慧、張蓓莉、翁素珍　主編

主編簡介

洪儷瑜

國立臺灣師範大學特殊教育學系教授兼師資培育學院院長

鳳華

國立彰化師範大學復健諮商研究所教授

博士級國際行為分析師（BCBA-D）

何美慧

國立臺南大學特殊教育學系副教授

張蓓莉

國立臺灣師範大學特殊教育學系退休教授

翁素珍

國立臺灣師範大學特殊教育學系博士暨兼任助理教授

作者簡介

洪儷瑜（第一章、第二章、第十章）
國立臺灣師範大學特殊教育學系教授兼師資培育學院院長

林迺超（第二章）
國立臺灣師範大學特殊教育學系博士暨兼任助理教授

袁銀娟（第二章）
國立臺灣師範大學特殊教育學系博士候選人

翁素珍（第二章、第十七章）
國立臺灣師範大學特殊教育學系博士暨兼任助理教授

何美慧（第三章、第十三章）
國立臺南大學特殊教育學系副教授

吳佩芳（第四章、第八章、第十三章）
國立高雄師範大學特殊教育學系副教授
博士級國際行為分析師（BCBA-D）

田凱倩（第五章、第七章）
國立彰化師範大學特殊教育學系助理教授

陳佩玉（第六章、第九章）
國立臺北教育大學特殊教育學系副教授
博士級國際行為分析師（BCBA-D）

曾瑞蓉（第十章）
臺北市東區特教資源中心特教生情緒行為問題專業支援教師與督導

謝佳真（第十章）
新北市蘆洲區鷺江國中特教教師
曾任新北市情緒巡迴教師督導

鳳華（第十一章、第十二章、第十五章、第十八章、第十九章）
國立彰化師範大學復健諮商研究所教授
博士級國際行為分析師（BCBA-D）

王志全（第十二章）
國立彰化特殊教育學校校長（時任臺中市立臺中特殊教育學校輔導主任）

吳雅萍（第十二章）
國立嘉義大學特殊教育學系副教授兼系主任

楊善知（第十二章、第十九章）
臺中市立臺中特殊教育學校輔導組長

郭勇佐（第十三章）
國立臺南大學附屬啟聰學校總務主任

黃萃涵（第十三章）
國立臺南特殊教育學校特教教師

康琮富（第十三章）
臺南市永康區大灣國小特教教師

廖芳玫（第十四章、第十六章）
教育部國民及學前教育署情緒及行為問題專業支援團隊督導
臺北市立大學兼任講師

詹千慧（第十四章）
基隆市中正區中正國小特教組長（時任不分類巡迴輔導教師）

林慧茵（第十五章）
彰化縣聯興國小教師

陳婉萍（第十六章）
臺北市立成淵高中特教教師

蘇芷瑩（第十六章）
臺北市立成淵高中特教教師

王若權（第十七章）
國立新竹高級工業職業學校特教組長

謝秀圓（第十七章）
國立新竹高級工業職業學校特教教師

廖莉婷（第十八章）
臺中市立臺中特殊教育學校特教教師

郭佑慈（第十八章）
國立屏東特殊教育學校特教教師

理事長序

「行為問題」還是「問題行為」？這兩者字面上的差異看似不大，但其背後理念卻差異甚大，也深深影響特殊教育教師與相關工作者在面對特殊教育學生情緒行為問題時的專業倫理和介入策略之選擇。

《特殊教育學生的正向行為支持》一書之編寫緣自於 2013 年 10 月，由洪儷瑜教授於中華民國特殊教育學會（以下簡稱學會或本會）第 23 屆理監事會議時所提出，當時國內發生了多起特殊教育學生情緒行為問題及其後續處理的相關爭議事件，希望學會能凝聚共識，就此議題表示學術界的立場和期許。本會歷經近五年、前後三屆理監事，終於確定以正向行為支持理念推動「特殊教育學生情緒行為問題處理守則與專業倫理」。

在此，首先要感謝第 23 屆理事長張正芬教授及該屆理監事們，決議籌組行為工作小組進行「特殊教育學生情緒行為問題處理守則與專業倫理」，並委託洪儷瑜教授、張蓓莉教授、鳳華教授、何美慧教授、林幸台教授為工作小組成員，代表學會進行草擬工作。2013 年 11 月，工作小組提出草案，並透過各分區會員大會進行意見調查，感謝當時的工作人員翁素珍老師和林迺超老師之義務幫忙，兩位以實務工作者的角色參與「特殊教育學生情緒行為問題處理架構」及「特殊教育學生情緒行為問題處理守則與專業倫理」之撰寫與修正。其次，要感謝第 24 屆理事長張昇鵬教授及該屆理監事們，繼續支持工作小組之提案，將草擬之架構、流程和專業倫理進行北、中、南區的試辦計畫，此階段也陸續有國內的新進學者加入工作小組，包括：臺北教育大學的陳佩玉教授、彰化師範大學的田凱倩教授，以及高雄師範大學的吳佩芳教授，與洪儷瑜教授、張蓓莉教授、鳳華教授、何美慧教授搭配，共同執行三區的試辦計畫，臺灣師範大學博士班學生袁銀娟老師也義務幫忙北區的試辦工作和三區之協調工作。

「特殊教育學生情緒行為問題處理守則與專業倫理」經 2016 年 11 月第 24 屆會員代表大會討論通過，為本學會認可特殊教育工作者應遵循的文件，除此之外，並期待特教界多利用依正向行為支持理念所修訂的「三級

預防概念圖」及建議的工作流程，以提升特殊教育工作者處理特殊教育學生情緒行為問題的能力。為了讓本會會員或特殊教育工作者更能了解守則和流程背後的理念，第 24 屆理監事會通過由學會出資，請工作小組和參與成員撰寫書籍，書中有許多理論、執行技術的說明和運用實例，並交由心理出版社出版，編輯事宜則全權委託行為工作小組，其中，翁素珍老師、林迺超老師和袁銀娟老師仍持續幫忙工作小組有關書籍的編輯工作。

本書主要分為兩個篇章，第一篇「理論與技術」係由洪儷瑜教授、鳳華教授、何美慧教授、陳佩玉教授、田凱倩教授及吳佩芳教授分章節完成，各章節的內容除了相關的知識之外，均搭配本學會所通過之「三級預防概念圖」和工作流程之表格進行說明，算是一本實用手冊。第二篇「特殊教育學生情緒行為問題介入處理實例」，包括了特殊教育學校、國小、國中和高中階段之實際案例，係由 104 學年度參與試辦計畫的七所學校之特教教師與協助督導的翁素珍老師及廖芳玫老師撰寫。他們透過學校真實案例的分享，並敘明工作流程和所使用的相關工具表格，這讓本學會推動的正向行為支持之流程更易懂，對特殊教育工作者更具親切性和可行性。

當特殊教育學生有行為問題時，如何積極去了解問題背後可能的原因，根據資料做預防和因應的決策，在此的「積極性」、「預防性」和「以資料為本」是正向行為支持的基本原則，也是特殊教育工作者應該具備的專業知能。

我們期待本書對特殊教育工作者來說，是一本實用手冊，不論是特殊教育工作者之專業表現或執行法定的工作，大家都能用實證有效的方法，以正向的態度與有系統的程序去引導特殊教育學生情緒行為之改變，更期待大家可以用更積極的、預防的、科學的方法提升教師和學生的互動、教育與生活品質。

最後，本書之出版還是要感謝學會理事洪儷瑜教授、張蓓莉教授、鳳華教授、何美慧教授義務完成這項長達五年的任務，以及前後兩任理事長張正芬教授、張昇鵬教授持續的支持，而心理出版社在前任理事長張昇鵬

教授的協調下，提供本學會有利的出版條件，以及林敬堯總編輯協助出版，特此致謝。

王世王 教授

中華民國特殊教育學會第 25 屆理事長

2018 年 2 月

主編序（代序）

複雜的事不能簡單做──管理行為如此，推動理念也如此

國內教師在處理特殊教育學生行為問題的方式經常引起爭議，例如：媒體報導教師不當綑綁特殊教育學生、教師不當處罰特殊教育學生、教師告學生等，很多合格的特教教師對於特殊教育學生的行為處理仍停留在後果處理，甚至不顧特殊教育專業倫理，公開陳述自己運用嫌惡方式處置特殊教育學生的事蹟，或毫無考慮的就把學生的疾患特徵作為轉至更隔離的安置之理由。身為特殊教育師資培育者，實不忍特殊教育工作被少數教師如此破壞，也不忍看到這些特殊教育教師在專業上未能跟上時代而不自覺，在大環境未能提醒特殊教育教師合理的專業升級時，會讓特殊教育工作出現劣幣趨逐良幣的危機。

基於相信每位教師的用心，僅是因為技窮才會對學生實施嫌惡處罰，而教師出現不當行為也可能是出自於溝通求助的功能，以及在 2012 年前後處理的案例是出自於專業研究最多的縣市，除了憂心特殊教育學生因教師缺乏專業而導致受教權嚴重受損之危機，也感到光靠師資培育大學的授課或學術研究可能是不夠的，因此於 2012 第 22 屆理監事會最後一次會議提出提案，希望中華民國特殊教育學會（以下簡稱學會）正視此問題，以捍衛特殊教育專業品質，重申特殊教育專業的重要。

接續的第 23 屆理監事會為此提案做出決議，委託我和鳳華教授、何美慧教授、張蓓莉教授、林幸台教授等理監事成立一個行為工作小組（以下簡稱本小組），針對這個問題提出解決策略送理監事會議決。本小組歷經五年、前後三屆理監事會，於會員代表大會進行了兩次表決、兩次公開調查、兩次理監事會議決，才正式完成這份工作。第一次在第 23 屆第一年的年會同意本小組的工作計畫，超過九成會員代表同意此工作計畫；第二次在第 24 屆第二年的年會通過本小組所擬訂的「特殊教育學生情緒行為問題三級預防概念圖」、「特殊教育學生情緒行為問題處理三級預防工作流程圖」，以及七個工作表單作為處理守則，另訂定「特殊教育學生情緒行為

問題處理守則與專業倫理」，獲得全數會員代表同意，作為學會的正式主張，並將相關文件公開於學會網站公告所有會員。

　　為求獲得最多不同的意見，本小組在工作期間召開過兩次公聽會，第一次是在 2014 年針對本小組建立的架構階段，將草擬的「特殊教育學生情緒行為問題處理守則與專業論理」邀請特殊教育教師、教師會和家長會代表表示意見，與會代表們均表示認同本工作之精神，並根據草案提供意見；第二次是在公開諮詢的階段，於 2014 年年底分區代表會議針對「特殊教育學生情緒行為問題三級預防概念圖」、「特殊教育學生情緒行為問題處理三級預防工作流程圖」（以下簡稱處理架構）作為工作守則，以及「特殊教育學生情緒行為問題處理守則與專業論理」進行意見蒐集，並使用問卷調查未來推動之意見，其中 91%的會員代表同意學會推動「特殊教育學生情緒行為問題處理守則與專業倫理」之工作，87%的會員代表同意處理守則所擬之三級架構與專業倫理，並肯定此工作之助益。本小組為了爭取工作所需奧援，因此在第 24 屆理監事會提出兩次提案：第一次是審核辦理試辦工作計畫，為了讓所擬訂之架構、流程和表單確實符合國內各類的特殊教育工作，請學會同意進行試辦工作計畫並協助申請經費支援，之後理監事會同意本小組進行試辦工作，並協助申請補助經費，第 24 屆張昇鵬理事長雖然未申請到經費補助，但仍同意各區的試辦計畫，並給予可能的資源支持。最後一次參與本小組草擬架構試辦的教師們也在學會的年會發表，獲得很多迴響，與會的理監事和特殊教育工作者都期待這一份可以當作全國處理特殊教育學生行為問題的指引。本小組為了提供處理架構更多的參考資訊，同意合著讓學會把工作成果出版成書正式發行，因此第二次是向理監事會提出由學會出版專書的建議，徵求學會理監事同意出版本小組所撰寫的工作手冊，並同意由學會補助稿費且與出版社洽商出版事宜。經過上述的層層程序，本書才得以中華民國特殊教育學會的名義正式出版。

　　本小組所擬訂的處理架構乃依據正向行為支持（positive behavioral support，簡稱PBS）的理念，其在 2000 年即引進國內，之前國內在功能行為評

量與功能性介入早已有專業訓練、技術、本土研究和相關課程，甚至在2012 年也在《特殊教育法施行細則》中有相關的規定，但這些似乎未能引導現場的特殊教育教師正確處理特殊教育學生的行為問題，所以由學會出面提出這個架構和工作倫理，就代表了全國的特殊教育工作者都應以正向行為支持之理念和技術為基本工作守則。學會推動此處理架構不僅不限於書面，也不限於專家的意見，而希望有更多的特殊教育工作者一起響應，建構一個所有特殊教育工作者都願意去遵守的工作守則和倫理，才是本小組真正努力的目標。基於此，本小組將正向行為支持的理念透過公開、民主和專業組織的機制，提供最本土化的技術和工作程序，而本書的出版即希望此架構之工作理念、執行程序和技術，以及不同場域實施之成果作更完整的傳達。

本書分為兩個篇章，第一篇為「理論與技術」，共有十一章，又分為兩個部分。第一章「緒論：正向行為支持」、第二章「特殊教育學生情緒行為問題處理架構」，以及第十一章「特殊教育學生情緒行為問題處理專業倫理」等三章，主要在說明本小組如何將正向行為支持的理念和技術轉化成特殊教育學生行為問題之架構、國外相關專業組織所提出之規定，以及處理問題應有的專業倫理等整體性的背景知識。缺乏理論和專業倫理的技術運用容易淪為匠氣或僵化，特殊教育教師在面對學生的問題時如何兼顧專業和學生需求，此三章的內容是後面三級預防技術各章節的基礎。第三章到第十章則是依據本小組所擬訂的「特殊教育學生情緒行為問題處理三級預防工作流程圖」的重點所撰寫的，每章分述初級、次級、三級預防的理念和技術，而預防與介入所需之行為評量、功能行為評量、行為功能介入方案、處理策略、危機策略、成效評估等，這些技術都放在次級預防階段說明，可見次級預防與介入是 PBS 三級預防架構之重點，也是本小組期待合格的特殊教育教師都應該具備的知能。三級預防與介入所需之技術多與次級預防雷同。本書的三級預防和介入工作都以學會所通過之工作流程和工作表單作為主要內容說明，期待本書作為未來推廣此三級預防的處理架構之參考書籍。至於第三級的預防與介入工作，本小組期待特殊教育

教師須經過更進一步的培訓和考核通過才適合擔任，其訓練需要更多的理論與實務的學習，並非所有合格的特殊教育教師可被期待具備的，期待各縣市政府或特殊教育學校都應該儲備這樣的專業人員，才能應付所有特殊教育學生的需求。另外，本書第十章也介紹部分縣市運作的範例。

第二篇是「特殊教育學生情緒行為問題介入處理實例」，共有八章介紹實例。實例一、二係以學校為單位介紹實施的經驗分享，尤其是實例一臺中特殊教育學校的十年發展歷程之分享，足以為國內特殊教育學校推動之參考；實例三至八則是以學生為單位說明 PBS 的實施，包括國小、國中和高中等階段，安置類型包括資源班、特教班和特教學校，案例的學生類型包括 ADHD、自閉症和智能障礙，目標行為類型包括拒絕進教室、干擾、離座或離開教室、嗅覺刺激行為，以及積極預防的訓練自我管理技能，案例之多元可提供教師多元的學習經驗。這些實例的作者都是參與本小組試辦計畫之工作坊的教師，或是本小組成員長期指導的教師在工作上所遇到的實際學生案例，而多數教師在工作坊的實作或指導下，也進行功能評量並提供功能性介入或成效評估。除了這些實例外，第一篇的第十章也提供了三級介入之案例說明。期待透過實例讓學習者更了解本書第一部分所介紹的技術如何落實在各種不同學生、不同問題的行為需求上。

國內坊間相關主題的書籍不少，本書與它們最大的差異是在本書所介紹的程序與工作表單如前文所述，都是經過公開程序和各級學校試用所得，參與的作者之多，有高達 26 位學者或實務教師，應該是最具本土化、最能適用於各級學校使用的。有些表單在試用期間因階段別或安置型態不同，相關的概念也因情境差異而修改描述，有些學者認為畫蛇添足，但基於試用期間來自不少教師反應單一表格不適合該教育單位，最後以教師需求為主要考量，因此如果讀者認為表格出現重複或雷同之處，尚請見諒。另外，有關的專有名詞和程序也都是本書全體作者討論所得之共識，為了降低讀者在翻譯名詞和使用程序之混淆，本書作者群前後開了 9 次會議和 7 次電子郵件討論，針對名詞如行為問題和標的行為、negative reinforcement 翻譯為消極增強或負增強、repertoire 翻譯為項目或目錄、De-escalation 翻譯

為緩和或消除對立，以及 functional behavioral assessment 的中文翻譯是功能行為評量等，小組間有多次的討論，有共識的就統一，沒有共識和意義差不多的就並存，所以讀者看到本書最後的索引，若出現兩個名詞的就代表國內學者沒有共識，但兩個名詞都有在使用。本書所有作者在多次的溝通、交換各自的意見後，期待本書能為教師建立一個可以遵循的說法，降低教師的混淆，有助於未來推廣 PBS 及本處理架構之運用。臺灣特殊教育專業常見類似的問題，不同學者的用詞或對文字之詮釋紛歧導致教師或各縣市之困擾，鑑定工作即是一例，雖然是同一個鑑定標準，但是學者的詮釋差異導致一國多制，本小組願意花這麼多時間，不斷溝通和建立共識，並由學會通過，即是為了避免重蹈覆轍，並期待為臺灣特殊教育界建立一個有利於推動工作的模式。

本書的完成首先要感謝後來加入本小組的三位年輕學者：臺北教育大學的陳佩玉教授、彰化師範大學的田凱倩教授，以及高雄師範大學的吳佩芳教授，他們在試辦工作期間即受邀參加，增添本小組的人力資源，除了讓試辦工作更順利之外，他們也參與撰寫本書，增加本書作者群的多元性並加速工作的完成。本書第一部分的作者包括臺灣不同世代的學者，也分布在不同區域，能反映不同區域的需求。另外，學會自願加入本小組的工作人員——翁素珍老師、林迺超老師和袁銀娟老師除了協助本小組工作完成任務之外，並將本小組的所有會議紀錄整理協助完成第二章，三位花了整個暑假進行所有文件和本書稿件之校對，以及不同意見之整理與調查，還有協助實例之格式統一和修改，讓全書不因作者過多而不一致，其功不可沒。

其次，要感謝學會的三屆理事長：張正芬教授、張昇鵬教授、曾世杰教授，各屆理事長都有其原定任內應要完成的工作，尤其是張正芬理事長和曾世杰理事長任內要辦理縣市評鑑，張昇鵬理事長要辦理學會與日韓建立合作關係，在完全信任下全力支持本小組的運作，以及在張正芬理事長任內，秘書和其博士班學生持續支持，未因卸任而中止。最後，要感謝本小組成員：鳳華教授、何美慧教授、張蓓莉教授，完全義務的參與本工

作，支持我無限期的延伸工作項目和期間，其無私的奉獻，並與後來加入的年輕學者和小組志工共同溝通討論、合作完成本書。

　　行為問題的處理確實不是一件簡單的事，複雜的事應該沒有簡便的方法，特殊教育學生行為問題不是缺乏有效的方法，而是很難簡便快速的解決。推動 PBS 提升特殊教育工作品質也不是一件簡單的事，期待本書能傳遞給所有特殊教育工作者，一個慢慢可以找回自己專業信心、專業品質的途徑。簡單不一定是最省時省力的方法，麻煩複雜也不一定是最費時費力的方法，看到特殊教育教師的成就感、特殊教育學生的參與學習、特教班級氣氛的改變，一階段、一階段逐步改善，不管是半年、一年，對特殊教育學生或特殊教育教師的生涯而言都是值得的。如果大家還是想要有簡便的方式，我的建議是好好重視初級預防、好好規劃班級管理、好好落實 IEP 的適性目標和教育，這應該是最簡單的了。

國立臺灣師範大學特殊教育學系

教授

謹筆於博愛樓

2017 年 12 月 18 日

|目次|

|附錄目次|

附錄請於心理出版社網站下載
網址：https://reurl.cc/n5WZj2
解壓縮密碼：9789861918115

第一篇

理論與技術

第一章

緒論：正向行為支持

洪儷瑜 [1]

學習目標

1. 認識正向行為支持的定義和內涵。

2. 認識正向行為支持和其他行為學派相關技術的關係。

3. 認識正向行為支持的發展背景。

4. 認識正向行為支持的理論基礎。

5. 能說出正向行為支持在教育上的運用實例。

1　國立臺灣師範大學特殊教育學系教授兼師資培育學院院長。

很多老師在遇到學生出現情緒行為問題時，經常設法尋找各種治療或處理策略，一個方法行不通就趕快嘗試另一個方法，千方百計想找到最夯的治療或策略制止這個問題；對於被制止的問題不斷再出現的現象，毫無概念的陷入治療或介入策略的深淵。這樣的作法就像一個人對於自己身體上出現蕁麻疹、感冒或是腸胃等各種問題時，到處看醫師求良方，而忽略了症狀不斷重複出現的可能機制，醫療固然能治癒一時，是否還有其他因素可以降低症狀再出現或是預防再發作，這些細菌、病毒除了藥物或醫療策略之外，難道沒有其他因素與反覆出現的症狀有關嗎？！

中醫名言：「上醫治未病、中醫治欲病、下醫治已病」，真正高明的醫術應該是針對還沒有發出的疾病；退而求其次，中等醫術是在治療欲發作但尚未發作的病；只著眼於已經發作的病要怎麼治療則是最最下策的。這三種醫療分級除了強調預防外，更是強調處理問題的最佳時機，能夠在問題未發生之前就做預防，讓問題不會出現才是真正的上策。**正向行為支持（positive behavior support，簡稱 PBS）**即是類似中醫的概念，其以分級預防的概念，分初級、次級和三級，強調在面對情緒行為問題時，應該先考慮預防措施，在問題預期發生之前，努力預防讓問題不會出現才是上策。筆者經常看到很多特教教師寧可忙著處理行為問題，卻無暇顧及調整或預防問題的再發生，希望本章所介紹的正向行為支持（PBS），可以讓特教工作者在面對特殊學生的情緒行為問題時，有更寬廣的思維，掌握本書所提到的精神，先把精力放在正確的地方，讓自己變成上醫。這也是國內情緒行為學者認為，討論特殊教育學生的情緒行為問題之處理，應該聚焦於正向行為介入支持之理念與作法。本章主要在介紹正向行為支持（PBS）的意涵、理論背景、目前實施的現況，以及為何運用其在特殊教育上，作為本書的導論。

壹、何謂正向行為支持

「正向行為支持」翻譯自英文的 Positive Behavior Support，在對岸中國的特教界翻譯為積極行為干預或是積極行為介入，都是簡稱為 PBS。這個名

稱最早被一群學者倡導用非嫌惡（non-aversive）的方式處理重度障礙學生的行為問題時所提出來的（Horner et al., 1990），後來 PBS 一詞陸續被學者正視和採用（Anderson & Freeman, 2000; Sugai et al., 2000）。之後因為 1997 年美國《身心障礙教育法》（IDEA）使用「**Positive behavior intervention and support**」（**簡稱 PBIS**）一詞，隨後教育領域運用 PBIS 比較多，甚至後來的全校性正向行為支持（School-wide positive behavior support, SWPBS），都是由 PBS 這個名詞衍生出來的（Kincaid et al., 2016），其核心概念都是一樣。

　　一直到 2000 年，美國康州大學 Sugai 等人（2000）對 PBS 提出一個概括性的定義，指正向行為支持是「統稱運用正向行為介入和系統以達到社會性重要行為的改變」（p. 135）。隨後於 2002 年，美國 Carr 等學者（2002）提出更完整的定義如下：

> 　　正向行為支持是一種應用的科學，其運用教育方法擴大個人行為目錄（**behavior repertoire**），以及運用改變系統的方法，重新修改個人的生活環境，先增進其生活品質，也就減少其問題行為。（p. 4）

　　隨後，2014 年美國正向行為支持協會（Association for Positive Behavior Support，簡稱 APBS）年會討論訂定一個可以涵蓋 PBS 主要特徵的定義，因此重新定義出一個更長的定義（Kincaid et al., 2016）：

> 　　正向行為支持是一個行為支持的方法，包括持續的以研究為基礎的評估、介入和以資料為基礎的決策，主要是在建立社會性和其他功能性的能力，以創造支持的環境、預防行為問題的發生。正向行為支持使用的策略都是尊重個人尊嚴、整體幸福，這些策略也都源自於行為、教育和社會科學，雖然其他有實證基礎的方法也會採用。正向行為支持可能運用在多層次的架構內，包括個人層次或較大的系統層次（例如：家庭、班級、學校、社會服務方案或單位等）。（p. 71）

這個新的定義，指出了 PBS 的幾個重要特徵：

1. PBS 是依據行為學派，強調所實施的程序應該要有假設驗證的思維，所以資料要以研究驗證為基礎，且其介入所需的決定也應該依據所蒐集的資料。這正是行為學派強調，以個案研究設計之程序去處理學生的行為問題。

2. PBS 是處理行為問題的架構，不僅關注在個體，也關注個體所處的系統，二者建構出處理行為問題之架構包括個體和系統層次，隨後又依據目標區分為初級、次級和三級的預防：**初級預防（primary prevention）**是針對全體部分，又稱為普及的（universal）；**次級預防（secondary prevention）**是針對出現問題的部分，又稱為小組的（group）；**三級預防（tertiary prevention）**是針對少數需求較高的部分，又稱為個別的（individual）。Sugai 與 Horner（2006）認為，全校性正向行為支持（SWPBS）應該有系統的設計，分層執行。

3. PBS 強調人本的精神，尊重個體尊嚴，並考量個體的幸福，強調個體的生活品質。

4. PBS 強調正向的方法，除了上述尊重個體之外，且強調預防性的處理態度，而不僅針對問題，應該考慮個體建立社會性和功能性的能力，並且創造支持的環境、預防行為問題的發生。

5. PBS 強調社會效度。上述兩個定義都強調介入重點可以包括個體和環境的修改，以及個人在社會脈絡下所需的社會行為目錄和功能性能力，所以 PBS 強調介入目標、程序和成果都應該具有社會效度。

除了上述特徵外，其他學者另提出 PBS 有兩個特徵（Dunlap, Sailor, Horner, & Sugai, 2009），包括：

1. PBS 整合多種成分策略的介入：如上述所言，介入和支持都是可行的方案，且重視生態系統的關係，其介入應在自然的環境下實施，介入的重點應包括個人的調整和環境的修改，並依據行為分析重點，包括：行為前之情境（A）、個體的行為目錄（B）和行為的後果（C），以及環境中的支持等。然而，這些策略的實施都應依據實施成效而決定是否持續。

2. PBS 除了行為學派之外，也強調系統觀點：個體所處的環境、文化可能對其有改變，所以其評估和介入都以在自然情境中為主，且個體的重要他人，包括家人、教師，還有環境中的作息、人員配置、期待、政策等都應是評估和介入的要點。也就是說，系統的調整也是 PBS 介入的重點。

綜合上述，可以了解 PBS 或 PBIS 都是結合行為學派和系統生態理論的處理行為問題之方法，其以問題解決的程序、科學證據為本的導向之取向處理問題，所以 PBS 是一個持續支持的歷程——蒐集資料、介入和評估成效的循環歷程，而且介入的策略都是預防、正向且可能綜合多種策略的進行。基於其完整和符合特殊教育的精神，本書所介紹的「特教學生情緒行為問題處理要點」之程序也採持續循環歷程設計，所有步驟之設計也都是遵循證據本位、正向、預防性，以及社會效度。

根據 APBS（2007）所提出，實施正向行為支持之專業工作者應該具備以下的基本信念，這些信念正代表 PBS 所強調的：

1. 行為問題都有其功能。
2. 正向的策略對於大多數的挑戰行為都是有效的。
3. 當正向行為未能達到成效時，進一步的功能評量可以找到更有效的正向介入策略。
4. 環境脈絡的因素會影響行為。
5. 降低行為問題是重要的，但不能僅以降低行為作為成效的指標。有效的 PBS 是在提升個體的生活品質、習得重要的技巧，以及可以參與有意義的活動。

貳、發展背景

為什麼會出現 PBS？它是如何被創造出來的？與其他行為學派的技術（如操作制約、應用行為分析等）有什麼關係？以下先從美國的發展談起。

一、PBS 在美國的崛起

　　PBS 雖然是 1990 年代之後的產物，但它卻是因應行為學派之技術在身心障礙人士上運用三十年後所產生的。根據 Dunlap 等人（2009）描述，美國於 1960 年代在機構採用的**應用行為分析**（**applied behavior analysis**，簡稱 **ABA**）所發展成之行為改變技術或行為修正技術（behavior modification），成功的降低心智障礙者之嚴重行為問題，包括攻擊、自傷或性偏差行為，當時很多研究發表證實的有效策略都是強調後效處理（contingent）的技術，也就是臺灣特殊教育早期規定的「行為改變技術」或稱「行為修正技術」的必修學分。

　　隨著去機構化的趨勢，很多運用行為改變技術處理心智障礙者的嚴重行為問題，在當時重視人權的時代，所使用的技術都被認為是嫌惡（aversive），包括給予嫌惡刺激，如電擊、捏掐、噴射阿摩尼亞水，或是剝奪其喜愛的部分，如綑綁、限制行動等，這些在機構被認可的嫌惡式方法卻難以被社區和行為學派學者所接受，甚至在社會大眾眼中認為這根本是虐待或是不道德的。而且，當時政府立法禁止公立學校體罰少數民族，回歸主流的障礙者之問題要接受這樣嫌惡式的措施，實難以融入當時的學校和社會。因此，1980 年代有很多學者開始建立廣義的處罰措施，並調查社區或普通學校的接受程度，例如：美國特教師培單位的教師（Renzaglia & Bates, 1983）調查且公布不同侵入程度的處罰措施可以運用於不同程度的問題行為，包括：**消弱**（**extinction**）、**隔離**（**time-out**）、**口頭責備**（**verbal reprimand**）、限制、過度矯正和**反應代價**（**response cost**）等由弱到強的連續方法，然而這些方法也仍是停留在給予身心障礙者嫌惡刺激，或是停留在後效處理的概念，很多學校教育學者或推動人權的社會人士仍難以接受。這些改良的處罰措施因此仍被質疑，到了 1980 年代後期，美國學者 Meyer 等人倡導用非嫌惡的方式（non-aversive）處理行為問題（Meyer & Evans, 1989）。他們提出六個理由主張非嫌惡的方式：符合人性、符合社會意義、有效的、合法的、符合實際需求，以及對障礙者有正向態度（洪儷瑜，1992），因此應用行為分析中的**功能評量**（**functional assessment**）和

教導功能等值的行為，開始受到學者的重視。而如何評估異常行為的功能、功能分析（**functional analysis**）和功能評量在各教育情境的運用，以及如何運用功能評量之結果發展出社會和環境可以接受的介入方式，這些主題在 1990 年代幾乎是行為介入研究的顯學。學術研究的努力正如美國學者 Singh 等人的呼籲：「能夠提出有效、快速且社會可以接受的處遇方式」（Singh, Lloyd, & Kendall, 1990, p. 8）。

　　累積 1980 年代後期和 1990 年代的成果，正向行為支持的基礎技術或精神都已逐漸成形，包括：人性化的正向介入、功能評量的技術、各種問題行為的功能性研究，以及相關的功能等值之訓練，或其他有利於學習和社會化的作法。因此，1990 年代後期的《身心障礙教育法》（IDEA）之立法，和隨後正向行為支持的主張才得以順利推出，類似的說法也見於 APBS 的主張（如附欄一所示）。

附欄一

　　APBS 認為，對 PBS 發展有正面影響的幾個身心障礙相關運動如下：

1. 去機構化（deinstitutionalization）。
2. 正常化和社會角色的穩定。
3. 社區參與。
4. 支持性就業。
5. 最少限制的環境和融合教育。
6. 自我決策。

資料來源：APBS（2007）

二、PBS 在臺灣的崛起

　　反觀在臺灣的發展，行為改變技術長期的必修課程讓特教教師習慣於後效策略的運用。1991 年夏天，臺灣智能障礙家長團體曾邀請美國奧勒岡

大學的 Robert O'Neill 到臺灣進行功能行為工作坊，筆者當時剛從美國返國任教，延續 O'Neill 的工作坊，將功能評量與探討行為背後的功能專文在《特教季刊》介紹非嫌惡介入取向（洪儷瑜，1992），隨後在臺灣師範大學特殊教育中心帶領其他同仁到輔導區開設功能評量和功能性介入等工作坊。專業的課程也在 1995 年於臺灣師範大學特殊教育學系進行課程調整，將碩士班的「行為改變技術專題研究」修改為「應用行為分析」，此算是國內首次在學位課程教授功能行為評量、分析等，也試圖將功能分析技術和以評量為基礎的介入方案等專業知能作為行為改變技術課程之進階。1998 年，黃裕惠以功能評量探討國中生的問題行為，開啟國內對此主題之研究，隨後張正芬將此運用於自閉症學生行為問題的研究（張正芬，2000）。在這段時間，國內學者不僅撰文介紹美國最新的趨勢，包括：1997 年 IDEA 的修訂（洪儷瑜，1998）、**功能行為評量（Functional Behavior Analysis，簡稱 FBA**）的相關文章介紹（張正芬，1997；鳳華，1999），以及功能等值的訓練（洪素英，1998），隨後國內學者張正芬、鈕文英、鳳華、唐榮昌等紛紛在此主題針對不同身心障礙者進行研究和發表，也指導很多研究生進行這方面的研究，他們的努力為臺灣在功能評量、相關學術和實務運用上累積了不少基礎。

在臺灣，PBS 的名詞首次見於高雄師範大學鈕文英（2001）出版的書籍，隨後葛竹婷（2003）也在期刊介紹此概念。之後，國內很多學者陸續將美國 2000 年代發展的正向行為支持和應用行為分析（ABA）之專業證照引進臺灣，彰化師範大學鳳華和國內具有 ABA 證照學者也於 2007 年成立了臺灣應用行為分析協會，將功能評量、**證據本位介入（evidence-based practice**）之推廣聚集更多的能量，其年會和推廣訓練，也讓此技術更為普及。然而，很多 PBS 的作法都僅限於研究，真正將 PBS 大量運用在特殊教育服務的實務工作，應該是陸續在 2003、2004 年於臺北市、新北市成立的「**特殊教育學生情緒行為專業支援團隊**」（簡稱為情支教師或情巡教師），兩個團隊都給予巡迴的特教教師正向行為支持的訓練、見習與實習，採支援各校方式推動個案層級（或稱第三級）的支持與介入（Hung, 2016）。其作法請見本書第十章。

臺灣第三次修訂的《特殊教育法》，在《特殊教育法施行細則》第9條對於《特殊教育法》所規定之**個別化教育計畫**（**individualized education program，簡稱 IEP**）的內容提出：「具情緒與行為問題學生所需之行為功能介入方案及行政支援」（教育部，2013），此規定無異是用法令支持PBS將是身心障礙學生行為問題處理的依歸，也算是給予 PBS 法令上的定位。

除了在特殊教育之外，學校輔導工作也將 PBS 的三級預防由王麗斐修改為各級學校輔導工作之三級輔導工作架構，簡稱為 WISER：初級是全校發展性輔導（whole）；次級是介入性輔導，強調個別的（individual）、系統性合作（system collaboration）、效能評估（evaluation）；三級是處遇性輔導，強調校內外資源整合（resources integration）（王麗斐，2013a，2013b）。

綜合上述，可見臺灣在二十五年內即將非嫌惡介入、功能評量、行為分析演進到具有 PBS 的服務模式和相關立法的推動，在 PBS 的專業發展上與美國差異不大，幾乎不超過五年。筆者認為這樣的快速發展主要理由有四：

1. 臺灣早期在家教育異常現象的因應：在 1980 年代後期，臺灣因《特殊教育法》的零拒絕而設置在家教育，1990 年代中後期，教育部發現在家教育最多的學生是自閉症和嚴重情緒障礙，與當初預估需要高度環境支持的障礙類別差異很大，又逢新法通過這兩類的鑑定辦法，因此教育部於 1999 年委託筆者和張正芬分別針對注意力缺陷過動症和自閉症建立發現與輔導系統。這套系統推廣之後，發現更多有情緒行為問題的特殊學生，也了解這些學生需求的差異性，並透過師訓提升教師因應技能。

2. 國內學者積極引進美國的相關研究議題與技術，累積本土化的研究基礎：正如前文所述，從1998年的功能評量研究，陸續到2001年中期，臺灣對於各類特殊學生的行為問題功能及各種功能評量工具和方法都已建立不少實證資料，這些研究生和研究成果不僅為實務工作奠下基礎，也讓 2001 年之後的PBS引進，與臺灣的研究和實務很快可以接軌。

3. 1997 年《特殊教育法》新增的障礙類別需求：1997 年新增了自閉症

一類，也將原來的性格異常和行為異常合併為嚴重情緒障礙，二者的鑑定基準也於 1998 年通過，臺北市和當時的臺北縣教育局為因應新的障礙類別設法提供教育安置服務，當時因應不分類資源班設立的精神、社區化和正常化的安置理念，逐漸普及資源班的設立，不分類的支援服務比單類別的直接服務來得可行，因此雙北市教育局接受學者建議，以國內首創的模式設立「特殊教育學生情緒行為專業支援團隊」，採巡迴支持學校的服務，強調在校自然環境、證據本位、正向預防、功能性、社會性的介入等服務模式。

4. 身心障礙學生的增加與融合教育的安置：臺灣自第二次《特殊教育法》修正之後，身心障礙學生人數逐漸增加，在 2000 年增加幅度變大，且大多數身心障礙學生都安置在普通學校的資源班或普通班，而最難以被普通班教師接受的身心障礙學生也就是具有情緒行為問題之特教學生，因應這樣的實務需求，各級政府、學者、教師都紛紛設法找到有效的解決策略，因此有很多碩士論文進行相關研究，如前文所述，政府也委託學者發展相關工具與資源，甚至邀請學者指導設置相關服務方案或模式，由此實際的需求催化了正向行為支持在國內的發展。

上述理由可知 PBS 引進臺灣，並非盲從於美國趨勢，而是臺灣本土的需求和專業研究所累積的資源，如今才可以水到渠成的進一步推廣 PBS 為落實新訂 IEP 所需的工作。

參、理論基礎

綜合上述 PBS 的特徵和發展，可以了解 PBS 雖然源自於行為學派，但其背後的理念不限於此，其他還包括三個理論：人本、生態、學習。

一、行為學派

行為學派的古典與操作制約所詮釋之行為養成仍是 PBS 的重要基礎，在 ABC 的分析與功能本位的介入之行為前事、新技巧訓練或行為後效的策

略，包括：增強（**reinforcement**）、區分性增強（**differential reinforcement**）、反應代價等都仍依據制約原理。此外，行為學派強調的行為觀察、功能分析等，都是落實證據本位介入的技術。

二、以人為本

基於 PBS 認為問題都源自於個體與環境交互的結果，所有的介入應該以滿足個體基本需求、維持個體生活品質為主，唯有如此，個體才不致於以不當的行為來滿足其基本需求。因此，PBS所強調之尊重個體的需求和尊嚴，甚至要求介入不僅是以降低問題行為而已，更應該以提升個體的生活品質、習得重要技巧，以及擴大參與有意義的活動為介入目標，而這些都是展現人本主義的信念。

三、生態系統理論

PBS 與 ABA 的最大差異應該是在生態系統觀點。PBS 引用美國心理學家 Bronfenbrenner 的**生態系統理論**（**ecological systems**），該理論提供個體和所處環境或更遠的社會之間的關係，其將生態環境分為個人、微系統（micro）、中介系統（meso）、外系統（exso），以及巨系統（macro），例如：在身心障礙者的環境中，微系統指父母管教、親子關係，中介系統指照顧者的婚姻關係或社會支持，外系統指鄰居、社區、社會服務或醫療制度，巨系統指對障礙者或個體的態度或文化。尤其是全校性正向行為支持的推動，PBS 強調推動時需要充分溝通和建立共識，主要是源自生態系統觀，此系統觀也可引導對個體與系統互動關係的了解。

四、學習歷程

雖然行為學派的制約關注新行為的習得與維持，在 PBS 強調擴大個體的行為目錄，建立個體具有社會性和功能性的能力，其對行為問題的思維比之前的 ABA 更重視個體的學習，包括：學習的內容應該是社會性和功能性的、學習的方法應該是正向和多元且被環境所接受的、其學習的結果也

應該可以明顯改善其適應困難的，因此介入計畫應該考慮不同的學習階段所需要的支持有異，四個階段的學習包括：習得階段以學習正確的反應、流暢階段以增加新技巧的自動化、維持階段考慮可以獨立持續表現新技巧，以及類化階段以增加不同刺激的類化和反應的調整等。

肆、結語

目前 PBS 的運用已經不限於特殊教育，根據 APBS 所列：PBS 可運用在特殊教育和普通教育，就學校階段也包括學前、小學、中學到高等教育，除了行為問題外，也運用在學業問題的處理；此外，PBS 還可運用於家庭、社區、職業輔導、社會福利機構、少年矯治單位、心理衛生機構等。

國際間也有國家將 PBS 作為教育政策，例如：紐西蘭教育部就以 Positive Behavior for Learning 用 PB4L 作為整合全國學校教育各項工作之政策，以正向行為支持的理念作為設計各項教育問題解決之方針，包括：行為教育、校園安全、心理衛生、中學生學習和原住民等方面（如附欄二所示），並建立各地方政府的支持據點（New Zealand Ministry of Education, 2013）。

附欄二

紐西蘭教育部所推動的 PB4L，主要的工作有：

- 針對 3～8 歲學生，親師教導學生學習好的社會行為。
- 針對所有學生，建立正向的學習環境。
- 針對所有學生，建立正向和互相尊重的人際關係。
- 針對所有學生，建立友情和韌性。
- 針對特殊需求，提供密集包裹式服務。
- 針對中學生，建立投入學習活動的方案。
- 針對原住民、毛利族的關注。

資料來源：New Zealand Ministry of Education（2013）

正向行為支持是解決問題的方法和理念，從行為學派經過四十餘年的演進與改變，剛好與 1998 年竄出的正向心理學（positive psychology）在 21 世紀交會，國內也常把二者混為一談，雖然二者之源頭和關注的重點不同，例如：正向心理學雖源自人本心理學，其主要關注人類的正向情緒，但在強調預防和重視個體生活品質卻是一樣的。21 世紀臺灣和美國在民主、平權都已有相當的共識，也因此過去違反人權、忽略人性的策略都難以被社會接受，教育部所推動的正向管教、零體罰等政策就是在引導教育工作者跟上這個思潮，但是很多教育工作者或家長都仍難以改變，導致不當體罰或處理學生問題之爭議層出不窮。無法接受 PBS 思維與策略的教育工作者，可能就像在資訊科技的今天，還依賴紙筆郵件或打電話才能溝通者一樣，這個習慣會與社會格格不入，也當然難以解決所面臨的問題。

正向行為支持雖然是 21 世紀的產物，但是在傳統的中醫文化中，卻看到類似的觀點，可見真理應該是跨時空、跨領域的。而在另一個領域所產生的新理論——正向心理學，也和 PBS 出現異中有同的見解，可見這些理念應該是萬變不離其宗的道理。

問題與討論

1. 相較於行為改變技術，PBS 的特色是什麼？
2. 相較於應用行為分析，PBS 強調的理念為何？
3. 在臺灣，實施 PBS 的基礎有哪些？
4. PBS 除了運用於預防特殊學生的情緒行為問題之發生與處理外，還可以運用在哪些地方？為什麼？

參考文獻

中文部分

王麗斐（2013a）。**國民中學學校輔導工作參考手冊**。臺北市：教育部。

王麗斐（2013b）。**國民小學學校輔導工作參考手冊**。臺北市：教育部。

洪素英（1998）。以功能性溝通訓練處置學生問題行為。**特殊教育季刊，68**，16-19。

洪儷瑜（1992）。「非嫌惡行為治療處置」對智障者問題行為處理之運用。**特殊教育季刊，45**，9-14。

洪儷瑜（1998）。第二屆行為異常及青少年國際研討會。**科學發展月刊：出席會議心得報告，26**（7），917-921。

張正芬（1997）。自閉症兒童的行為輔導：功能評量的運用。**特殊教育季刊，65**，1-17。

張正芬（2000）。自閉症兒童問題行為功能之探討。**特殊教育學刊，18**（1），127-150。

教育部（2013）。**特殊教育法施行細則**。臺北市：作者。

鈕文英（2001）。**身心障礙者問題行為處理：正向行為支持取向**。臺北市：心理。

葛竹婷（2003）。無障礙教育：從建立校園正向行為系統談起。**教育天地，125**，25-31。

鳳華（1999）。功能評估的內涵與實務。**特教園丁，15**（1），18-26。

英文部分

Anderson, C. M., & Freeman, K. A. (2000). Positive behavior support: Expanding the application of applied behavior analysis. *The Behavioral Analyst, 23*, 85-94.

Association for Positive Behavior Support. (2007). *Positive behavior support standard practice: Individual level*. Retrieved from http://www.apbs.org/files/

apbs_standards_of_practice_2013_format.pdf

Carr, E. G., Dunlap, G., Horner, R. H., Koegel, R. H., Turnbull, A. P., Sailor, W.,⋯ Fox, L. (2002). Positive behavior support: Evolution of an applied science. *Journal of Positive Behavior Interventions, 4*, 4-16.

Dunlap, G., Sailor, W., Horner, R. H., & Sugai, G. (2009). Overview and history of positive behavior support. In W. Sailor, G. Dunlap, G. Sugai, & R. Horner (Eds.), *Handbook of positive behavior support* (pp. 3-16). New York, NY: Springer.

Horner, R. H., Dunlap, G., Keogel, R. L., Carr, E. G., Sailor, W., Anderson, J., O'Neill, R. (1990). Toward a technology of "non-aversive" behavior support. *Journal of the Association for Personas with Severe Handicaps, 15*, 125-132.

Hung, L. (2016). *PBS in Taiwan.* Invited panel speaker presented in the First Asia Pacific International Conference on Positive Behavior Support. June 23-26, National Taiwan Normal University, Taipei, Taiwan.

Kincaid, D., Dunlap, G., Kern, L., Lane, K. L., Bambara, L., Brown, F., ...Knoster, K. (2016). Positive behavior support: A proposal for undating and refining the definition. *Journal of Positive Behavioral Intervention, 18*, 69-73.

Meyer, L. H., & Evans, I. M. (1989). *Nonaversive intervention for behavior problems: A manual for home and community*. Baltimore, MD: Paul H. Brooks.

New Zealand Ministry of Education (2013). *PB4L-Positive behaviour for learning*. Retrieved from http://www.education.govt.nz/ministry-of-education/specific-initiatives/pb4l/

Renzaglia, A., & Bates, P. (1983). Teaching socially appropriate behavior: In search of social competence. In M. E. Snell (Ed.), *Systematic instruction of the moderately and severely handicapped* (2nd ed.) (pp. 314-356). Columbus, OH: Merrill.

Singh, N. N., Lloyd, J. W., & Kendall, K. A. (1990). Nonaversive and aversive interventions: Introduction. In A. C. Repp, & N. N. Singh (Eds.), *Perspectives on the use of nonaversive and aversive intervention for persons with developmen-*

tal disabilities (pp. 3-16). Pacific Grove, CA: Brooks/Cole.

Sugai, G., & Horner, B. R. (2006). A promising approach for expanding and sustaining school-wide positive behavioral support. *School Psychology Review, 35*, 245-260.

Sugai, G., Honer, B., Dunlap, G., Hieneman, M., Lewis, T. J., Nelson, C. M.,...Wilcon, B. (2000). Applying positive behavior support and functional behavioral assessment in school. *Journal of Positive Behavioral Intervention, 2*, 131-143.

第二章

特殊教育學生情緒行為問題處理架構

林迺超[1]、袁銀娟[2]、翁素珍[3]、洪儷瑜[4]

學習目標

1. 了解情緒行為問題處理架構的發展歷程。

2. 了解情緒行為問題處理架構的概念。

3. 了解情緒行為問題處理架構的工作歷程。

4. 了解特教教師應具備的重要情緒行為處理知能。

1　國立臺灣師範大學特殊教育學系博士暨兼任助理教授。

2　國立臺灣師範大學特殊教育學系博士候選人。

3　國立臺灣師範大學特殊教育學系博士暨兼任助理教授。

4　國立臺灣師範大學特殊教育學系教授兼師資培育學院院長。

有鑑於過去幾年國內對特殊教育學生情緒行為問題處理的爭議，造成教育工作者、學生、家長之傷害，甚至影響特殊教育專業的形象，中華民國特殊教育學會（以下簡稱特教學會）為推動特殊教育工作者以正向行為支持之模式因應特殊教育學生行為問題，特擬訂「特殊教育學生情緒行為問題處理架構」（以下簡稱「情緒行為問題處理架構」），並依此發展「特殊教育學生情緒行為問題三級預防概念圖」及「特殊教育學生情緒行為問題處理三級預防工作流程圖」。本章主要介紹「情緒行為問題處理架構」概念的發展歷程、實施，以及特教教師於三級預防處理架構中所應具備的情緒行為處理知能。

壹、「情緒行為問題處理架構」的發展歷程

為了將正向行為支持的理念落實到特殊教育工作，學會於第 23 屆理監事會議中決議建立特殊教育工作者之「特殊教育學生情緒行為問題處理守則與專業倫理」，並委託學會理監事中的相關專長教授成立工作小組，於2013～2016 年三年間，以意見調查、建構架構、公開諮詢、試用架構等四階段流程來建構「特殊教育學生情緒行為問題處理架構」。

第一階段（2013～2014 年）主要是先調查國內特殊教育相關工作者對學會擬訂「情緒行為問題處理守則與專業倫理草案」的態度為何。工作小組利用 2013 年底學會舉辦年會之際，以論壇方式說明草擬的「特殊教育學生情緒行為問題處理守則與專業倫理」之理念。論壇除說明「情緒行為問題處理守則與專業倫理」是在呼應新修訂之個別化教育計畫（IEP）的規定和三級預防的正向行為支持理念外，也強調未來實施程序均引導工作者符合《特殊教育法》及其他相關教育法令之規定。論壇結束後，工作小組利用問卷方式調查與會特殊教育工作者對該草案的意見，結果顯示九成以上與會者支持學會繼續發展「情緒行為問題處理守則」和「情緒行為問題處理專業倫理」的具體內容（洪儷瑜、鳳華、何美慧、張蓓莉、林迺超，2015）。此階段的重要進展在獲得特殊教育相關工作者普遍認同學會將正向行為支持的理念化為具體可規範的工作手冊。

第二階段（2014 年）主要是在建構「情緒行為問題處理守則」和「情緒行為問題處理專業倫理」的架構及內容。在取得特殊教育相關工作者的支持後，工作小組開始修正及設計「特殊教育學生情緒行為問題處理架構」、專業倫理，以及執行正向行為支持策略時常使用的表件。經過數次的專案會議討論與修改後完成第一版草案，內容包括：（1）特殊需求學生情緒行為問題處理架構圖；（2）特殊教育教師專業倫理守則；（3）執行正向行為支持策略時常用的策略、檢核表等九個附件。2014 年 7～8 月間，工作小組分別在北、中、南各分區召開專家諮詢會議，針對第一版草案內容進行焦點訪談。參與焦點訪談的代表們除了同意草案的大部分內容，也提出部分修改意見。工作小組依據建議修正草案內容，包括：（1）確定本架構名稱為「特殊教育學生情緒行為問題處理守則與專業倫理」，以確定服務對象主要為符合《特殊教育法》所規範的學生；（2）採用三級預防的概念，著重正向行為支持的理念，強調特殊教育相關工作者處理問題行為態度的改變；（3）結合介入成效的評估與學生的個別化教育計畫（IEP）內容，並定期檢討介入成效（洪儷瑜等人，2015）。綜而言之，工作小組在本階段透過專案會議與焦點訪談，建構與編製完成「特殊教育學生情緒行為問題處理守則與專業倫理」的第一版草案內容。

　　第三階段（2014～2015 年）主要是公開諮詢所編製的第一版草案內容。學會利用各區代表會議採座談會和問卷方式進行調查，共有 178 名與會的特殊教育工作者接受調查，調查結果顯示高達九成填答者同意第一版草案內容，特別是草案內容將三級預防及正向行為支持的概念具體化，結合了普通班教師、特教教師和其他相關專業人員分層協助的作法，獲得絕大多數人的認同。另外，近八成填答者表示可考慮或願意推薦自己的學校單位參加下一階段的試行計畫（洪儷瑜等人，2015）。工作小組在本階段透過公開諮詢第一版草案的方式，將所蒐集之建議彙整後，對草案內容進行修正，其中最大的修正為將「特殊教育學生情緒行為問題處理架構」的初步評估，由學生是否具有行為問題修改為評估其適應狀況的觀點。這樣的轉變主要是強調個體與整個生態系統的適配性，以及提升個案的生活品質，即能達到減少行為問題的預防觀點。

第四階段（2015～2016 年）主要是透過試辦，檢驗第一版「特殊教育學生情緒行為問題處理守則與專業倫理草案手冊」的可行性，並蒐集相關實例作為未來說明手冊之參考。為兼顧各類型身心障礙學生、各教育階段及各安置型態學校，工作小組於 2015 年 6 月始從北、中、南三區以公開徵求、學會推薦或邀請方式徵求試辦學校，結果共計有 16 校全程參與一年的試辦計畫。各校種子團隊在實際運用過程中，將所遭遇的困難和建議持續反應給各區督導教授，各區督導教授則定期跨區討論共計六次，最後由工作小組匯集各校提供的寶貴經驗，對原架構圖及其附件表格等資料進行修正，並擴充成第二版的「特殊教育學生情緒行為問題處理守則與專業倫理手冊」。

　　試辦後的主要修正包括：

1. 將原先情緒行為處理架構圖修正為「特殊教育學生情緒行為問題三級預防概念圖」（以下簡稱三級預防概念圖）和「特殊教育學生情緒行為問題處理三級預防工作流程圖」（以下簡稱三級預防工作流程圖），並在三級預防工作流程圖中，搭配個別化教育計畫（IEP）的執行時程，方便現場教育人員介入行為問題的研判與執行。

2. 將初級預防階段評估個案基本能力與環境適配性指標統整為「附件一：學生基本表現與環境適配性檢核表」，以方便老師透過勾選方式快速評估。

3. 為增進各類教育情境之應用，除通用版的參考表格外，也增加學前、特殊學校和出席困難／上學困難版之「附件一：學生基本表現與環境適配性檢核表」與「附件二：教師教學與班級經營策略表」。

4. 在次級預防和三級預防階段，為便於現場教育人員執行，將功能行為訪談表、行為動機評量表、行為前後事件紀錄表、次級預防介入策略表等四種功能行為評量工具，擴增為多種版本，現場教育人員可依據個人教學習慣選擇適用之版本。

貳、「特殊教育學生情緒行為問題處理架構」

　　「特殊教育學生情緒行為問題處理架構」係基於三級預防的精神發展，強調預防和正向支持的概念，在經過編製、修正與現場實作後，發展出「特殊教育學生情緒行為問題三級預防概念圖」（如圖 2-1 所示）與「特殊教育學生情緒行為問題處理三級預防工作流程圖」（如圖 2-2 所示）。

一、「特殊教育學生情緒行為問題三級預防概念圖」

　　Walker 等人（1996）認為，學校單位應仿效公共衛生領域常用的疾病預防概念，在學生的情緒行為問題還未變得更加惡化及嚴峻之前，提供這些高風險學生必要的資源及協助。對於學校要如何提供有效的支持策略，Lewis 與 Sugai（1999）提出學校須以系統性介入的觀點思考。他們認為，學校要增進有效處理學生情緒行為問題的能力，須建立一個連續性的正向行為支持模式，包括：初級預防、次級預防和三級預防。這個模式主要是在協助全校學生的學習、情緒行為及整體教育品質的提升，且不同預防層級會因應對象的不同而提供不同強度的介入策略，例如：初級預防是針對全校所有的學生提供一個全校性的行為管理策略；次級預防則是針對學業低成就、同儕認同度低或家庭關注較少等有風險（at-risk）的學生，學校輔導團隊須盡量提升他們在學業或人際社會方面的成功經驗；三級預防則是針對少部分的學生，提供個別或特定的介入方案與支持。

　　相較於 Lewis 與 Sugai（1999）所提出的全校性的三級預防架構，學會所提的「情緒行為問題處理架構」主要差異處有二：（1）對象是指所有符合《身心障礙及資賦優異學生鑑定辦法》的特殊教育學生；（2）關注的重點僅在情緒行為問題，而不是廣義的學校適應。特殊教育學生在學校系統都需要有個別化教育計畫（IEP），因此可說是三級預防中的普及（universal）、小組（group）、個別（individual）之第三級，故本章所提之特殊教育學生相當於 Lewis 與 Sugai 所提的第三級預防層級。圖 2-1 之三級預防概

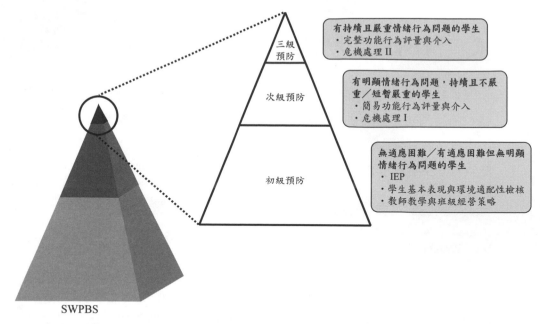

圖 2-1　特殊教育學生情緒行為問題三級預防概念圖

資料來源：修改自 Chen 與 Hung（2018）

念即是針對特殊教育學生之情緒行為問題的適應狀況再更進一步細分為三個層級，旨在提醒特教學生在情緒行為問題之表現也有普及、小組和個別等三級預防工作，學會藉此分級不僅參考多層級預防之觀點，也在說明特殊教育學生的情緒行為問題處理重點之不同。

　　圖 2-1 中的初級預防，其主要服務對象包括無適應困難或有適應困難但無明顯情緒行為問題的特殊教育學生，介入策略建議對有適應困難的學生可根據 IEP 內容先進行學習環境和班級經營策略的調整，以提升其適應技巧。次級預防的主要服務對象為有明顯情緒行為問題，持續且不嚴重／短暫嚴重的學生，特殊教育相關工作者可透過簡易功能行為評量進行分析，了解情緒行為問題的功能，擬訂行為功能介入方案並執行；若出現短暫的嚴重情緒行為問題者，可依情緒行為的爆發歷程，採取適當的處理策略，以保護學生和其周圍的人。三級預防的主要服務對象是有持續且嚴重情緒行為問題的學生，因其行為有立即危險性，故需與校外行為專業更高的教師進行

完整功能行為評量，或**危機處理**（**crisis management**），必要時可與其他專業團隊合作，再輔以後續的相關介入教學。

二、「特殊教育學生情緒行為問題處理三級預防工作流程圖」

「特殊教育學生情緒行為問題處理架構」經過第四階段於北、中、南多所學校試辦後，工作小組統整各地各校之實施意見，最終修訂完成了三級預防工作流程圖，如圖 2-2 所示。由圖 2-2 說明處理特殊教育學生的情緒行為問題時，可依序從橫軸與縱軸兩個維度思考。橫軸由特教生入學開始，以 S 學生現況（student）、A 評估（assessment）、I 介入（intervention）、E 評鑑（evaluation）等四項工作流程說明，並依據各層級說明執行介入計畫的相關 P 負責人員（personal）；縱軸則分為初級預防、次級預防和三級預防等三種層級。相較於圖 2-1，圖 2-2 為特教工作者提供更詳細的「參考索引」，以下進一步說明。

每年於 7～8 月間所召開的 IEP 會議，特教教師首先可依學生「是否具有明顯情緒行為問題」、「情緒行為問題是否持續且嚴重」兩個標準，判斷應提供該生何種層級的預防策略。初級預防的主要概念在建議沒有明顯情緒行為問題的特殊教育學生從本層級開始預防，由個案的導師、任課老師、特教教師、校內行政人員、家長所組成的 IEP 小組共同針對 IEP 所規定的基本能力和其他重要能力進行評估。初級預防之目的在於為學生建立正向的學習環境，降低未來情緒行為問題產生的可能性，因此包括兩個關鍵步驟：首先是與學生及其家庭建立正向關係，其次則是在學校及家庭情境中執行初級預防策略（Powell, Dunlap, & Fox, 2006）。學校在早期發現有學業及情緒行為問題的學生時，應先注意到目前的教育情境是否適合學生，包括：學生能有效學習、校方提供所需之適當行為、問題解決技巧等策略，與營造師生正向管教氛圍、建立學生學業成功經驗，以及心理和情緒的健康狀態（Kendziora, 2007）。

圖 2-2 顯示，IEP 小組視個案現況若有適應困難情形但無明顯情緒行為問題時，宜持續進行初級預防層級的工作流程，包括先評估學生本身的教

室適應技巧與學校的學習環境之適配性（請參見本書附錄之附件一：學生基本表現與環境適配性檢核表）。介入階段則可透過調整學習環境及班級經營策略（請參見本書附錄之附件二：教師教學與班級經營策略表），以降低個案的適應困難情形。評鑑階段則觀察特殊教育學生的適應問題是否有所改善，倘若有改善則再回到 IEP 的執行，但若適應問題沒有改善或出現情緒行為問題時，則建議進入次級預防層級。整個初級預防層級的評估、介入與評鑑過程均強調學生能力與學校環境的適配性。舉例來說：某國小學生小祥是輕度智能障礙兒童，常在國語、數學或英語等認知課程進行時，表現出不專心、無法完成作業和缺乏學習動機的現象。教師可先從初級預防層級之評估，了解小祥的教室適應技巧與學校的學習環境之適配性，透過學習環境調整來改善其適應困難，最後評估其改善情形。本書第三章將針對「初級預防」之相關理論與策略有進一步的說明。

雖然我國的《特殊教育法》及相關子法中未正式提及正向行為支持，但《特殊教育法施行細則》（教育部，2013a）第 9 條規定：「本法第二十八條所稱個別化教育計畫，指運用團隊合作方式，針對身心障礙學生個別特性所訂定之特殊教育及相關服務計畫；其內容包括下列事項：⋯⋯四、具情緒與行為問題學生所需之行為功能介入方案及行政支援。⋯⋯」其對有情緒行為問題學生已經主張提供行為功能介入方案及行政支援。

此外，《身心障礙學生支持服務辦法》（教育部，2013b）第 10 條亦規定：「學校（園）及機構應依本法第三十三條第一項第六款及相關法規規定，⋯⋯包括調整活動內容與進行方式、規劃適當動線、提供輔具、人力支援及危機處理方案等相關措施，以支持身心障礙學生參與各項活動」，其亦建議學校應擬訂學生情緒行為問題發生時的危機處理措施。因此，對於有明顯情緒行為問題之特殊教育學生，校內輔導團隊應依前述相關法規規定，進行次級預防的工作。

考量導致適應困難的情緒行為問題有兩種可能性，分別是持續但不嚴重或嚴重但不持續的行為，將各自採取不同的處理歷程。首先，針對持續但不嚴重的問題行為，校內輔導團隊可透過實施簡易功能行為評量（請參見本書附錄之附件三：功能行為訪談表；附件四：行為動機評量表；附件

五：行為前後事件紀錄表）評估問題行為的功能為何。介入階段除可檢討與調整預防性介入策略外，亦應執行行為功能介入方案，包括從情緒行為問題的前事環境、個人行為，以及後果處理三個層面進行介入策略的擬訂。為評估功能性介入策略的完整性，本書亦提供讀者可自行檢核的工具（請參見本書附錄之附件六：次級預防介入策略表）。舉例來說：阿寶是位小學四年級的自閉症學生，其狹隘興趣是撕紙，只要看到紙類回收桶中有同學或老師丟入回收的廢紙，就一定要把它撕成小紙張，但這樣的行為在每節課會隨機出現，雖然不嚴重但頻率甚高，除撕紙聲造成老師上課的困擾外，班級環境也變得髒亂。校內輔導團隊在思考介入方案時，可由次級預防層級介入，針對撕紙行為進行簡易功能行為評量和擬訂行為功能介入方案。

另一方面，頻率低但高嚴重性的問題行為可能導致自己或他人受傷，或造成環境物品的破壞，其事件結果通常較為嚴重及負向，故須先進行危機評量後，再進行簡易功能行為評量。在介入此類行為時，特教老師須具備危機處理能力，如中斷前兆行為或處理爆發行為，以保護自己和個案學生的安全（請參見本書附錄之附件七：危機處理計畫表）。待緊急狀況解除後，再執行行為功能介入方案。舉例來說：小葦是位情緒行為障礙的八年級學生，其在校內不只是學科，也包括一般日常活動，只要遇到老師交代某項任務時，就會出現大聲咆哮、亂摔物品等行為，雖然行為出現頻率低，但每次出現就會造成嚴重師生對立的緊張氣氛。校內團隊除分析其違抗行為的功能外，亦需提供任課老師面對此行為時的危機處理策略。

次級預防之介入工作持續一段時間後，校內輔導團隊需評鑑情緒行為問題是否已改善或不再嚴重或持續。有明顯改善者，則可回歸到初級預防層級，將此階段所執行的有效策略逐漸轉化成平常性教學措施或支持。倘若行為並沒有明顯改善，則須重新檢討當初假設的行為功能之結果與策略，重新回到評估階段，再次進行行為的功能評量或重新調整行為功能介入方案。由於法令規定有情緒行為問題之身心障礙學生的IEP須具備行為功能介入方案，故所有特教教師應具備此層級所需要的專業知能，而校內輔導團隊亦須共同合作完成此層級之預防工作。有關次級預防階段的評估、

介入、成效、評鑑等歷程的詳細說明，請參考本書第四至九章。

　　三級預防階段主要是以出現持續且嚴重的情緒行為問題者為對象，考量行為是否具有危險性，分為兩種介入模式。若該行為不具有立即危險性，則由行為支援專家協助校內輔導團隊進行完整的功能行為評量〔請參見本書附錄之附件三-A：有效的功能行為評量：功能評量檢核表（教師及行政人員版）〕，在確定問題行為的主要功能後，執行行為功能介入方案或提供相關行政支持，必要時調整教育安置。不過，倘若該行為具有立即危險性，如危及自己或他人生命安全，則需尋求校外跨專業資源進行危機評量和危機處理。

　　三級預防處理的情緒行為問題均屬複雜度較高、需要較多專業人力參與，在執行三級功能性介入之後，若經校外相關專家與校內輔導團隊綜合評估介入後已不再具危險性，則可回到次級預防或初級預防層級。但若在介入後，仍沒有明顯改善，則可能需要反覆的調整與執行行為功能介入方案與**危機處理計畫**（**crisis management plan**），直到該行為的嚴重性或行為頻率降低為止。舉例來說：阿軒是位小學五年級的情緒行為障礙學生，平時情緒起伏大，亦有離座或偶發性的肢體衝突事件等情緒行為問題，校內輔導團隊透過次級預防層級的介入方案進行輔導。不過，隨著阿軒和同學衝突事件頻率的升高，甚至出現被同學、教師排斥，而導致不願意上學或有嚴重拒學問題時，校內輔導團隊應進入三級預防階段的介入模式，除邀請校外相關專業人員與校內團隊一起評估可能的危機和如何避免或處理衝突外，並針對阿軒與同學衝突事件的行為和現有嚴重的行為問題進行完整功能行為評量和擬訂後續行為功能介入方案，在校外行為專家與校內團隊合作直到行為問題頻率或嚴重性降低為可接受的範圍時，再轉由校內輔導團隊接續服務。本書第十章將針對「三級預防」的相關理論與現場實務運作模式做進一步之說明。

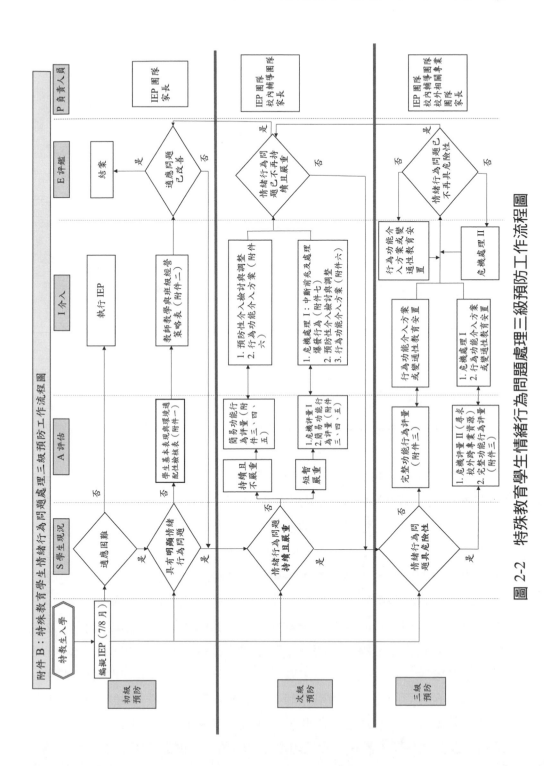

圖 2-2　特殊教育學生情緒行為問題處理三級預防工作流程圖

參、特教教師應具備的情緒行為問題處理知能

　　整體而言，執行三級預防工作流程是一名特教教師將多種專業知能綜合運用的問題解決過程。以下分階段介紹各層級教師在執行三級預防流程中，需發揮的專業知能為何，其用意一方面在於協助師資培育單位為設計與其搭配的研習提供想法，另一方面也為特教教師尋求自身專業成長機會，增進自身運用正向行為支持理念處理特殊教育學生情緒行為問題的知能提供參考。

一、特教教師的角色

　　特殊教育學生是否能獲得良好品質的教育與相關服務，有賴學校各方面各層級的相互配合，例如：圖 2-2「特殊教育學生情緒行為問題處理三級預防工作流程圖」，最右側一列為「P 負責人員」（personal），表示參與每個層級工作的團隊成員。需要提醒特教教師的是，這些參與成員並非固定不變，各校應考量自身實際情況，依照特殊教育學生的需要組成合作團隊。

　　現今，隨著特殊教育的推展，專業團隊合作中的特教教師角色隨之分化及專業，不再侷限於傳統的教學提供者之角色，同時還要扮演教學諮詢者、個案管理者、團隊促進者等其他多重角色，為特殊教育學生提供間接服務（李重毅，2015）。根據每個層級工作內容項目之不同，特教教師的角色也表現出不同的功能，且多種角色也可能同時存在，例如：對於一名安置在普通班接受資源班服務的特殊教育學生，若是表現出適應困難但目前並未表現出明顯情緒行為問題的特殊教育學生，其即屬於初級預防層級的服務對象，在介入工作階段中，特教教師需要與普通班教師合作調整學習環境及班級經營等，特教教師在此主要扮演教學諮詢者、個案管理者的角色；特教教師有時可能需向普通班教師示範班級經營的策略，那麼特教教師則扮演了教學提供者的角色。因此，特教教師應基於三級預防工作流程，釐清自身及其他相關人員在三級預防過程中的角色，促進校園團隊合作。

二、特教教師的專業知能

　　根據三級預防工作流程圖，特教教師執行三個層級的特殊教育學生情緒行為問題處理時，都包括 S 學生現況（student）、A 評估（assessment）、I 介入（intervention）、E 評鑑（evaluation）等四個階段（簡稱 SAIE）的任務。大致而言，在學生現況階段，特教教師應知如何蒐集學生的重要資訊，並以此依據判斷學生的適應狀況，以及應為其提供的服務層級。在評估階段，特教教師應能夠運用所提供的流程和表格執行或協助評估工作，為不同層級之介入提供參考依據。在介入階段，特教教師應能夠自行或與他人合作，制定並執行介入方案，持續監控介入效果。在評鑑階段，特教教師應能判斷介入成效，並參與決策未來計畫。茲將各層級的 SAIE 四個工作階段中，特教教師的專業工作任務整理如表 2-1 所示。

表 2-1　特教教師執行三級預防工作流程之工作任務分析

預防層級	工作階段	專業工作任務描述
初級預防	編擬 IEP	・制定個別化教育計畫（IEP）。
	S 學生現況	・能蒐集學生現況資料，並據此判斷學生是否在校適應良好。 ・能判斷表現出適應困難的學生是否具有明顯的情緒行為問題。
	A 評估	・能運用所提供的表格，評量學生的適應能力水平，以及學校的學習環境與學生間適配性。
	I 介入	・能忠實執行 IEP。 ・能基於評估結果，調整 IEP。 ・能依據評估結果擬訂與執行初級預防性介入，調整學習環境及班級經營策略。
	E 評鑑	・能持續監控 IEP 執行狀況。 ・能判斷是否需要調整 IEP。 ・能評量初級預防性介入的成效。

表 2-1　特教教師執行三級預防工作流程之工作任務分析（續）

預防層級	工作階段	專業工作任務描述
次級預防	S 學生現況	・能根據學生的現況資料，判斷學生的情緒行為問題之嚴重程度和持續程度。
	A 評估	・能參考所提供的流程和表格，以直接和間接兩種方式，實施簡易的功能行為評量，形成行為問題的功能假設。 ・能夠運用爆發行為發生歷程，對嚴重行為問題進行評量。
	I 介入	・能依據功能行為評量結果，制定與執行行為功能介入方案，包括對前事和環境調整的計畫、教導替代行為的計畫、後果處理的計畫等。 ・能夠運用爆發行為發生歷程，對嚴重行為問題擬訂處理流程與策略。 ・能夠運用爆發行為發生歷程，對嚴重行為問題執行處理流程與策略。
	E 評鑑	・能持續監控行為功能介入方案的執行狀況。 ・能判斷是否需要調整行為功能介入方案。 ・能評量次級行為功能介入方案的成效。
三級預防	S 學生現況	・能根據學生的現況資料，判斷學生的情緒行為問題之嚴重程度和持續程度。
	A 評估	・能尋求校外專家資源，合作進行完整功能行為評量。 ・能尋求校外專家資源，合作進行危機評量。
	I 介入	・能與校外專家合作，依據功能行為評量結果擬訂行為功能介入方案或變通性教育安置。 ・能與校外專家合作，對具有危險性的嚴重情緒行為問題擬訂危機處理計畫。 ・能與校外專家合作，依據功能行為評量結果，執行與調整行為功能介入方案或變通性教育安置。 ・能與校外專家合作，對具有危險性的嚴重情緒行為問題執行與調整危機處理計畫。
	E 評鑑	・能與校外專家合作，持續監控行為功能介入方案的執行狀況。 ・能與校外專家合作，判斷是否需要調整行為功能介入方案。 ・能與校外專家合作，評量三級行為功能介入方案的成效。

事實上，處理特殊教育學生情緒行為問題是特教教師在實務現場經常需要面對和處理的議題，而特教教師具備相關知能是保障特殊教育學生獲得適性教育的前提。在國內外的特殊教育教師專業標準中，也將處理特殊教育學生情緒行為問題列為一名特教教師所應具備的重要能力，在此提供以下兩個版本的專業能力指標供特教教師參考。第一個專業能力指標是由教育部委託張蓓莉、吳武典、李美玲、蘇芳柳（2012）建構的身心障礙類特教教師專業指標，該能力指標包括 7 個核心能力與 47 項表現指標（具體指標內容詳見本章附錄一）。這七向度的標準可以大致分為兩類：一類是綜合性的標準，其指標內容所涵蓋的意義體現在特教教師工作的各個面向，在不同安置形態、不同階段為不同類型身心障礙學生服務的特教教師之專業工作均應體現其內涵，包括：標準一、專業基本素養；標準二、敬業精神與態度；標準三、身心障礙教育專業知能；標準七、研究發展與進修。另一類指標可以說是特異性的指標，包括：標準四、身心障礙學生鑑定與評量；標準五、身心障礙教育課程設計與教學；標準六、班級經營與輔導，是指特教教師在特定工作內容中應具備的核心能力。由表 2-1 得知，特教教師在這幾個向度下的表現標準大多可對應於其在初級預防階段的工作內容，因此做好初級預防工作是特教教師應具備的基本專業素養。

　　另一個專業能力參考指標則是由**美國特殊兒童協會**（**Council of Exceptional Children**，**簡稱 CEC**）訂定的初階特殊教育教師（身心障礙類）專業能力指標。該指標由七項專業能力指標向度構成，分別是：學習者的發展和個別學習差異、學習環境、課程內容知識、評量、教學計畫和策略、專業學習和倫理實踐，以及合作。初任特殊教育教師應具備的專業能力標準包括兩部分：一部分是對所有初階特殊教育師資所提出的共同核心知識和技巧（Initial Common Specialty Items，代碼為 ISCI），另外一部分是根據初任教師教學群體／對象上的差異，進一步劃分的十一類專業領域知識和技巧項目（Initial Specialty Set）。在本章附錄二中，摘述了該指標中與處理特殊教育學生情緒行為問題有關的共同核心知識和技巧（ISCI）指標，以及個別化的一般課程與個別化獨立課程（代碼為 IGC-IIC）、情緒行為障礙（代碼為 EBD），以及發展障礙和自閉症（代碼為 DDA）等三類專業領域知識

和技能指標中的相關內容。其中，IGC-IIC 的適用對象是今後教授不分類和不分障礙類別學生的教師，比較類似於我國的不分類資源班教師。由於情緒行為障礙和自閉症這兩類學生有更高比率的機會出現情緒行為問題，其教師也因此被要求具備更高的相關知能，在此也特別統整情緒行為障礙（EBD），以及發展障礙和自閉症（DDA）的相關表現指標。

從本章附錄二中可以看出，該指標更詳細的列舉出一名合格的初階特殊教育教師應具備的知識（代碼為 K）和技巧（代碼為 S）為何，建議特教教師可利用該指標進行自我檢核，並可以此作為專業知能建構的參考依據。另外，從該指標中也看到 CEC 對於一名特教教師應具備的特殊教育學生情緒行為問題處理知能提出了更明確和更高的要求，其對於情緒行為處理的三個層級均有涉及到，例如：要求教師應具備危機預防與介入的策略之知識（ISCI.2.K6）、所有教師應運用功能行為評量制定介入計畫的技能（ISCI.5.S3）等。

再者，CEC 的知能標準尤其對於情緒行為障礙（EBD）以及發展障礙和自閉症（DDA）類的教師提出了對情緒行為問題處理有關的額外知能要求，明確指出教師應具備實施功能行為評量以及制定與執行行為功能介入方案的能力，例如：要求情緒行為障礙類教師，應具備實施功能行為評量的技能（EBD.4.S1）、評量情緒行為障礙學生的社會行為之技能（EBD.4.S2）、提供情緒行為障礙學生的功能行為評量報告之技能（EBD.4.S3），要求發展障礙和自閉症類教師，應具備實施功能行為評量，以用於制定行為功能介入方案的技能（DDA.4.S3）、能一致性地運用預防策略和正向行為支持的技能（DDA.5.S5）等。相較之下，國內目前對於特教教師執行三級預防工作流程的專業知能僅要求具備初級預防層級，卻未明確規範次級預防層級所應具備的能力，CEC 所建議之專業指標提供了特殊教育相關工作者一個參考與努力的方向。

肆、結語

　　從前述討論可知，「特殊教育學生情緒行為問題處理架構」的精神就是：（1）符合個別化教育精神；（2）因應「個案的適應情況」、「是否有明顯的情緒行為問題」，以及「情緒行為問題的嚴重性及持續性」等三個指標，分層進行三級預防的介入；（3）三級預防的評估和介入是動態的，可隨時因應行為的改善或惡化，進行普及、小組和個別等多層級預防的介入方案。雖然目前國內外的師資培育要求或對現場特教教師專業知能的要求均朝此方向發展，但以目前國內現況來看，這些專業課程和專業知能並非每位特教教師均有具備。

　　本章分別介紹「情緒行為問題三級預防概念圖」、「情緒行為問題處理三級預防工作流程圖」的發展及架構，並建議國內特教教師應具備哪些重要的情緒行為處理知能，盼能成為讀者思考處理情緒行為問題的參考。

問題與討論

1　請問：當你在輔導教學有情緒行為問題的學生時，你會如何評估情緒行為的處理需求？

2. CEC 提出特教教師所應具備的情緒行為問題處理之知能有哪些？

參考文獻

中文部分

吳武典、張芝萱（2009）。資優教育師資專業標準之建構。**資優教育研究，9**（2），103-143。

李重毅（2015）。特教教師在學校團隊合作中應扮演的角色及能力需求。**特殊教育季刊，95**，16-20。

洪儷瑜、鳳華、何美慧、張蓓莉、林迺超（2015 年 11 月 28 日）。特殊教育學生情緒行為問題處理守則與專業倫理之草案調查研究。載於中華民國特殊教育學會（主編），**2015 中華民國特殊教育學會年刊**（頁 205-222）。彰化市：中華民國特殊教育學會。

張蓓莉、吳武典、李美玲、蘇芳柳（2012）。**建構身心障礙教育師資專業標準與特殊教育師資專業倫理工作計畫期末報告**。臺北市：國立臺灣師範大學特殊教育學系。

教育部（2013a）。**特殊教育法施行細則**。臺北市：作者。

教育部（2013b）。**身心障礙學生支持服務辦法**。臺北市：作者。

英文部分

Chen, P., & Hung, L. (2018, March). Multi-tiered behavior intervention framework for exceptional students in Taiwan. In *15th International Conference on Positive Behavior Support*. Symposium conducted at the meeting of The Association for Positive Behavior Support (APBS), San Diego, CA.

Council for Exceptional Children. (2015). *What every special educator must know: The ethics, standards, and guidelines for special educators* (7th ed.). Arlington, VA: Author.

Kendziora, K. T. (2007). Early intervention for emotional and behavioral disorders. In R. B. Rutherford, M. M. Quinn, & S. R. Mathur (Eds.), *Handbook of re-*

search in emotional and behavioral disorders (pp. 327-351). New York, NY: Guilford Press.

Lewis, T. J., & Sugai, G. (1999). Effective behavior support: A systems approach to proactive school-wide management. *Focus on Exceptional Children, 31*(6), 1-24.

Powell, D., Dunlap, G., & Fox, L. (2006). Prevention and intervention for the challenging behaviors of toddlers and preschoolers. *Infants and Young Children, 19*, 25-35.

Walker, H., Horner, R. H., Sugai, G., Bullis, M., Sprague, J., Bricker, D., & Kaufman, M. J. (1996). Integrated approaches to preventing antisocial behavior patterns among school-age children and youth. *Journal of Emotional and Behavioral Disorders, 4*, 194-209.

附錄一　身心障礙類特教教師專業標準

　　截至 2017 年為止，教育部曾五次委託臺灣學界建構特殊教育教師專業
標準。第一次是 2006 年教育部委託中華民國師範教育學會建構，由吳武典
教授負責，結果共有 7 個核心能力標準與 47 個表現標準。7 個核心能力標準
分別是：教師專業基本素養、敬業精神與態度、課程設計與教學、學習環
境經營與行為輔導、專業成長與專業判斷、特殊教育專業知識，以及教育
診斷與評量。在此基礎下，2009 年又研訂資優教育師資專業標準之建構
（吳武典、張芝萱，2009）及身心障礙類特教教師專業標準（張蓓莉等
人，2012）。身心障礙類特教教師專業標準計有 7 個向度與 47 個表現標準。
該研究還針對教師專業發展階段訂出標準，共有 7 個向度與 44 個表現標
準，簡述如下。

核心能力標準一、專業基本素養

　　1. 尊重每一位身心障礙學生的殊異性。

　　2. 重視社經地位不利或文化殊異身心障礙學生的學習機會。

核心能力標準二、敬業精神與態度

　　1. 把握特殊教育的基本信念及目標，遵守專業倫理守則。

　　2. 善盡諮詢的角色，與同儕教師合作解決問題。

　　3. 適切扮演身心障礙教育倡導者的角色。

　　4. 了解教師的態度與行為對學生的影響，並以身作則。

　　5. 表現對特殊教育的專業認同與工作承諾。

　　6. 敏察文化氛圍中對身心障礙的迷思，充分發揮正面影響力。

核心能力標準三、身心障礙教育專業知能

　　1. 了解身心障礙教育相關法規與重要政策。

　　2. 了解身心障礙學生所需之輔具及相關支持服務。

　　3. 熟悉特殊教育諮詢與合作的模式及策略。

　　4. 具有特殊教育研究的知能。

　　5. 具有教學督導的專業知能。

核心能力標準四、身心障礙學生鑑定與評量

1. 熟悉鑑定身心障礙學生的評量策略與工具。
2. 能考慮身心障礙學生的多元能力與學習需求，實施彈性、多元的適性評量。
3. 能篩選或轉介有特殊教育需求的身心障礙學生。
4. 能針對疑似有特殊教育需求的個案，與普通教育教師合作進行轉介前介入。
5. 能持續評量學生學習成效，以檢視教學目標是否達成。
6. 對社經地位不利或文化殊異的身心障礙學生實施評量時，能特別考慮其殊異性。
7. 能與學生、家長、教師或相關專業人員討論評量的結果。

核心能力標準五、身心障礙教育課程設計與教學

1. 能精熟任教領域或課程（或學科）的專門知識。
2. 能熟悉與應用身心障礙學生所需之各種教學方法與教學資源。
3. 能與相關人員合作擬訂個別化教育計畫（IEP），並有效執行。
4. 能視身心障礙學生特質與需求進行必要之課程調整。
5. 能編選適合身心障礙學生特質與需求的教材。
6. 能與相關教師進行特殊教育課程的設計與實施。
7. 能將相關專業團隊的建議融入課程設計與教學。
8. 能彙整教學資料，建立教學檔案。

核心能力標準六、班級經營與輔導

1. 能配合教學需求，妥善規劃與布置教學環境。
2. 能善用班級經營策略，增進同儕互助合作關係。
3. 能營造正向互動的學習環境，建立良好的師生關係。
4. 能與家長充分溝通，建立良好的親師關係。
5. 能運用有效的方法，促進身心障礙學生的自我了解與管理。
6. 能敏察標籤化所產生的負向作用，並採取預防措施。
7. 能鼓勵學生正向行為表現，以健全其身心發展。
8. 能提供身心障礙學生展現優勢能力的機會，以促進其生涯發展。

9. 能針對特殊個案，會同相關專業人員與家長進行個案輔導。

核心能力標準七、研究發展與進修

1. 能積極研發與創新特殊教育教材教法。

2. 能積極參與特殊教育的相關研究。

3. 能與教育專業社群分享教學經驗與研究成果。

4. 能參與特殊教育專業社群的研習與進修，提升專業知能。

5. 能透過自我反思與外界回饋，檢討改進專業表現。

資料來源：張蓓莉等人（2012）

附錄二 CEC 初階特殊教育教師（身心障礙類）專業能力指標摘錄

2.學習環境	
共同知識和技巧項目	ISCI.2.K2 特殊教育學生的基本班級經營理論和策略。
	ISCI.2.K3 有效教學和學習管理。
	ISCI.2.K4 影響特殊教育學生行為的教師態度和行為。
	ISCI.2.K5 學校和其他環境需要的社會技巧。
	ISCI.2.K6 危機預防與介入的策略。
	ISCI.2.K7 為個體提供在多元文化社會中，可以過得和諧且豐富的生活所準備之策略。
	ISCI.2.S1 創造一個安全、平等、正向和支持，尊重多元價值的學習環境。
	ISCI.2.S2 確定多元情境中對個人及社會行為的真實期待為何。
	ISCI.2.S4 創造一個鼓勵主動參與個別和群體活動的學習環境。
	ISCI.2.S5 改變學習環境以管理行為。
	ISCI.2.S6 運用來自所有相關人員表現的數據和訊息調整學習環境。
	ISCI.2.S7 與普通班學生和身心障礙學生建立並維持關係。
	ISCI.2.S8 教導自我倡導。
	ISCI.2.S9 創造一個鼓勵自我倡導和增進獨立性的環境。
	ISCI.2.S10 運用有效和多樣的行為管理策略。
	ISCI.2.S11 盡量使用可滿足特殊教育學生需求的最低強度行為管理策略。
	ISCI.2.S12 設計和管理班級常規。
個別化的一般課程與個別化獨立課程專業設置	IGC-IIC.2.S6 對特殊教育學生建立一致的班級常規。
	IGC-IIC.2.S7 教學環境結構化，以提供特殊教育學生最佳的學習機會。
	IGC-IIC.2.S8 在各類團體和個別化的學習活動中，創造多感官、增進自我倡導、促進獨立性的學習環境。

情緒行為障礙	（無）
發展障礙和自閉症	DDA.2.S1 計畫和執行有關功能性的獨立生活技能和適應行為的教學。 DDA.2.S2 計畫和執行適合學生年齡和能力的教學和相關服務。 DDA.2.S3 運用有計畫的教學促進學生對不同環境的社會參與。 DDA.2.S4 基於學習者的特質、興趣和持續性評量進行系統性的教學。

4.評量

共同知識和技巧項目	ISCI.4.K1 在評量中使用的基本術語。 ISCI.4.K2 評量的法令規定和倫理原則。 ISCI.4.K3 篩選、轉介前、轉介和分類的流程。 ISCI.4.K4 評估工具的使用和限制。 ISCI.4.S1 蒐集相關背景資料。 ISCI.4.S2 進行無偏見的正式和非正式評量。 ISCI.4.S3 運用輔助科技進行評估。 ISCI.4.S4 發展或調整個別化的評量策略。 ISCI.4.S5 解釋正式和非正式評量的訊息。 ISCI.4.S6 在特殊教育學生（包括多元文化和其他語言背景）的鑑定安置決議中需運用評量資料進行決策。 ISCI.4.S7 運用有效的溝通技巧向所有相關人員報告評量結果。 ISCI.4.S8 評估教學、監控特殊教育學生的進步。 ISCI.4.S9 持續記錄與建檔。
個別化的一般課程與個別化獨立課程專業設置	IGC-IIC.4.S1 根據流程評量並通報身心障礙學生的適當和不適當社會行為。 IGC-IIC.4.S5 監控特殊教育學生在不同科目課程和活動間行為的變化。
情緒行為障礙	EBD.4.S1 實施功能行為評量。 EBD.4.S2 評量情緒行為障礙學生的社會行為。 EBD.4.S3 提供情緒行為障礙學生的功能行為評量報告。

發展障礙和自閉症	DDA.4.S2 制定用於監控和分析行為問題及其溝通意圖的策略。
	DDA.4.S3 實施功能行為評量，以用於制定行為功能介入方案。
	DDA.5.S10 物理環境結構化，以提供最佳的學習機會。
	DDA.5.S11 提供自我管理的教學。
	DDA.5.S12 利用學生的優勢增強和維持社會技巧。
	DDA.5.S13 計畫和執行有關功能性的獨立生活技能和適應行為的教學。
	DDA.5.S14 計畫和執行適合學生年齡和能力的教學和相關服務。
	DDA.5.S15 運用有計畫性教學促進學生對不同環境的社會參與。
	DDA.2.S16 基於學習者的特質、興趣和持續性評量進行系統性的教學。

5. 教學計畫和策略

共同知識和技巧項目	ISCI.5.S1 與團隊成員合作發展與執行綜合且長期的個別化計畫。
	ISCI.5.S2 家長和學生參與設立目標和監控進步。
	ISCI.5.S3 運用功能行為評量制定介入計畫。
	ISCI.5.S4 運用工作分析。
個別化的一般課程與個別化獨立課程專業設置	IGC-IIC.5.K4 對可能具有障礙風險的兒童，運用預防和介入策略。
	IGC-IIC.5.K8 對特殊教育學生整合運用學業教學和行為管理策略。
	IGC-IIC.5.K10 對可能具有障礙風險的兒童提供介入和服務。
	IGC-IIC.5.S3 教導學習策略和學習技巧以促進特殊教育學生對學業內容的掌握。
	IGC-IIC.5.S8 運用多種非嫌惡性的技術控制標的行為並保持障礙生的注意力。
	IGC-IIC.5.S22 計畫和執行個別化的增強系統，以及與個體的行為強度一致的調整環境。

情緒行為障礙	EBD.5.S1 運用非嫌惡性的技術支持標的行為並保持情緒行為障礙學生的注意力。 EBD.5.S2 基於證據執行教學計畫與策略，以促進情緒行為障礙學生的學業和社會性能力。 EBD.5.S3 對可能具有情緒行為障礙風險的兒童運用預防和介入策略。 EBD.5.S4 運用策略教導替代性行為。 EBD.5.S5 計畫和執行個別化的增強系統，以及與個體的行為強度水平一致的調整環境。 EBD.5.S6 整合學科和情意教育於情緒行為障礙個體和團體的行為管理方案中。
發展障礙和自閉症	DDA.5.S5 一致性地運用預防策略和正向行為支持。

6. 專業學習和倫理實踐

共同知識和技巧項目	（無）
個別化的一般課程與個別化獨立課程專業設置	IGC-IIC.6.K2 偏差和行為問題的模式與理論。 IGC-IIC.6.K9 運用增強技術理論於特殊教育學生。
情緒行為障礙	EBD.6.K3 運用增強理論原則於情緒情為障礙學生。
發展障礙和自閉症	（無）

7. 合作

共同知識和技巧項目	ISCI.7.K1 諮商與合作的模式及策略。
個別化的一般課程與個別化獨立課程專業設置	IGC-IIC.7.K1 針對嚴重行為問題的親職教育和行為管理指導，以及促進溝通。 IGC-IIC.7.S3 教導父母運用適當的行為管理和諮商技術。
情緒行為障礙	EBD.7.S1 與家庭分享有效的行為管理技術。
發展障礙和自閉症	（無）

資料來源：譯自 Council for Exceptional Children（2015）

第三章

初級預防

何美慧[1]

何美慧[1]

學習目標

1. 了解初級預防的內涵,以及在三級介入之角色。

2. 了解初級預防實作的要點或原則。

3. 了解初級預防的常用教學策略與班級經營策略。

4. 了解中華民國特殊教育學會的初級預防步驟與表格。

---

1 國立臺南大學特殊教育學系副教授。

壹、精神與概念

在三級預防架構中,「初級預防」(**primary prevention**)是最基礎的介入層級,其實施對象是全體學生或行為問題輕微(常見的或暫時性的行為問題)的學生,介入目標是避免行為問題發生,或是在問題仍是輕微程度時及時處理,因此工作內容概屬預防性質的作法,例如:適當的教導、良好的引導。初級預防在對象、目標、內容上,皆不同於後續的「次級預防」(**secondary prevention**)──著重處理行為問題已明顯嚴重的個案,或是「三級預防」(**tertiary prevention**)──著重處理行為問題已非常嚴重的個案。但是,三級預防架構各層級作法是一種連續體,各層級的支持作法應是整合的(inclusive),並且是累積自前一層級的基礎(Kurth & Enyart, 2016)。換言之,初級預防是次級與三級預防的基礎。

一、初級預防的定義、內涵、實施對象

三種層級的預防概念,係由公共衛生領域先趨 Leavel 與 Clark(1953)率先提出,之後由 Caplan(1964)將之擴展至精神疾病的預防(引自 Bloom, 1996)。接續 Caplan 的定義,精神醫學或行為問題領域專家對於三級預防則進一步提出許多不同的定義。

以初級預防而言,Caplan(1964)的定義是:「在有害環境對個體造成危害之前,予以消減,而得以減少群體中新的問題案例產生」(引自 Rickel & Allen, 1987, p. 26)。在這個定義中,預防工作主要是針對群體,目標是減少群體中出現新案例。而新近的定義則傾向擴大界定初級預防是在異常或問題完全發展前所實施的工作。以 Bloom(1996)為例,他定義初級預防是指針對個體或群體,在他們的物理與社會文化情境中,持續實行的整合措施(actions),據以避免可預見的問題發生(預防性)、保持現有的健康機能(保護性),以及促成期待的生活目標(促進性)(Bloom, 1996)。

初級預防的內涵,採狹義定義者(例如:Caplan),主要在於減少危險

因素、增加保護因素，以避免行為問題發生；採廣義定義者（例如：Bloom），其內涵擴大包含促進性質的措施，即預防工作亦包括促進身心健康（wellness），例如：有歸屬感、對自己與自己的生活滿意並有掌控感、具有符合年齡的技能、能正向地克服壓力（Wicks-Nelson & Israel, 2006）。綜合而言，初級預防之內涵包括針對個體或環境的措施，據以達成：（1）預防性：避免可預見的問題；（2）保護性：保持現有的健康機能；（3）促進性：促成期待的生活目標（Bloom, 1996）。

　　初級預防的對象，依問題呈現情形可分為三層次群體（Munoz, Mrazek, & Haggerty, 1996；引自 Wicks-Nelson & Israel, 2006）：（1）一般群體：指產生問題之可能性低的群體；（2）高風險群：指產生問題之可能性高的個體或小群體；（3）潛兆群：指已出現少許異常症狀或癥候，但仍不足以鑑定為異常個案之個體。各類預防對象之預防措施，也因問題的風險程度而有不同性質的介入策略。

　　在教育領域中，行為問題的初級預防通常採用廣義內涵。預防工作主要是針對所有學生，在各種場合提供一般支持或教學，以及需要的預防措施（Kurth & Enyart, 2016）。重要作法是檢視學校環境（例如：規則、人際關係、例行程序、物理布置等），並發展促進性質（proactive）的介入策略，以避免發生校園常見的學生挑戰行為（challenging behaviors）（Scott, 2012），亦即是正向行為支持所強調的預防性（請參閱第一章）。

　　行為問題的三級預防方案，其層級架構有利於教師與行政人員、家長和同事，明確溝通他們將如何提供行為支持給自己班上的學生（Sayeski & Brown, 2011）。實證研究亦顯示，有效的初級預防可以讓大多數的學生成功，例如：在有效教學下，80～90%的學生可以成功學習，學生可以避免大多數的問題（學習的、行為的），並避免不當轉介（Kauffman, Bruce, & Lloyd, 2012）；接受初級預防的學生之表現比 59～82%的未參與學生為佳（Wicks-Nelson & Israel, 2000）。同樣地，在全校性正向行為支持方案中，良好的全校性行為管理下，80～85%的學生（Kauffman et al., 2012）或是80～ 90%的學生（Bock & Borders, 2012），可以循規蹈矩，或是可以期待89%的小學生、74%的中學生和 71%的高中生可以有良好學習（Horner, Sugai, Todd, & Lewis, 2005；引自唐榮昌、王怡閔，2014）。

二、初級預防實作之緣起

初級預防日益受到重視，一者是因為在問題嚴重時才進行介入，介入方案的成本往往高昂，二者是關於問題行為發生的危險因素與保護因素，研究方面已累積相當知識基礎，預防性質的介入方案之指導原則與成效已更明確（Wicks-Nelson & Israel, 2006）。在特殊教育領域，對於情緒或行為問題之預防實作（含初級預防）亦植基於對行為與其發展特性的了解，以及呼應目前的正向行為支持取向。

（一）行為發展的特性

有關行為的基本事實（Clements & Zarkowska, 2000），特教工作者已有下列理解：

1. 行為問題不是疾病；行為問題是一個人的一部分。
2. 行為不是隨意發生的，大多數行為對個人是有意義、有功能的。
3. 行為往往是被內在的或外在的事件所激發，換言之，是為了滿足需求或是對抗環境中的壓力。
4. 如果環境中的壓力減少，或是具有良好的適應技能和資源，行為問題可望減少。

此外，行為問題（例如：侵略行為、反社會行為）的發展是一個連續、互動的過程，其中的生物因素與社會因素會交互影響，而且具有累加效果（Connor, 2002）。具體而言，行為／行為問題具有下列特性（Crone, Hawken, & Horner, 2015）：

1. 人類行為是有功能的：亦即具有目的。
2. 人類行為是可預測的：行為並非憑空發生，而是受到環境的啟動、維持或抑制，因此可以藉由探索行為發生前、後的情境因素，以了解行為的發生與延續。
3. 人類行為是可改變的：藉調整情境因素，可以有效產生行為變化。

（二）正向行為支持

對於情緒或行為問題採正向行為支持的方式，已不僅是教育信念，我國目前已經有法規的規範了。《特殊教育法施行細則》（教育部，2013）明確規定特殊教育學生若有情緒或行為問題，學生的個別化教育計畫（IEP）需要包含「行為功能介入方案與行政支援」，此項規範意涵須針對學生的情緒或行為問題，提供符合功能性的介入方案和支援，這就是以學生的需求切入問題，符應本書第一章所闡述的正向行為支持，「不應僅針對問題，應該考慮個體建立社會性和功能性的能力，並且創造支持的環境、預防問題行為的發生」（請參見本書第一章）。

對於「障礙」的新觀點，亦可類推至對行為問題的處理取向，例如：智能障礙的新定義，視「障礙」是「個人能力」和「環境要求」間的不適配（林坤燦，1998；鈕文英，2010）。以這種新觀點，減低障礙的因應作法除了包括傳統的強化個體外，亦強調調整環境或提供支持，以利學生參與環境要求的活動、提升個人功能表現。行為問題亦可做同樣的理解，一項行為問題的發生，可視為是個體狀態（例如：認知、能力、特質、經驗等）與環境設定或要求（教學、班級經營方式）的不適配，因而形成所謂的行為問題；因應策略則可以包括強化個體（教導），以及環境調整（依學生情形調整設定或要求）、提供支援。

目前的初級預防介入方案架構，也呼應了這項兼重生態調整與個人支持的正向行為支持概念。Bloom（1996）採**生態取向**（**ecological orientation**）提出了一個預防的配置式公式（configural equation），其中的初級預防有三向度的介入：（1）個人：增加實力、減低限制，例如：認知、情意、行為與技能、生理；（2）社會環境：增加社會環境的支持、減低社會環境的壓力；（3）物理環境：增加物理環境的資源、減低物理環境的壓迫。Scott（2012）亦指出，正向行為支持（PBS）方案的前提是環境的結構與活動影響個體之行為，因此有效預防的關鍵是調整環境與他人活動，以形成學生的正向成果。

貳、初級預防的要點或原則

在特殊教育領域，採用三層級架構的行為問題處理模式中，常見的是「全校性正向行為支持」（**SWPBS**）模式與「介入反應」（**Response to Intervention**，簡稱 **RTI**）模式（Cheney & Jewell, 2012; Plotts, 2012）。此二模式在架構或過程上相類似（Scott, 2012）：SWPBS 與 RTI 都是多層級預防與介入模式，包括提供三層級支持、使用評量數據鑑認需要協助的學生與監測進步情形、採用有實證的實作（Sayeski & Brown, 2011）。在三層級支持中，初級預防提供所有學生共通的支持，目標是預防；次級預防針對特定學生群，係經初級預防成效不彰者；三級預防則是特定個體的密集、個別化的介入。

以下就初級預防層級，扼要說明其實施重點（以全校性正向行為支持模式為例）、初級預防的常用策略、全班性正向行為介入（**Classroom-Wide Positive Behavioral Support**，簡稱 **CWPBS**），以及有關研究（效能、可能困境與因應）。

一、實施重點（成為檢核指標）

（一）原則

1. 針對高危險、高關懷（at risk）的個人或項目而設計。
2. 作法盡量方便、簡單可行（最好能融入例行活動或班級經營中）。
3. 介入策略是全體學生一致應用。
4. 全體教職員共同合作參與。
5. 以數據為本的決策（data-based decision-making）過程。
6. 促進正向校園氣氛。
7. 讓所有學生都能成功。

（二）要素

SWPBS 具有四個要素：成果、數據、實作、系統（鈕文英，2016；Simonsen, Jeffrey-Pearsall, Sugai, & McCurdy, 2011）。

1. 成果

依據生態情形，為所有學生設定有意義的「成果」，並具體界定，以可測量的形式呈現（唐榮昌、王怡閔，2014；鈕文英，2016；Lewis & Mitchell, 2012; Simonsen et al., 2011）。這些成果可視為教學目標，據以選用介入策略或實作，並作為成效的檢驗標準。SWPBS 期待的成果，例如：改善學生學習與行為表現（例如：學業成績、出席率、社會能力）、整體社會與學業環境（例如：學校氣氛、環境安全）；減少行為管教的轉介、危機狀況的處理、個別行為的介入。

2. 數據

蒐集系統的資料，以作為學校改進決策之依據；數據形式可以是學生表現，或是教師執行方案的情形（鈕文英，2016；Simonsen et al., 2011）。

3. 實作

在學校的範圍內，設定各場域的一系列實作（practice），包括：全校、教室、非教室、個人（Simonsen et al., 2011）。系列實作具有連續性，從普遍的作法到特定密集的介入（Lewis & Mitchell, 2012），能提供學生全方位的、持續的行為支持，並持續監控其表現（鈕文英，2016）。

4. 系統

建立支援系統、團隊領導、持續的專業成長、數據本位的決策與行動計畫、監測與執行精準度、介入方案之評鑑與改進（Simonsen et al., 2011）。

要能準確掌握上述各元素，教師或團隊成員的訓練往往扮演關鍵角色。Crone 等人（2015）強調，必須確定有關人員知道前述的行為／行為問題及其發展特性（即行為是有功能的、可預測的、可改變的），並且了解雖然可能有諸多因素會影響某特定行為問題，但需要去控制或調整的是和該行為問題有關的前導因素與行為後果。

（三）步驟

1. 準備／起點：需要溝通，取得共識與合作；重新架構預防與早期介入的概念（Lewis & Mitchell, 2012）。

2. 辨認高危險個體或項目：預測、辨認可能的問題或失敗，包括：學生、時段、地點、情境、規範、其他高危險項目（Bock & Borders, 2012; Scott, 2012），並據以進行後續分析與調整／介入。亦可藉定期之全校性篩檢高危險群，以偵測早期徵兆；篩檢工具納入的篩檢項目優先採用能反映學生的適應情形，但又方便偵測的現成資料，例如：出席狀況、完成作業、違規頻率（Lewis & Mitchell, 2012）。

3. 發展有效的預防方案：從教學觀點，進行有利於學生的成功教學或環境調整，例如：校規、例行程序、環境安排（Scott, 2012）。

4. 建立操作標準流程與要點：具體列出預防方案之操作流程與要點，以利於執行的精確性與個別實施者之間的一致性（Scott, 2012）。

5. 全校一致地實施：依訂定之預防方案操作流程與要點實施，則可以達到執行一致性，有利於預防成效（Scott, 2012）。

6. 執行簡易的監測：藉事前發展的簡易監測方式，蒐集行為表現數據，以快速偵測到成效不彰的學生（Scott, 2012）；根據數據安排促進學生成功的支持策略、監測進步情形，以及其他調整之決策（Bock & Borders, 2012; Lewis & Mitchell, 2012）。

二、初級預防的常用策略

Wicks-Nelson 與 Israel（2006）參照美國國家科學院之國家醫學院（**the Institute of Medicine, the National Academy of Science**）的作法，依據學生發生行為問題的風險程度，將初級預防策略分為三大類：

1. 一般性預防策略：應用於所有尚未有高風險疑慮的學生。這類策略通常成本低、負面效應小、被接受度高，例如：鼓勵家長唸書給孩子聽，以增進孩子的認知發展；宣導運動與適當飲食，以避免肥胖症。

2. 高風險預防策略：應用於高風險學生，預防策略係針對該學生的個人危險因素（例如：生理因素）或環境危險因素（例如：家庭失能、教學風格不適配），提供改善作法。

3. 標的性預防策略：應用於已出現輕微行為問題或異常癥候的學生。可運用功能評量的概念，即留意與該行為問題可能有關的因素（例如：前導事件、行為結果、環境或個人因素）與可能功能，進行適當的因應措施。

上述 Wicks-Nelson 與 Israel（2006）所分類的初級預防工作，皆可見於一般教師在初級預防的職責，包括：例行的教育基本工作、問題偵察工作、問題解決工作。各類工作內容摘要如下（臺南市教育網路中心，無日期）：

1. 例行的教育基本工作（一般性預防策略）：例行工作應包括學習和情意兩方面。學習方面在建立成功的學習，培養學生的學習興趣、良好的學習態度與習慣；實施高效能的教學，提供學生有成就感的學習；指導學生各類活動及競賽。情意方面在建立正向的學習環境，關懷、鼓勵學生，了解學生（建立基本資料、晤談），推動有效之班級經營，建立班級常規，並協同各處室管理班級事務；常與學生家長聯繫。

2. 問題偵查（高風險預防策略）工作：觀察辨識學生行為，掌握學生現況，例如：出席情形、學習情形。

3. 問題解決（標的性預防策略）工作：配合學生的情況，積極和相關
   教師合作，改善問題；了解個別差異及情境困難，給予學生較大學
   習及調適空間；提供無障礙空間、補救教學；個別諮商。

Scott、Jolivette、Ennis 與 Hirn（2012）則從有效的角度提出初級預防策
略。他們定義「有效」（effectiveness）是讓所有學生可以有最好的機會成
功，並依此定義，提出有效教師、有效教學、有效教室管理的作為如下：

1. 有效教師：建立正向的師生關係，並據以提供學生最好的成功機
   會。其作法是直接的、堅定的、投入的，並且尊重學生。

2. 有效教學：建立自己的有效教學策略庫，例如：示範、協助參與活
   動、一致回饋、教學範例、形成性評量、提供反應機會等，可視學
   生需求而彈性運用。

3. 有效教室管理：預估學生行為而安排有利於成功成果的情境或活
   動，例如：建立可以讓學生成功的例行程序、步驟、策略與方法；
   安排教室設備、靠近學生、提供提示、行為回饋。這些非單一作
   法，而是一系列作法與策略；教師可視學生的特定需求、環境情
   況、期待，而彈性應用。

Simonsen 等人（2011）也提出讓學生成功的預防實作建議，但係針對
學校各場域的各項作為：

1. 所有情境：對所有重要情境／環境，皆設定期待、增強規則、違規
   後果，且皆應教導學生如何依循這些規則而做出行為。

2. 教室：（1）教室結構化與可預測性；（2）建立、公告、教導、監
   測、增強正向期待；（3）主動協助學生表現；（4）建立一系列針
   對遵行**期待行為（desired behavior）**的獎賞系統；（5）建立一系列
   針對違規行為的處置系統。

3. 非教室情境：主動督導，直接教導例行程序與期待，經常使用提示
   與事前糾正（precorrections），經常、明確、定期提供正增強。

4. 學生有關項目：學生表現的判定標準、給學生的支持系統、學生行
   為表現的評量方法、預防介入成效數據的蒐集，據以決定是否需要
   更高層級的介入支持。

三、全班性正向行為介入

正向行為支持方案，有全校性的（SWPBS），也有全班性的（CWPBS）。SWPBS 初級與次級預防的實施，需要 CWPBS 的配合（鈕文英，2016）。CWPBS 的目標可設定在下列三方面：增加學業的參與（例如：完成作業）、降低干擾行為、增加教室功能（例如：減少轉介和隔離措施、獲得較多獎賞），其呼應的策略有調整班級經營的結構（例如：班規、作息、物理環境的安排）、調整教學方法以促進學生的參與、教導個人需要的項目（例如：社會技能）、實施獎賞與管教等。

蔡淑妃、陳佩玉（2015）指出，多數普通班教師對於營造適合有情緒行為問題學生的學習環境有困難，而提出「班級層級功能本位介入小組方案」（CW-FIT），此方案係結合行為介入概念及有效班級經營策略，兼顧教學與處理學生情緒行為問題，以利教師有效管理全班的行為問題，並提升全體學生的課堂參與。CW-FIT 方案採多層級介入，第一層級的實施對象為班上所有學生（相當於初級預防），第二層級的對象是第一層級介入後仍有困難的少部分學生（相當於次級預防）。若是第二層級介入後仍無改善情形，則需要進行個別化的功能行為評量本位之介入（相當於三級預防）。

CW-FIT 方案考慮一般學生常見的情緒行為問題發生的原因（即行為功能，例如：取得注意、實物、刺激；逃避困境），並包含正向支持策略，除了能減少學生的行為問題之外，亦強調教導學生如何表現適當行為。該方案之介入策略包括四個具有實證基礎的常用策略：在第一層級是行為規範教學、團體增強、消弱不當行為，在第二層級是自我管理。在普通班運作時，教師可選擇情緒行為問題學生較多的課堂或情境來實施，當班上學生的課堂參與和專注行為（on task）少於 80%，而且至少有二位情緒行為障礙高危險群學生時，尤其適用。若前項條件是在 80%以上，而且只有一位學生有行為問題，並不需要實施本方案，僅就該位學生進行個別介入即可。

在實施第一層級時，教師對所有學生使用相同的策略，以便兼顧教學

與行為管理。團體增強策略，可將學生分組，並使用計時器作為自我回饋之提示輔具。第二層級的自我管理策略，是教導學生有監控和管理自己的行為，包括：目標設定、自我記錄、自我評量、自我鼓勵。關於 CW-FIT 方案的介入成效，蔡淑妃、陳佩玉（2015）指出，目前國外已有數篇研究顯示可有效增加學生課堂的專注行為，並減少行為問題，例如：Will 與 Kamps 等人（2010, 2011）以及 Wills 與 Iwaszuk 等人（2014）的研究。

四、效能、可能困境與因應：有關研究

初級預防方案以正向方式支持所有學生，有關研究報告顯示了成效包括減少行為問題（例如：管教轉介、停學、退學），以及增進學校健康與安全的覺知、學業成就（Simonsen et al., 2011）。不過，仍有一些議題待探究與解決。

（一）SWPBS 的效能：行為介入方案比較符合專業指標

Medley、Little 與 Akin-Little（2008）曾實施一項初探研究，比較實施 SWPBS 學校（2 校，21 份計畫）與未實施學校（採傳統方式）（7 校，19 份計畫）的個別化行為計畫，探討前者的技術層面是否比後者更符合專業指標。結果指出，實施 SWPBS 學校所撰擬的行為計畫之專業性明顯較高。該研究者是使用「行為支持計畫品質檢核表」（**Behavior Support Plan-Quality Evaluation，簡稱 BSP-QE**）作為專業程度之檢核工具。

BSP-QE 是檢核團隊所發展的 BSP 是否契合應用行為分析之行為變化的原理（並非檢核是否適合學生的發展需求、提出的行為是否正確、策略的選用與執行是否恰當），其檢核十二類的核心元素，包括：（1）問題行為；（2）行為問題預兆（predictors）；（3）環境變化的關係；（4）環境變化／事件與行為問題的邏輯關係；（5）預兆與行為功能的關係；（6）功能與替代行為的關係；（7）教學策略與替代行為的關係；（8）介入時增強物的品質；（9）行為問題的因應策略之合適性；（10）介入目標；（11）團隊合作與實施；（12）溝通大綱（outline of communication）。各

檢核項目可評 0～2 分（2 分指符合，0 分指缺乏或符合度很低），總分為 0～24 分。差為總分小於 12 分，不佳為 13～16 分，佳為 17～21 分，優為 22 分以上。

經 *t* 考驗統計結果，SWPBS 學校的得分平均值（13.95 分）顯著高於非 SWPBS 學校（7.84 分），達 .001 顯著水準；SWPBS 學校的 21 份計畫評分，9 份差、3 份不佳、6 份佳、3 份優；非 SWPBS 學校的 19 份計畫評分，16 份差、3 份不佳。相關分析結果亦顯示，SWPBS 學校的行為計畫與指標之契合度遠高於非 SWPBS 學校。本研究結果亦反映 SWPBS 學校的行為計畫在整合 BSP 各元素較佳，因而在各項目間之關聯性較強。此外，形成多支持性與導正性策略，以改善行為，而非懲罰作法；至於非 SWPBS 學校的行為計畫則較多傳統的管理作法（例如：隔離），而且行為問題的預兆常常集中在學生個人因素。不過，即使是 SWPBS 學校的行為計畫，仍有 12 份的評分是差或不佳，這個現象指出未來專業訓練加強的議題。

（二）正向行為介入的正向成效之持續維持

雖然正向行為介入（positive behavior interventions）對於學生的學習與行為的改善有顯著成效，但此正向成效的持續維持則尚未受到很多探討。Yeung 等人（2016）曾針對此議題，廣泛回顧 PBIS 有關文獻，並探究**執行精準度（implementation fidelity）**是否為影響因素。回顧結果顯示，行政支援（administrator support）與專業進修（professional development）是最常被視為維持正向成效的影響因素。回顧性的文獻尤其指出教室層級的執行精準度之重要性，目前其執行情形受限於評鑑工具的信效度，尚未有明確了解。Yeung 等人建議，為了持續維持介入的正向成效，未來的努力應強調對於學校團隊的行政支援，以增進團隊效能與數據本位的專業決定（data-based decision making）、提供教師持續的高品質專業進修與技術協助（technical assistance），尤其應提供教室層級執行信度的諮詢與督導（coaching）。

（三）重度障礙學生議題：應納入初級預防之列

　　Kurth 與 Enyart（2016）指出，雖然實施 SWPBS 的學校大量增加，但在 SWPBS 的努力中，重度障礙學生仍然是被忽略的族群，一如融合教育。SWPBS 係針對所有學生，重度障礙學生卻仍然被嚴重邊緣化，因大多數的三級或密集介入（intensive services）是在比較隔離的場所實施。SWPBS 可能變成普通班教師負責初級預防介入，而特教教師負責個別化介入方案（指二或三級預防介入），由於個別方案成本高、費時、費力、複雜，可能因此多數學生的需求會優先於弱勢族群學生的需求（需要密集個別化支持）。

　　研究證據顯示，重度障礙學生因為安置於較隔離的情境（特教班或特教學校），而未接受到初級預防層級的教學（例如：利社會能力教學）與全校性篩檢程序（Landers, Courtade, & Ryndak, 2012；引自 Kurth & Enyart, 2016），因而重度障礙學生持續被排除於 SWPBS 實作外；在研究中，93% 受訪者認為重度障礙學生可以參與 SWPBS，41% 受訪者卻指出重度障礙學生未參與訓練活動（初級預防），甚至質疑重度障礙學生參與這些活動的必要性，以及 SWPBS 教師（personnel）並未準備好來帶領他們進行這些參與。

　　即使將重度障礙學生安置於普通班，初級預防介入之教學或材料也應調整，以利他們理解與參與。Kurth 與 Enyart（2016）質疑，無證據顯示目前有這類必要的區分化（differentiation），反而是假設三級預防介入可以符合重度障礙學生的需求，或是特教班的紀律訓練議題應由該班級的教師負責，因而忽略了這些學生參與 SWPBS 初級預防可以受益。影響所及，除了普通班教師了無責任之外，重度障礙學生所接受的三級預防介入並非建基或連結於初級預防與次級預防。此外，這種群體介入（初級預防）與個別介入（三級預防）分流（divergent）的作法，也可能造成有限資源相互擠壓的情況；實務現場應加強技術與策略，以利朝向融合。

　　Kurth 與 Enyart（2016）在這篇文獻回顧提出幾項研究議題，包括：

SWPBS 對於重度障礙學生的合適性、可及性（accessibility）、可得性（availability），以及 SWPBS 促進融合教育的潛力。Sailor 等人（2006，引自鈕文英，2016）亦強調，SWPBS 必須建立在融合教育基礎上，由全校合作執行，否則可能會形成特教與普教雙軌系統，次級與三級成為特教教師的責任，便違背了 SWPBS 的真義。

參、中華民國特殊教育學會之初級預防作法

中華民國特殊教育學會（以下簡稱學會）針對所有的特殊教育學生，提出情緒行為問題處理的三級預防實作，其設計係本於正向行為支持的原理與精神，並採三層級的預防架構。分級處理有助於增進處理效能，處理學生問題的作法具有層級性，隨著問題的困難度提升，則以更強度的處理策略因應。完整的工作流程請參見本書附錄之附件 B「特殊教育學生情緒行為問題處理三級預防工作流程圖」。

學會提出之三級預防實作，重視其中的初級預防，並強調要與學生的 IEP 結合，尤其是 IEP 中的「行為功能介入方案」。這項實作納入所有的特殊教育學生，就初級預防的觀點，即使學生目前可能沒有明顯的適應困難或情緒行為問題，學校系統亦應提供適性的教育服務，以促進學生達成期待的目標，或是避免問題發生。在初級預防層級，學會提供二份附件（各四個版本，請見本書附錄），以具體指引使用者完成初級預防的各步驟與要點。以下先簡介二份附件內容及各版本之區分，接著說明實施初級預防的步驟與要點，最後提出可能的困境與因應建議。

一、 初級預防有關表格

　　初級預防過程，可參用二份附件：「學生基本表現與環境適配性檢核表」（附件一）、「教師教學與班級經營策略表」（附件二）。這二份附件皆各有四個版本：G 通用版、S1 學前版、S2 特殊學校版、S3 出席困難／上學困難版；各版本之內容與題數如表 3-1、表 3-2 所示。在應用於實務時，可依學生情況選用，甚至可依實務情境之需求而調整題項檢核內容。

　　附件之各版本，原則上以 G 通用版為本，各版本之間的區別，除了因應適用對象而調整用詞或微調內容外，也可能有屬於各版本特有的題項，此皆係團隊依據試用經驗而做成的調整。附件一之「S3 出席困難／上學困難版」比較特別，它有三大項目是其他三個版本所沒有的，包括：學生適應情形簡易調查表、校內生活適應技巧，以及校外生活適應技巧（如表 3-1 所示）。

表 3-1　「附件一：學生基本表現與環境適配性檢核表」不同版本之內容、題數比較

檢核內容	各版本題數			
	G 通用版	S1 學前版	S2 特殊學校版	S3 出席困難／上學困難版
學生適應情形簡易調查表	0	0	0	4
學生的教室適應技巧	13	21	18	13
校內生活適應技巧	0	0	0	4
校外生活適應技巧	0	0	0	4
學校提供的學習環境	9	10	9	13
總題數	22	31	27	38

表 3-2　「附件二：教師教學與班級經營策略表」不同版本之內容、題數比較

檢核內容	各版本題數			
	G 通用版	S1 學前版	S2 特殊學校版	S3 出席困難／ 上學困難版
一、建立接納的班級環境	6	7	6	7
二、調整物理環境	4	4	4	5
三、有效教學	11	11	11	11
四、行為管理	9	9	9	11
五、親師溝通	7	8	7	8
總題數	37	39	37	42

二、初級預防的步驟與要點

學會提出的三級預防工作實作重視根本的處理，在初級預防層級上，其作法是檢視「適配性」，即檢視學校提供的「環境／教學的實作」與「學生的能力／特質」是否適配，並據以調整教學服務方案。初級預防工作係由學校的 IEP 團隊與家長合作完成，有關工作於擬訂學生的 IEP 時啟動，而後續形成的初級預防方案亦將融入 IEP 的執行與評鑑。初級預防工作包括四階段：初篩、評估、介入、評鑑。以下說明各項實作的要點。

（一）初篩：初步檢視學生適應現況

在擬訂學生的 IEP 時，初步檢視學生是否有適應困難情形。這個步驟在於初步篩檢可能的高危險群，並且使用簡便方式，以不形成教師的額外工作負擔為原則。

對於學前兒童與特殊學校學生，教師可依撰擬 IEP 過程中所蒐集的學生現況資訊，以及日常對於學生的觀察，初步判斷學生的行為或情緒表現是否會困擾教師、同儕或學生自己，或是可能影響安全、學習、人際發展。至於出席困難／上學困難的學生，則可增加使用「學生基本表現與環境適

配性檢核表」（附件一，S3 版）之「學生適應情形簡易調查表」（如表 3-1 所示）；該調查表只有 4 個題項，藉學生出席情形：缺席天數、到校時段、參與課程數、進班情形，進行初步篩選。

　　初篩結果，若學生無適應困難情形，則依一般工作程序完成與執行該學生的 IEP。當學生呈現適應困難現象，如果學生的情緒／行為問題明顯，應直接進入「次級預防」層級；如果情緒／行為問題不明顯，則進行「初級預防」的下一步驟（即適配性檢核）。

（二）評估：適配性檢核

　　本步驟是初級預防層級的核心步驟，強調適配性的檢視，並據以擬訂初級預防計畫。學會提供「學生基本表現與環境適配性檢核表」（附件一），方便教師檢視自己在教學或班級經營上的可能盲點。該表格有四種版本：G 通用版、S1 學前版、S2 特殊學校版、S3 出席困難／上學困難版，各版本有因應使用對象而設計的特有檢核題項。

　　首先，藉適配性檢核表中的「學生的教室適應技巧」一項，檢視學生是否具有這些技巧。因學生的教室適應技巧容易被忽視，因此特別做成檢核表，至於學生的其他能力或發展領域，教師一般都熟悉，便不特別列出，教師可自行檢視與環境的適配情形。接著藉適配性檢核表中的「學校提供的學習環境」項目，檢視學校實作是否與學生的能力／特質適配。

　　若檢核結果顯示學生的教室適應技巧不佳，或是學校提供的學習環境並未適配學生的特質或能力，則皆應考慮列為初級預防的目標或調整重點，並進行下一步驟（即擬訂與執行介入方案）。

（三）介入：調整個別化教育計畫

　　本步驟主要是擬訂與執行初級預防層級的介入方案。學會提供「教師教學與班級經營策略表」（附件二），供教師檢核自己的教學與班級經營情形。該表格亦有四種版本：G 通用版、S1 學前版、S2 特殊學校版、S3 出席困難／上學困難版，各版本有因應使用對象而設計的特有檢核題項。

　　策略表中所列皆是常用的有效策略，若檢核結果顯示未使用或成效有限，宜考慮列為初級預防的重要策略。初級預防方案記得要設定實施期程，以及成效檢驗方式。預防方案應融入 IEP 中，並依預定期程執行。若適用，有些目標與介入策略可列入 IEP 執行；建議各校之該表格可含納初級預防的項目，範例可參見國立臺南大學附屬啟聰學校（2016）以及何美慧（2017）。

（四）評鑑

　　初級預防方案確實執行後，宜依預定期程評估實施成效，若適應問題已改善，則結案。若否，即學生的情緒或行為表現無明顯改善現象／趨勢，甚至更明顯時，則需要進入「次級預防」層級。

三、可能困境與因應

　　疑問：三級預防中各層級的行為問題明顯或嚴重情形之判斷標準為何（即什麼情況需要實施初級預防介入？或次級預防介入？）

　　建議：只要教師感到困擾或有意願，即可提出並進行初級預防需求檢視。或是學校專業團隊感到有需要時，亦可藉由學校設定的標準流程提出。因為初級預防層級重視預防在先或是及早處理，除了可以協助教師檢視教學或班級經營盲點，介入策略也強調強化教學與班級經營的有效程度，因此無論過程或結果，對於教師、個案與同儕皆有助益，而且無標記的疑慮。此外，亦建議各校可以依自己學校生態訂定各層級的標準，此可參考邱于倩（2015）的碩士論文。

問題與討論

1. 面對一個有情緒／行為問題的學生時，如何決定該自哪一個層級介入開始？

2. 初級預防策略之選擇標準有哪些優先順序？

3. 如何決定採用全校性或全班性初級預防介入？

4. 如何與教師進行初級預防方案實施或效能的檢討，但不傷害其信心？

參考文獻

中文部分

何美慧（2017 年 8 月 2 日）。**IEP 的行為功能介入方案**。臺南市政府教育局 106 年 IEP 與行為介入研習講義。

林坤燦（1998）。**智能障礙者職業教育與訓練**。臺北市：五南。

邱于倩（2015）。**以「特殊教育學生情緒行為問題處理架構」解決國小自閉症學生的行為問題**（未出版之碩士論文）。國立臺南大學，臺南市。

唐榮昌、王怡閔（2014）。淺談全校性正向行為支持的理念與實施。**雲嘉特教，19**，1-5。

國立臺南大學附屬啟聰學校（南大附聰）（2016）。**IEP 行為功能介入方案表格**。

教育部（2013）。**特殊教育法施行細則**。臺北市：作者。

鈕文英（2010）。美國智能和發展障礙協會 2010 年定義的內容和意涵。**國小特殊教育，49**，21-32。

鈕文英（2016）。**身心障礙者的正向行為支持**（第二版）。新北市：心理。

臺南市教育網路中心（無日期）。**建立學生輔導新體制──全體教師輔導工作：三級預防工作內涵與職責**。取自 http://ww2.hcjh.tn.edu.tw/cheer2/guideweb2/bdstdeo1.htm

蔡淑妃、陳佩玉（2015）。班級層級功能本位介入小組方案（CW-FIT）的內涵與應用。**特教論壇，19**，23-34。

英文部分

Bloom, M. (1996). *Primary prevention practices.* Thousand Oaks, CA: Sage. Retrieved from https://books.google.com.tw/books?hl=zh-TW&lr=&id=8M0XB4a6Tj8C&oi=fnd&pg=IA1&dq=bloom+1996+primary+prevention&ots=

mHJ2AuQQ4K&sig=8jWBSK7gVtn8iHYqSDLOj1KpABE&redir_esc=y#v=
onepage&q=bloom%201996%20primary%20prevention&f=false

Bock, S. J., & Borders, C. (2012). Effective practices/interventions for students with emotional and behavioral disorders. In J. P. Bakken, F. E. Obiakor, & A. F. Rotatori (Eds.), *Behavioral disorders: Practice concerns and students with EBD. Advances in special education* (vol. 23) (pp. 61-82). Bingley, UK: Emerald. [electronic resource] Retrieved from http://www.emeraldinsight.com/0270-4013/23

Cheney, D., & Jewell, K. (2012). Positive behavior supports and students with emotional and behavioral disorders. In J. P. Bakken, F. E. Obiakor, & A. F. Rotatori (Eds.), *Behavioral disorders: Practice concerns and students with EBD. Advances in special education* (vol. 23) (pp. 83-105). Bingley, UK: Emerald. [electronic resource] Retrieved from http://www.emeraldinsight.com/0270-4013/23

Clements, J., & Zarkowska, E. (2000). *Behavioural concerns & autistic spectrum disorders: Explanations and strategies for change*. New York, NY: Jessica Kingsley.

Connor, D. F. (2002). *Aggression and antisocial behavior in children and adolescents: Research and treatment*. New York, NY: Guilford Press.

Crone, D. A., Hawken, L. S., & Horner, R. H. (2015). *Building positive behavior support systems in schools: Functional behavioral assessment* (2nd ed.). New York, NY: Guilford Press.

Kauffman, J. M., Bruce, A., & Lloyd, J. W. (2012). Response to intervention (RTI) and students with emotional and behavioral disorders. In J. P. Bakken, F. E. Obiakor, & A. F. Rotatori (Eds.), *Behavioral disorders: Practice concerns and students with EBD. Advances in special education* (vol. 23) (pp. 107-128). Bingley, UK: Emerald. [electronic resource] Retrieved from http://www.emeraldinsight.com/0270-4013/23

Kurth, J. A., & Enyart, M. (2016). Schoolwide positive behavior supports and students with significant disabilities: Where are we? *Research and Practice for Persons with Severe Disabilities, 41*(3), 216-222.

Lewis, T. J., & Mitchell, B. S. (2012). Prevention of and early intervention for students with EBD: Systems to support data-based decision making. In J. P. Bakken, F. E. Obiakor, & A. F. Rotatori (Eds.), *Behavioral disorders: Identification, assessment, and instruction of students with EBD. Advances in special education* (vol. 22) (pp. 129-149). Bingley, UK: Emerald. [electronic resource] Retrieved from http://www.emeraldinsight.com/0270-4013/22

Medley, N. S., Little, S. G., & Akin-Little, A. (2008). Comparing individual behavior plans from schools with and without schoolwide positive behavior support: A preliminary study. *Journal of Behavioral Education, 17*, 93-110.

Plotts, C. A. (2012). Assessment of students with emotional and behavioral disorders. In J. P. Bakken, F. E. Obiakor, & A. F. Rotatori (Eds.), *Behavioral disorders: Identification, assessment, and instruction of students with EBD. Advances in special education* (vol. 22) (pp. 51-85). Bingley, UK: Emerald. [electronic resource] Retrieved from http://www.emeraldinsight.com/0270-4013/22

Rickel, A. U., & Allen, L. (1987). *Preventing maladjustment from infancy through adolescence.* Newbury Park, CA: Sage.

Sayeski, K. L., & Brown, M. R. (2011). Developing a classroom management plan using a tiered approach. *Teaching Exceptional Children, 44*(1), 8-17.

Scott, T. M. (2012). Universal systems for preventing behavior problems. In B. G. Cook, M. Tankersley, & T. J. Landrum (Eds.), *Classroom behavior, contexts, and interventions* (pp. 191-216). Bingley, UK: Emerald. [electronic resource] doi: 10.1108/S0735-004X(2012)0000025011

Scott, T. M., Jolivette, K., Ennis, R. P., & Hirn, R. G. (2012). Defining "effectiveness" for students with E/BD: Teacher, instruction, and management variables. *Beyond Behavior, Fall*, 1-4.

Simonsen, B., Jeffrey-Pearsall, J., Sugai, G., & McCurdy, B. (2011). Alternative setting-wide positive behavior support. *Behavioral Disorders, 36*(4), 213-224.

Wicks-Nelson, R., & Israel, A. C. (2000). *Behavior disorders of childhood* (4th ed.). Upper saddle River, NJ: Prentice-Hall.

Wicks-Nelson, R., & Israel, A. C. (2006). *Behavior disorders of childhood* (6th ed.). Upper saddle River, NJ: Prentice-Hall.

Yeung, A. S., Craven, R. G., Mooney, M., Tracey, D., Barker, K., Power, A.,...Lewis, T. (2016). Positive behavior interventions: The issue of sustainability of positive effects. *Educational Psychology Review, 28*(1), 45-170. doi:10.1007/s10 648-015-9305-7

第四章

次級預防：行為界定與測量

吳佩芳[1]

學習目標

1. 能具體定義標的行為。

2. 能界定行為可測量的面向。

3. 能依據行為及觀察記錄的合理性，選擇適當的測量方式。

---

1 國立高雄師範大學特殊教育學系副教授；博士級國際行為分析師（BCBA-D）。

壹、前言

特教教師在面對身心障礙學生的問題行為時，往往急著想要處理，但卻忽略了在此之前要先具體定義問題行為以及正向行為的目標，並決定如何測量行為是很重要的，因為唯有如此，才能透過行為資料的蒐集了解行為的改變，進而做出適當的介入決定。在次級預防的層級中，透過具體的行為界定與測量，除了可以幫助我們更明確地界定行為的表現，以利後續能夠精準地進行行為測量，並據此界定行為目標，更能透過資料本位判斷學生的問題行為是否有改善，即能回到初級預防的層級，或是問題行為沒有改善，需進入三級預防的層級。Cooper、Heron 與 Heward（引自鳳華等人譯，2012）指出，頻繁的行為測量有以下數項優點：（1）能幫助特教教師或行為介入的團隊成員評估行為改變的具體效果，提升行為功能介入方案的效能；（2）能讓行為的介入具備實證基礎，透過蒐集行為改變的資料作為所有介入決定的相關證據，以證實行為功能介入方案的效能；（3）能讓行為介入團隊對所採取的介入行動負起責任且遵守工作倫理，主要是因為所有行為介入的決策都來自所測量的行為資料，並以資料來向個案及其家人說明行為介入的成效。此項原則符合本書第十一章所提的「特殊教育學生情緒行為問題處理專業倫理守則」之一：「所有計畫應持續、定期評估成效，並依據變化做必要的調整」。

貳、定義標的行為

要擬訂行為功能介入方案的第一步，就是要先具體明確地定義標的行為。在行為功能介入方案中，標的行為可依據兩大面向進行定義：一是問題行為的定義，另一則是針對正向行為的定義。問題行為指的是，個案的某種行為對其學習、人際或生活適應造成負面影響，因而需要透過行為功能介入方案來減少該行為。舉例來說，身心障礙學生的過度分心行為屬問題行為的一種，因過度分心會影響學習；而身心障礙學生的攻擊行為亦屬

問題行為的一種，因該行為會阻礙學生的人際與生活適應，且有造成自身
與他人傷害的疑慮。在考慮介入之優勢或替代該問題行為的，則是「正向
行為或替代行為」。以過度分心的問題行為為例，行為功能介入方案中所
希望發展出的正向行為應是相對於問題行為的正向行為，例如：目標是
「上課專心」，而攻擊行為的正向行為可以是「生氣時能以溝通板表達生
氣的情緒」；同樣以攻擊行為為例，亦可建立一替代行為──「從事雙手
操作的活動」，此一替代行為雖不必然是相對於問題行為的正向行為，但
亦可取代問題行為。在行為功能介入方案的發展初期，不僅要定義問題行
為，對於正向行為或替代行為也應一併定義，以方便蒐集資料，因為兩者
是同樣重要的。具體地定義標的行為之兩大面向，可以幫助行為介入團隊
的成員能具體測量標的行為在介入前與介入後的變化，並作為後續設定行
為介入目標以及達成標準的依據。

　　要具體地定義標的行為，需遵守以下幾個原則：

1. 客觀性：客觀地定義行為，需要符合「可觀察」與「可測量」的原
   則（引自鳳華等人譯，2012）。「可觀察」的原則指的是，在界定
   標的行為時，需依據行為可被觀察的特徵來進行界定，可被觀察的
   特徵可以是被他人觀察或自我觀察。「可測量」的原則指的是，以
   行為可測量的面向對行為進行觀察記錄，即可得到一個量化的數
   值。任何人在讀到行為的定義時，都能了解行為的表現是什麼，以
   及該如何進行觀察記錄，這樣才符合客觀性的原則。

2. 完整性：完整地定義標的行為，可分為兩個面向來描述：（1）完整
   描述該行為發生的情境；（2）描述應該囊括的行為或不該囊括的行
   為。

3. 不違反死人規則（dead-man rule）：Malott、Malott 與 Suarez 於 2003
   年提出死人規則，作為檢核行為定義的準則──「死人也可以做的
   便不是行為；若死人做不了的才是行為」。死人規則可以幫助我們
   檢視所定義的行為是否符合個案主動表現出來的行為。

4. 符合社會重要性（socially significant）的行為：符合社會重要性的行
   為指的是，改變該行為可以造成個案立即或長期的影響（引自鳳華

等人譯，2012），以促進個案及其家人整體的生活品質或社會參與。此外，改變個案行為的目的應以促進個案及其家人的福祉與利益為考量，而不是以他人的福祉或利益作為改變行為的理由。

以下舉兩個行為的定義範例，並用以上的四個原則來檢核是否適切。

例一：

問題行為：發脾氣──學生以干擾課堂的行為發洩自己的情緒。

正向行為：不發脾氣──學生生氣時能不表現出干擾課堂的行為。

以問題行為「發脾氣」的定義來看，沒有違反死人規則，因死人不會發脾氣。但此定義不符合客觀性的原則，因干擾課堂行為這樣的描述無法被觀察與測量。完整性的原則也不足，定義中並未描述該行為發生的情境，與應該囊括的行為。此定義部分符合社會重要性的原則，因改變發脾氣的行為可以改善個案現在與未來的人際關係和社會參與度，但「干擾課堂」這樣的描述，是從他人的觀點來描述個案的行為而造成課堂的干擾。較完整的問題行為之定義可改寫如下所示：「在任何情況下，學生出現尖叫、哭泣或丟東西。」

以正向行為「不發脾氣」的定義來看，部分符合社會重要性的原則，因不發脾氣可以改善個案現在與未來的人際關係和社會參與度，但「干擾課堂」這樣的描述，仍是從他人的觀點來描述個案的行為而造成課堂的干擾。「不表現出課堂干擾的行為」也未符合客觀性與完整性的原則。此外，此定義亦違反了死人規則，因為死人也不會發脾氣。較完整的正向行為之定義可改寫如下所示：「在任何情況下，當學生能使用適當的方式（如：使用溝通圖卡或手勢）表達。」定義中應該囊括的行為取決於行為介入方案中，團隊希望個案表現出什麼樣的替代行為。

例二：

問題行為：離開座位──學生未經老師的同意下離開座位。

正向行為：坐在位子上──學生能坐在自己的位子上。

以問題行為「離座」的定義來看，沒有違反死人規則，因為死人不會

離開座位。此定義亦可符合社會重要性的原則，因改變上課離座的行為可改善學生的學習效率。然而，此定義不符合客觀的原則，定義中並沒有具體定義什麼叫做「離開座位」，且定義亦不夠完整，因沒有描述該行為在什麼情境下發生，或囊括什麼樣的行為。較完整的問題行為之定義可改寫如下所示：「在上課時間，學生將屁股離開椅面達5秒以上。」對問題行為的界定，除了前述的四項原則之外，也要考慮教師或重要他人覺得怎樣的行為才會造成問題。以此範例來說，筆者界定「學生將屁股離開椅面達5秒以上」才算是離座一次，是考慮到若5秒以內學生能夠自己回到座位上就可以不算問題行為有發生。但對不同的人來說，對問題行為的定義可以不同，有的老師覺得離座3秒就算離座，有的老師覺得1秒就算離座。此定義可以根據行為介入團隊的認定而進行調整。

　　以正向行為「坐在位子上」的定義來看，尚符合客觀的原則。但定義仍不夠完整，沒有描述該行為在什麼情境下應該發生。此定義違反死人規則，因死人也可以好好的坐在位子上。此定義亦不具社會重要性，因坐在位子上不代表學生有在學習，若學生上課在睡覺也可以符合此正向行為的定義。因此，較完整的正向行為之定義可改寫如下所示：「在上課時間，學生的屁股貼合椅面，並從事任一上課專心的行為（如眼神注視老師、看課本、翻課本、寫字、在老師允許下發言或與同學討論）。」此定義可以測量學生屁股貼合椅面的時間持續多久，並加上學生應該表現出任一上課專心的行為，以遵守死人規則，並且讓此行為具社會重要性，真正能促進學生的學習。

　　由以上的說明與例子可以知道，一個清楚具體的行為定義可以讓行為介入方案之標的行為更加明確，並提升行為觀察記錄的準確度。

參、以連續記錄測量行為

　　在觀察記錄行為時，應該要依據行為可測量的面向對行為進行觀察記錄，即可得到一個量化的數值，用以了解行為改變的進展以及作為介入決

定的依據。而連續記錄（**continuous recording**）指的是，記錄所有在觀察期間內發生的反應（鈕文英，2009）。Johnston 與 Pennypacker（1993）指出，在連續記錄中，行為的可測量面向大致上可分為三大類：第一類是以「重複性」（repeatability）來測量行為，是在一段時間內計次行為的發生；第二類是以「時間範圍」（temporal extent）來測量行為，指的是測量每次行為發生的持續時間有多久；第三類是依「時間軌跡」（temporal locus）來測量行為，亦即在特定的時間點去測量行為。以下針對行為的不同測量面向逐一說明。

一、以「重複性」來測量行為的可測量面向

（一）計次

計次（**count**）指的是計數特定行為發生的次數，例如：出現 3 次打人的行為、5 次交作業的機會中有 2 次遲交、數學學習單 5 題錯了 3 題等。計次是最簡單的行為測量面向，但使用計次測量行為可能會有所偏誤。舉例來說，在 1 分鐘出現 3 次打人的行為，跟 1 天出現 3 次打人的行為，其行為的嚴重程度在不同的時間分布上是不一樣的。而 5 次交作業的機會中有 2 次遲交，因已設定了給予多少次機會，其中有幾次表現出該行為，因此有一個固定的比較標準，使用計次就是合適的測量面向。若整體觀察或計次時間是關注的焦點，那麼應採用下一種測量面向——「頻率」。

（二）頻率

頻率（**frequency**）指的是在一段時間內行為發生的次數，例如：在一堂課 45 分鐘內離座 6 次、一天發脾氣 8 次、一堂課 45 分鐘內插嘴 5 次等。若觀察者關切行為在總觀察時間中發生的次數，則適合以頻率來測量行為。

（三）比率

比率（**rate**）指的是每單位時間內的反應次數，其計算方式是用頻率除

以幾個觀察時間單位（Schloss & Smith, 1998；引自鈕文英，2009），例如：在兩小時中學生出現打頭的自傷行為有 30 次，以一小時的單位時間計算，每小時行為出現的比率為 30 ／ 2 = 15 次；以每十分鐘的單位時間計算，每十分鐘行為出現的比率為 30 ／ 12 = 2.5 次；而以每一分鐘的單位時間計算，每一分鐘行為出現的比率為 30 ／ 120 = 0.25 次。觀察時間的單位設定取決於觀察者希望設定的時間單位是多久。若要使用比率來測量行為，每次測量的單位時間都要固定，才能夠對行為的改變進行比較。

以上是以「重複性」來測量行為的三種可測量面向：計次、頻率與比率。綜上所述，若單純只想計數特定行為發生的次數，並不關切觀察的時間，就適合使用計次。若觀察者關切行為在總觀察時間中發生的次數，則適合以頻率來測量行為。若希望比較行為在單位時間內的發生次數，則可使用比率來測量行為。適合以「重複性」來測量的行為，都是能以計數的方式來數算行為，行為具有明確的起始和結束，且很快就可以計數完成。若一個行為的起始和結束雖明確，卻持續一段時間；或是行為雖具有明確的起始和結束，但發生頻率過高而造成計數困難時，則可使用「時間範圍」來測量行為（引自鳳華等人譯，2012）。

二、 以「時間範圍」來測量行為的可測量面向──持續時間

以持續時間（**duration**）來測量行為，則是在測量行為的起始和結束之間經過的時間。Cooper 等人（引自鳳華等人譯，2012）指出，觀察者可以用持續時間來記錄：（1）每次觀察時段的總持續時間，例如：一位自閉症學生發生搖晃身體的固著行為在一堂課中共持續多久；（2）每次行為發生的持續時間，例如：一位自閉症學生發生搖晃身體的固著行為每次持續多久。

使用持續時間進行記錄時，該行為應有明確的起始和結束，才可以使用碼表等計時工具來測量經過的時間。之前提到過，對於高頻率的行為，計次不是一個很適當的測量面向，這時候採用持續時間來進行記錄就很適

合。此外，有些行為關切的應是持續之時間範圍，這時使用計次來進行記錄也不適合。舉例來說，一堂課學生只有離座一次，但這一次就離座了45分鐘之久，若採用計次的測量面向，就顯示不出該行為的嚴重程度，因此使用持續時間記錄會比較適合。若需要的話，觀察者也可以同時對行為進行計次和持續時間記錄，以提供對於行為不同的觀點（鳳華等人譯，2012）。

三、以「時間軌跡」來測量行為的可測量面向

（一）反應延宕

反應延宕（response latency）測量的是從前事刺激出現到反應起始之間經過的時間（鳳華等人譯，2012），例如：老師叫學生開始寫考卷，前事刺激是老師的指令，到學生真正開始動筆寫字之間經過的時間，就是反應延宕時間。

使用反應延宕來測量行為，行為應有明確的起始。此外，會使用這種測量方式，觀察者通常是關切該行為的延宕時間過長或過短，因此使用反應延宕來記錄延宕時間的變化。舉例來說，老師給予指令，學生拖拖拉拉才開始執行指令，這是延宕時間過長的問題；反之，對於一個不耐等待的學生，看見別人拿到玩具，他很快地就想搶來玩，這是延宕時間過短的問題。透過測量反應延宕時間的變化，觀察者可以得知延宕時間是否因介入而增加或減少。

（二）反應間時間

反應間時間（inter-response time）指的是「連續兩次反應間相隔的時間」（鳳華等人譯，2012，頁123），例如：洗一個碗到洗下一個碗之間相隔的時間。觀察者可以從前一個反應開始的時間測量到下一個反應開始的相隔時間，或是從前一個反應結束到下一個反應結束間相隔的時間，就端看該反應的起始時間較明確或是結束時間較明確。反應間時間與反應比率

具有功能性的關係（鳳華等人譯，2012），換言之，反應間時間愈短、反應比率愈高；反應間時間愈長、反應比率愈低。因此，當該行為流暢度不佳或是有過快的問題時，適合用反應間時間進行測量。以洗碗為例，如果每洗一個碗之間的反應間時間過長，表示洗碗的流暢度不佳，這時可以測量反應間時間的變化，看看介入之後的行為流暢度是否有所提升。當然，以此例子來說，我們不只是要關切反應間時間，學生洗碗的正確度也很重要。

以上是以「時間軌跡」來測量行為的兩種可測量面向：反應延宕與反應間時間。若關切該行為的延宕時間過長或過短，可以使用反應延宕來記錄延宕時間的變化；若關切反應比率過高或過低的問題，則可使用反應間時間來進行測量。觀察者可依據關切的焦點而選取不同的面向來測量行為。

四、 其他的可測量面向

（一）百分比

百分比（percentage）呈現的是比例的關係（鳳華等人譯，2012），例如：100個字中錯了20個字，錯誤百分比為20%，正確百分比為80%；或是工作分析的步驟，10個步驟中有8個步驟正確，正確百分比為80%。

使用百分比來測量行為，觀察者的關切焦點通常是正確率或是錯誤率的改變，但百分比無法反映與時間相關的測量，例如：流暢度的改變或是持續時間的改變；若時間是關切的焦點，觀察者應考慮使用前述的幾種與時間相關的測量面向。

（二）達到標準的嘗試數

達到標準的嘗試數（trials to criterion）指的是，達到預設表現標準所需要的反應次數（鳳華等人譯，2012）。舉例來說，學生之標的行為是習得穿襪子的技能，精熟標準是100%。在介入之後，學生花了10次的練習次

數，才達到 100%的精熟度，其達到標準的嘗試數則為 10 次介入。

　　觀察者通常不會使用達到標準的嘗試數作為單一的測量面向，而會搭配其他的測量面向來了解行為的進展。透過蒐集達到標準的嘗試數資料，介入者可以了解達到預設表現標準的時間要多久，或是可以針對兩種介入法進行比較，以比較哪一種介入法達到標準的嘗試數比較少，即代表該種介入法教導技能精熟的速率較快。

（三）評量表

　　評量表（rating scale）可用來測量行為的強度或品質（鈕文英，2009），其設計可依據行為的強度或品質界定不同的等級。表 4-1 是針對攻擊行為的強度所設計之評量表，表 4-2 是針對對話時眼神注視的品質所設計之評量表。

表 4-1　「攻擊行為強度評量表」

強度	1	2	3	4	5
攻擊行為	違反他人意願下以肢體碰觸別人；意圖以一般器物丟擲別人	推或用手指刮別人、拉對方頭髮；以一般器物丟擲砸到別人	以手或腳重擊別人或掌摑別人；以一般器物重擊別人	以身體衝撞別人；以一般器物重擊別人使人受傷	以尖銳器物或危險物品使人受傷

表 4-2　「眼神注視品質評量表」

品質	1	2	3	4	5	6	7
行為：對話時眼神注視	未反應	口語提示下注視說話者 1 秒以上 5 秒以下	口語提示下注視說話者 1 秒以上	口語提示下注視說話者 5 秒以上	未經提示注視說話者可達 1 秒	未經提示注視說話者 1 秒以上 5 秒以下	未經提示注視說話者 5 秒以上

資料來源：改編自鈕文英（2009，頁 149）

使用評量表來測量行為可了解行為的強度或品質，但通常並不會以此向度作為單一的測量面向，而會搭配其他的測量面向一起實施，畢竟評量表雖針對行為界定等級，但等級的劃分難免流於主觀，且得出的數值不比其他連續記錄的測量面向來得精確。

（四）永久產品記錄

永久產品記錄（**permanent product recording**）的方式是「在行為發生之後，測量行為對環境所產生的影響」（鳳華等人譯，2012，頁 146）。也就是說，以事後蒐集行為所產生的成品，藉以了解行為的表現，例如：教師只要觀看學生完成的作文進行批改即可，不在當下觀察學生寫作的過程與行為，因此觀察者只需要蒐集事後成品即可，以減少對行為進行直接觀察的時間。

永久產品記錄的方式可在實務上被大量應用，讓身兼觀察者的實務工作者有時間做其他事情；而對於無法產生出永久產品的行為，也可以用錄影的方式將行為發生的過程拍攝下來，事後再進行觀察記錄，這也是永久產品記錄的一種形式。但永久產品記錄並不適合用來測量每項行為，例如：以永久產品記錄來測量教室破壞行為，只能觀察到教室被破壞的程度（如桌椅翻倒、牆壁塗鴉、垃圾滿地、窗戶被打破等），但卻無法判定是否真的是觀察個案做出的破壞性行為，以及當下是如何進行破壞。若是用錄影拍攝的方式來進行永久產品記錄，也會有反應化（reactivity）的問題（鳳華等人譯，2012），也就是被觀察者可能會因為被拍攝而選擇刻意表現出或不表現出某些行為，這就會影響到行為測量的正確度。因此，觀察者應考慮所要觀察的行為是否真的適合永久產品記錄，或是以永久產品記錄作為輔助的測量方式（鈕文英，2009）。

（五）行為型態

行為型態（**topography**）指的是行為的外觀表現，通常是以肢體動作來表現（鳳華等人，2015），例如：教師想要了解學生如何寫出「書」這

個字，可觀察他的動作表現，像是運筆或是筆畫順序，來測量書寫國字的正確度。若觀察者關切個案如何表現出該行為，可以一併測量行為型態，但行為型態也不宜作為單一的測量面向。

（六）軼事記錄

軼事記錄（**anecdotal reports**）是將一段時間內發生在特定地點的特定行為與環境中的刺激或事件，以文字的方式記錄下來（Alberto & Troutman, 2012），例如：教師將學生攻擊行為發生前、發生當下與發生後的學生本人反應、他人的反應、環境裡有什麼刺激、發生了什麼事件等，都以文字的方式記錄下來。不同於前面幾種連續記錄的方式，軼事記錄沒有量化的行為數值，且帶有主觀的觀察，因此不是客觀的測量資料。但軼事記錄可以作為其他測量面向的輔助資料，能幫助觀察者更了解環境裡與行為相關的小細節。

以上是說明以連續記錄測量行為的可測量面向，連續記錄因為是記錄所有在觀察期間內發生的反應，只要選取適合行為的測量面向，即可達到真實準確的紀錄。然而在實務工作中，特別是當特教教師身兼教學者及觀察者時，往往沒有時間記錄所有在觀察期間內發生的反應，這時候以下要介紹的不連續記錄，不失為一種替代的測量方式。

肆、以不連續記錄測量行為

不連續記錄又稱為**時間取樣**（**time sampling**），指的是在特定的時距內或特定的時間點測量行為出現與否的方法（鳳華等人譯，2012）。時間取樣因是取樣總觀察時間中幾段特定的時距或特定的時間點進行觀察，自然不若連續記錄來得準確，但只要選取適當的時間取樣方法，便可以推估實際行為發生的狀況；當取樣時距愈短，就愈能反映實際行為發生的狀況（鳳華等人，2015），例如：取樣時距 30 秒會比取樣時距 2 分鐘所測量的行為來得準確。以下介紹三種時間取樣的測量方法。

一、全時距記錄

全時距記錄（whole interval recording）指的是，觀察標的行為是否在整個時距裡都有發生（鳳華等人譯，2012），例如：教師以全時距記錄觀察學生搖晃身體行為的發生，取樣 10 分鐘，每個時距為 1 分鐘，共 10 個時距。搖晃身體行為需在整個 1 分鐘的時距內都有發生，才能記錄為有發生行為的時距；若搖晃身體行為在某個 1 分鐘的時距內有幾秒的中止，該時距便只能記錄為沒有發生行為的時距。以此類推，觀察者可記錄 10 個時距內，有幾個時距是有發生行為的時距，並算出發生行為的時距百分比。若有 8 個時距都是有發生行為的時距，發生行為的時距百分比便為 8 ／ 10×100%＝80%。

二、部分時距記錄

部分時距記錄（partial interval recording）指的是，觀察在時距內的任何時刻，其行為是否有發生（鳳華等人譯，2012）。換言之，只要行為在時距內的任一秒有發生，該時距就能記錄為有發生行為的時距，例如：教師以部分時距記錄觀察學生搖晃身體行為的發生，取樣 10 分鐘，每個時距為 1 分鐘，共 10 個時距。搖晃身體行為只要在任一時距內的任一刻有發生，就能記錄為有發生行為的時距；若搖晃身體行為在某個一分鐘的時距內完全都沒有發生，該時距才能被記錄為沒有發生行為的時距。以此類推，觀察者可記錄 10 個時距內，有幾個時距是有發生行為的時距，並算出發生行為的時距百分比。若有 10 個時距都是有發生行為的時距，發生行為的時距百分比便為 10 ／ 10×100%＝ 100%。

三、瞬間時間取樣

瞬間時間取樣（momentary time sampling）指的是，觀察在每個時距結束的當下行為是否有發生（鳳華等人譯，2012）。也就是說，觀察者僅需要觀察每個時距結束的當下，行為是否有發生即可，例如：教師以瞬間

時間取樣觀察學生搖晃身體行為的發生，取樣 10 分鐘，每個時距為 1 分鐘，共 10 個時距。搖晃身體行為只要在任一時距內的最後 1 秒有發生，就能記錄為有發生行為的時距，即便搖晃身體行為在 1 分鐘的時距內之前 55 秒都在發生，但只要時距內的最後 1 秒沒有發生，該時距還是只能被記錄為沒有發生行為的時距。以此類推，觀察者可記錄 10 個時距內，有幾個時距是有發生行為的時距，並算出發生行為的時距百分比。若有 6 個時距都是有發生行為的時距，發生行為的時距百分比便為 6／10×100%＝60%。

綜上所述，三種時間取樣的方式與條件各有不同，那麼哪一種時間取樣的方式比較好呢？其實每一種時間取樣的方式各有它的優點與限制，表 4-3 呈現三種時間取樣方式的比較。當以 10 秒為時距以及 20 秒為時距來測量相同的行為時，全時距記錄所需要觀察的時間最長，因為觀察者需要觀察行為是否在整個時距都有發生，容易低估行為的發生率（鳳華等人譯，2012）。從表 4-3 來看，以連續記錄的持續時間記錄來計算行為發生率為 67%，但全時距記錄之下，10 秒為時距的行為發生率只有 50%，20 秒為時距的行為發生率更是只有 33%，有低估行為發生率的現象，且時距愈長、低估的情況愈顯著。然而，若介入者的目標是行為的增加，且希望持續每單位時間的行為發生，那麼使用全時距記錄則是適當的，例如：介入目標是希望透過全時距記錄來記錄上課專心的行為，介入初期雖然會低估專心行為的發生，但透過介入後若專心行為在整個時距都有發生，最後達到 6 個時距內 5 個時距都有發生，那麼專心行為即是有明顯進步，即便全時距記錄低估了專心行為的發生率，但實務上對於提升正向行為的標準嚴謹一些，低估的問題也不一定是缺點了。

表 4-3 三種時間取樣方式的比較

方式	10 秒時距	20 秒時距	備註
全時距記錄	50%	33%	低估
部分時距記錄	80%	100%	高估
瞬間時間取樣	66%	66%	
計次	5	5	
持續時間	40 秒	40 秒	
	（發生率 40／60 ＝ 67%）	（發生率 40／60 ＝ 67%）	

　　而部分時距記錄所需花費的觀察時間僅次於全時距記錄，因為只要行為在時距內的任一刻有發生，除非是時距的最後 1 秒，否則時距內剩下的時間就不用再觀察，等到下一個時距開始再觀察即可。然而，部分時距記錄容易高估行為的發生率（鳳華等人譯，2012）。從表 4-3 來看，以連續記錄的持續時間記錄來計算行為發生率為 67%，但部分時距記錄之下，10 秒為時距的行為發生率有 80%，20 秒為時距的行為發生率更是高達 100%，有高估行為發生率的現象，且時距愈長、高估的情況愈顯著。然而，若介入者的目標是行為的減少，那麼使用部分時距記錄是適當的，例如：介入目標是希望透過部分時距記錄來減少上課分心的行為，介入初期雖然會高估分心行為的發生，初期的分心行為發生率可能高達 100%，但介入之後若能測量到分心行為漸漸地在時距內的任一刻都沒有發生，而造成發生率下降，那麼實務上對於減少問題行為的標準嚴謹一些，高估的問題也不一定是缺點了。

　　瞬間時間取樣所花費的觀察時間最少，因為只要觀察每個時距的最後 1秒即可，當時距愈大、觀察的時間就愈少。然而，瞬間時間取樣的缺點就是容易造成行為的嚴重錯估。以表 4-3 來看，瞬間時間取樣的發生率最近似於連續記錄的發生率，那是因為行為發生的夠頻繁，且時距也夠短。若行為發生率不頻繁，或是取樣的時距過長，瞬間時間取樣的結果就會愈不準確，因此這種測量方式較適合記錄短時間內、頻率高的行為。

整體來說，若實務情況許可，仍建議使用連續記錄來記錄行為，會比不連續記錄來得準確；若需要使用時間取樣的方式，則可依標的行為選取適當的時間取樣方式。當標的行為之頻率夠高，且大致上平均分散於總觀察時間的不同時間點，使用時間取樣來推估行為的真實樣貌會來得更準確。

伍、結論

　　標的行為之界定是擬訂行為功能介入方案的第一步，而標的行為之測量則需要介入前、介入中與介入後都能持續不斷地蒐集資料。行為團隊可善用一些低科技與高科技的工具進行更有效率的行為測量（Alberto & Troutman, 2013）。低科技的工具像是紙筆、記錄表格、計次器或是碼表；高科技的工具像是錄影設備、手機的震動功能（可用來提醒多久記錄一次）、資料記錄的電腦軟體，或是手機與平板電腦的資料記錄應用程式，都可以大大提升資料記錄的效率，讓資料記錄與測量不再是實務工作者的麻煩事。此外，依據標的行為及觀察記錄的合理性，選擇適當的測量面向或方式是很重要的。隨著關切的行為焦點不同（重複性、時間範圍或是時間軌跡），宜選取不同的行為測量面向，或是因應實務工作的需求以及所要測量之標的行為，選擇不同的時間取樣方式。觀察者也可以選取不同的測量面向進行測量，例如：上課專心的行為可採用持續時間記錄，並輔以行為型態記錄（記錄下學生表現出哪些專心的行為）。不同的測量面向更可以幫助行為團隊了解行為的全貌，整體掌握行為的變化。

問題與討論

1. 在一份行為功能介入方案中，要如何定義標的行為？
2. 連續記錄與不連續記錄有何不同？
3. 連續記錄中的行為有哪些可測量的面向？用哪一種面向測量比較好？
4. 不連續記錄有哪些測量方式？哪一種方式比較好？

中文部分

鈕文英（2009）。身心障礙者的正向行為支持。臺北市：心理。

鳳華、鍾儀潔、蔡馨惠、羅雅瑜、王慧婷、洪雅惠、…羅雅芬（2015）。
　　應用行為分析導論。新北市：心理。

鳳華等人（譯）（2012）。應用行為分析（原作者：J. O. Cooper, T. E. Her-
　　on, & W. L. Heward）。臺北市：學富。（原著出版年：2007）

英文部分

Alberto, P. A., & Troutman, A. C. (2013). *Applied behavior analysis for teachers*
　　(9th ed.). Upper Saddle River, NJ: Pearson.

Johnston, J. M., & Pennypacker, H. S. (1993). *Strategies and tactics of behavioral
　　research*. Hillsdale, NJ: Lawrence Erlbaum Associates.

Malott, R. W., Malott, M. E., & Suarez, E. A. T. (2003). *Principles of behavior* (5th
　　ed.). Upper Saddle River, NJ: Pearson.

第五章

次級預防：功能評量

田凱倩 [1]

學習目標

1. 了解功能行為評量的意義與目的。

2. 了解功能行為評量的實施步驟。

3. 了解功能行為評量的執行方式與工具。

1　國立彰化師範大學特殊教育學系助理教授。

壹、緒論

　　許多身心障礙學生會伴隨著行為問題，這些行為問題可能會使他們無法從事學習活動、對學生本人或身邊的其他人造成傷害，或遭受同儕排擠。有些學生無法控制自己的行為，如妥瑞氏症學生的抽搐行為或發展遲緩兒童的自傷行為；有些學生可能哀傷或焦慮；有些學生卻單純只是因為尚未學會可滿足自己需求的適當行為。不論是哪一種情況，這些行為問題皆會干擾學生習得成功適應環境與融入社會所需具備的技巧。

　　大多數的教師已習慣等到學生表現出不適當的行為後，再以處罰的方式處理問題。雖然處罰的目的是要阻止行為問題繼續發生，但是處罰並無法教導學生新行為，若不進一步教導學生適當的新行為，此學生還是可能會繼續表現出行為問題。何以如此呢？答案是：這個行為對學生而言具有功能！一個行為若可以讓學生成功地滿足他的需求，那這個行為就很可能會不斷的重複出現，而這也就是為什麼教師經常發現一些壓制行為的介入方法可以暫時減少行為問題，但不久之後這個行為問題又會重複出現，甚至有時會出現較之前更不當的行為。換句話說，除非學生有新的或更適當的方法可以成功地滿足他的需求，否則他就會繼續作出之前能成功達到目的之行為。因此，教師除了需針對學生的行為問題給予相對應的後果外，更應積極地教導其表現出能被其他人所接受的適當行為，且若要使所教導的適當行為能成功地取代原有之不適當行為，這個適當行為就必須具有與原行為等值的功能才行。因此，在執行任何行為介入之前，必須先了解行為問題的功能。而要了解行為問題的功能，就必須藉由實施**功能行為評量**（**Functional Behavior Assessment**，簡稱 **FBA**）來達成。功能行為評量可以幫助教師找出學生「為什麼做這件事」的解答。以下介紹功能行為評量的內涵與目的、基礎，以及實施步驟與方法。

貳、功能行為評量的內涵與目的

　　教師可以教導學生適當的行為來取代既有的不適當行為，但要成功做到這一點，必須先了解行為問題，比如它在哪裡發生？它為什麼會發生？以及它對學生而言具有什麼功能？造成學生表現出不適當行為的原因有很多，可能是因為過敏、鼻竇炎、頭痛或牙痛導致行為問題，也有可能是因為教室太吵雜或正在進行的活動太困難而影響行為，而這個找出孩子行為問題的形成及反覆出現的原因之過程，就叫做功能行為評量。功能行為評量是一個以多元方式蒐集資料來協助教師了解行為的功能（目的），以便進一步撰寫有效介入計畫的步驟；更具體來說，功能行為評量主要是以系統化的方式試圖解釋為何行為會發生，藉由分析行為並形成該行為之目的或意圖的假設，讓教師得以發展正向行為支持計畫來教導學生學習新行為。Repp 與 Horner（1999）描述的功能行為評量如下：

　　　　它試圖在現在與過去的環境中解釋問題（行為）的功能……，然後改變環境，使適當的行為能產生與原有的不適當行為相同之功能，而此適當行為通常是較原有的行為更有效率且效果更佳的。（p. 2）

　　功能行為評量的目的並不是在評量行為本身，而是聚焦在找出會引起、維持或停止行為問題的變項。功能行為評量可以引導觀察者「看」到行為的潛在動機，而非只侷限於行為的表現徵狀。再者，功能行為評量不僅可用來找出影響行為問題發生的變項，也可用來確定與適當替代行為有關的變項。一個完整的功能行為評量之結果將可作為設計個別化介入計畫的基礎，O'Neill、Albin、Storey、Horner 與 Sprague（2015）指出，功能行為評量必須能：（1）以操作型定義界定行為；（2）可以預測行為的發生；（3）確定行為的功能，做到上述三點才算是一個完整的功能行為評量。而在實施功能行為評量時，O'Neill 等人更進一步建議應以達到下列六

個關鍵結果為目標（p. 5）：

1. 以具體且明確的方式描述行為問題。
2. 找出可預測行為問題會或不會發生的立即前事。
3. 在整天的日常活動中，找出可預測行為問題會或不會發生的事件、時間與情境。
4. 找出維持行為問題的後果。
5. 發展一個或多個行為假設，包含：描述具體行為、此行為會發生的特定情境，以及在此情境中維持此行為的後果或增強物。
6. 直接觀察並蒐集可用來支持上述假設的資料。

參、功能行為評量的基礎

功能行為評量是以三個人類行為的假設為基礎，這些假設分別為：（1）人類的行為是有功能的；（2）人類的行為是可預測的；（3）人類的行為是可改變的（Crone & Horner, 2003），以下茲就這三個假設進行說明。

一、人類的行為是有功能的

功能行為評量的第一個假設是：行為的出現至少有一個原因存在；也就是說，大多數的行為是具有功能性的，亦即具有目的性。行為的功能可以是為了得到心裡想要的東西、得到他人的注意，或者逃離某個厭惡的人、事、物或情境；而行為所產生的結果會影響該行為未來的發生率。O'Neill 等人（2015）提出行為問題主要有兩個功能，如圖 5-1 所示，一個功能為「獲得期望的事件」，包含與環境變項（社會仲介事件）有關的社會性關注、喜愛／想要的活動、喜愛／想要的物品，以及與個人變項有關的內在／感覺刺激；另一則為「逃避或避免不想要的事件」，包含與環境變項（社會仲介事件）有關的社會性關注、情境、活動／作業，以及與個人變項有關的內在／感覺刺激。若行為之後可以成功得到期望的事件，則未來該行為的發生率就會維持或增加，此稱該行為被正增強；相同的，若行

為之後可以成功逃避或避免不想要的事件，則未來該行為的發生率就會維持或增加，此稱該行為被負增強。

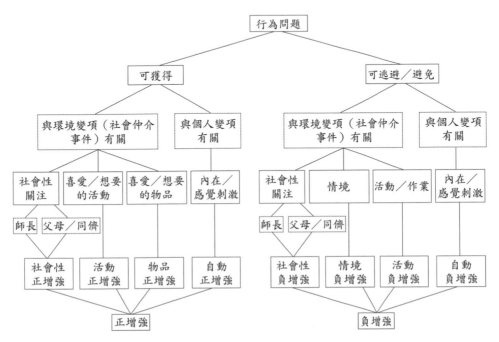

圖 5-1　功能行為評量：找出維持行為問題的後果

資料來源：修改自 O'Neill 等人（2015）

　　在生活中，學生慢慢從過去的行為經驗體認到有些行為策略較其他行為策略更能有效的得到他們想要之結果，因此會採用這些較有效的行為策略，例如：一個想要成為籃球隊上場主將的學生，會學會認真練習與接受教練訓練比只抱怨教練不公平地偏愛某些球員來的有效。然而，諷刺的是，行為問題的產生很多時候是因為學生發現使用不適當行為比適當行為能更有效的得到想要之結果，尤其是當學生因在課堂上發脾氣而被叫離教室時（因而可以不用繼續做課堂上困難的作業），或因咒罵老師而成為同儕注意的焦點時，這些學生從經驗中學到不適當的行為是獲得想要或逃避不想要的東西之有效策略，也因此會繼續表現出不適當行為，甚而加劇該

行為的表現。我們來思考一下下列這個例子：

> 小明是一名有習得無助感的七年級學生，這學期數學老
> 師在上課時會不定時抽考，然而每次抽考時，小明就會大發
> 脾氣地撕毀考卷並對老師叫囂，而只要小明有這樣的脫序行
> 為出現時，數學老師就會立即把他送到輔導室去，然而幾次
> 下來，小明的這個行為問題並沒有改善，反而更加惡化。

從上述的例子中，可以理解為什麼小明的行為問題並沒有因為被送到
輔導室而有所改善，因為藉由撕毀考卷並對老師叫囂，小明就可以達到他
期望的結果，那就是可以逃避考試，甚或逃避因寫不出答案或成績不佳所
引起的挫折感。換句話說，小明的行為對他而言是具有可以成功逃避嫌惡
事件的功能。

二、人類的行為是可預測的

人類的行為不會憑空出現，行為受所處的環境所影響，環境變項可以
引起、消除或維持行為問題，而相似的變項可以預測相似行為的出現。以
小明的例子來說，他會因為考試不會作答或成績不佳而感到挫折，仔細分
析可以發現有兩個重要的因素維持他在數學課發脾氣的行為。首先，小明
的行為問題最常發生在當老師抽考數學時，這個情境就是小明行為問題的
前事；再者，當小明因行為問題而被送到輔導室時，他即成功地逃避寫不
出答案或成績不佳的挫折感。就像許多有習得無助感的學生一樣，與其因
寫不出答案得到低分而感到受挫，小明寧願在老師面前當個有行為問題的
學生，也因此被送到輔導室對他而言其實是一種獎賞。事實上，他已從經
驗中學到：如果要逃避數學抽考，他就必須大發脾氣。從這個例子可知，
藉由找出引起與維持小明發脾氣行為的環境變項，即前事與後果，小明發
脾氣的行為問題就變得具有可預測性了。換句話說，不論是數學課或其他
課，只要老師在課堂上進行抽考，小明極有可能會以發脾氣來逃避。然
而，小明的數學老師卻忽略了其實行為是可預測的，由於只著重行為問題

發生後才進行處理，也因此無法理解為何幾次將小明送到輔導室後，卻仍無法改善他的行為問題。

三、人類的行為是可改變的

　　功能行為評量的第三個假設為：我們不僅可以預測行為的發生，也可以改變行為。功能行為評量主要是希望藉由分析行為問題的發生規則，並對此規則做出可行且實用的改變，以促進學生表現適當行為。換句話說，行為介入的主要目標為減少不適當行為並增加適當行為，而要達到這個目標通常需要從改變環境來著手。Crone 與 Horner（2003）提出下列三種改變環境以達到改變行為的方法：

1. 改變前事來使不適當行為與想獲得的增強物變成無關：即行為發生之前即滿足學生的需求，以減少或消除學生需要使用不適當行為獲得增強物的機會。
2. 教導具有相同功能的替代行為來降低不適當行為的效率：如果替代行為能讓學生得到想要的增強物同時不會影響與他人的關係，則替代行為會變得較原有的不適當行為有效，學生將會更頻繁的使用替代行為。
3. 消除維持行為的後果使原有的不適當行為變得無效：讓學生無法藉由表現出原有行為獲得增強物，即在學生表現出不適當行為時忽略該行為，則其將學會該行為不是可以得到想要的東西之有效策略。

　　綜而言之，不論是適當行為或不適當行為，其產生都有原因，藉由系統化的功能行為評量，可以找出影響行為的環境變項以預測行為的發生，並進而依此調整行為的前事與後果，以達增加適當行為發生率，同時減少不適當行為發生率的目的。

肆、功能行為評量的實施

功能行為評量需使用多元的方式，以找出行為問題在特定前事條件下的功能，以下茲就功能行為評量的實施步驟與資料蒐集的方式進行說明。

一、實施評量的步驟

功能行為評量應是一個以團隊合作方式進行的問題解決歷程（McConnell, 2001），且必須由許多人以有系統的方式進行，單靠教師一個人是無法完成功能行為評量，還需要學校裡其他人員（例如：科任教師、行政人員）與父母或監護人的協助，有時甚至需要借助校外專業人士的幫忙（例如：治療師、心理師）。

功能行為評量的執行方式可能會因個別學生的需求不同而有所差異；然而，它通常包含幾個特定步驟。功能行為評量的執行始於確定需要改變的特定行為，如果一個學生有許多的行為問題，則必須將焦點放在最嚴重的一個或兩個行為上；對學生或他人有傷害性，或對學生健康或生命有威脅性的行為需優先處理，再來才考量破壞行為與分心行為（Bambara & Kern, 2005）。確定要改變的行為之後，以具體且明確的方式描述行為問題，以利大家了解這個行為到底是什麼，最後才蒐集資料並以其為基礎設計正向行為支持計畫。功能行為評量的執行包含以下幾個典型步驟：

1. 確定最需要被改變的行為是什麼。
2. 判斷行為在哪些地方會發生或不會發生，找出可能有助於行為發生的環境變項，可思考下列問題：
   - 在什麼樣特定的情況下，行為不會是個問題？
   - 行為問題發生的地點有什麼特別之處？是否與教師和學生的相處模式有關？是因為班級裡的人數太多或學生被要求要完成的作業太難所引起的嗎？是受特定的時間因素影響嗎？學生的心情影響行為嗎？學生在下課時有與其他學生發生衝突嗎？

- 行為是否比較會發生在某些特定的情況或環境中？什麼樣的環境事件可能是維持這個行為問題的發生？

3. 盡可能多方面地蒐集學生行為表現的資料。

4. 擬出一個學生為什麼會出現行為問題的假設（行為的功能）。這個假設是以所蒐集到的資料為依據的一個推測，有助於預測行為最有可能在何時與何地會出現，以及何時與何地最有可能不會出現。

5. 找出其他適合學生學習的替代行為，而此替代行為需與行為問題具有相同功能。

6. 驗證假設。研擬行為介入計畫並使用正向行為介入策略。

7. 評估介入的成效，有必要的話便進一步改變介入方式或些微調整既有的介入方式。

二、蒐集資料的方式

要能找出最適當的介入方法，需藉由蒐集並分析有關行為的各種資料，包括：社會情境與環境脈絡、前事與後果事件，以及可能影響現在行為的過去事件，這些資料可以協助來預測行為在何時、何地、與何人在一起，以及在什麼條件下最有可能或最不可能發生。一個好的功能行為評量應要在各種學生最有可能與最不可能出現行為問題的情境條件下蒐集資料，才能找出造成行為的變項，因此建議完整的功能行為評量應包含在下列全部或大多數的情況下蒐集資料：

- 行為發生／不發生的時間（在午餐前、在上特定的課時）。
- 行為發生的具體位置（教室、遊樂場）。
- 行為發生／不發生時的情況（小組時間、在非結構化的活動時間）。
- 誰出現時行為最可能／最不可能發生（特定學生、代課老師）。
- 通常在行為之前發生的事件或情況（被分配到某個小組）。
- 通常在行為之後發生的事件或情況（被送到輔導室）。
- 常有的背景事件（在天氣不好時、考試期間）。

· 與行為問題有關的其他行為（與同儕的負面互動）。

評量行為需以不同的方式從多種來源進行，單一的資料來源通常不足以提供足夠精確的訊息，尤其是當一個行為在不同情境下具有不同功能時，以下舉在上課時說出一些不適當的言語為例，在某些情況下可能是為了獲得同儕的注意，而在其他情況下則可能是為了避免被教師點名叫起來回答問題。然而，有些行為的前事可能是無法直接透過眼睛觀察得到的，因此必須使用間接的方法來找出，例如：學生在拿到小考考卷時出現歇斯底里的行為，有可能不是考試卷本身引起行為問題，而是學生知道自己根本不會做而預期自己的成績會不及格或被師長責罵，像這樣的資訊需透過與學生對談或藉由功能行為評量才能蒐集得到。

由於行為問題受各種因素影響，相同行為可能具有不同功能，又或不同行為具有相同功能，所以最好盡可能使用多種方式從不同角度來檢視行為。要找出影響行為的變項可能需要翻閱學生過去的紀錄以及評估學生既有的作業成品（包含：回家作業、考卷與學習單等），也可能還需要使用觀察、問卷調查、訪談家長或其他相關人員，甚或訪談學生本人，以及任何有助於了解引起特定行為問題的原因之方法。O'Neill 等人（2015）歸納出可運用：（1）間接評量（例如：訪談學生或其他了解學生的人）；（2）直接評量（例如：實際在各種情境下持續觀察學生一段時間）；（3）功能分析操弄（functional analysis manipulation）（系統性的實驗操弄可能的控制變項）等三種方式，蒐集行為功能的資料。

由於功能分析操弄需事前安排並將學生抽離實際情境，且實施者操弄變項必須經過專業訓練，較費時費力，因此在學校教育實務中，O'Neill 等人（2015）建議可以先採用間接評量方式來蒐集行為問題的相關資料（例如：行為發生的情境、引發行為發生的事件與活動），藉由訪談找出可能影響行為發生的變項後，再使用直接評量方式更聚焦地觀察行為，以確定影響行為的變項，必要時再進一步採用功能分析操弄方式了解行為。以行為問題處理的三級預防觀點來說，建議在次級預防層級使用間接評量與直接評量方式深入了解學生行為問題的功能或背後的目的，以多元的資料進行交叉比對，進而依結果設計正向行為支持計畫；在三級預防層級才需針

對無立即危險性的嚴重行為問題進行完整的功能行為評量，必要時需由受過專業訓練的行為分析專業人員進行功能分析操弄。以下僅說明間接評量與直接評量兩種方式，如欲了解功能分析操弄方法，可參閱鳳華、夏瑞璘、蔡侑恩、吳佳蓉、陳淑美、趙思怡（2016）翻譯之《功能行為評量、診斷與介入：行為問題的行為分析取向──給教育與心理健康情境的完整系統》一書或鳳華（2015）撰寫之〈功能行為評量〉一文（載於《應用行為分析導論》一書中）。

（一）間接功能行為評量

雖然行為通常與其發生當下的情境脈絡有關，然而在現實中，我們不可能總是能夠直接觀察到所有導致或維持學生特定行為的事件，因為這些事件有可能就在教室內（例如：被分派給一個新的閱讀小組），但也有可能是發生在更早以前的事件（例如：在上學途中與另一外同學發生衝突），這類遠因事件往往是無法直接觀察到的。而另一種情況是，行為可能是嚴重的，但是在有教師或其他大人在時的發生頻率卻不夠頻繁到可以容易地被觀察到（例如：對同儕口頭或身體攻擊）。在上述的這些情況下，就必須使用間接的方式來評量行為的功能。

間接評量的優點在於非常容易實施，評量者不太需要接受特別的專業訓練；再者，它可以讓評量者在短時間內以非常經濟的方式迅速獲得所需的相關資料。然而，其資料來源需仰賴受訪者或填答者以回憶的方式描述行為發生的前因後果，恐會遺漏重要訊息或線索；除此之外，所得到的資料也有可能會受到受訪者或填答者主觀的價值觀判斷而影響其客觀性，因此在使用所得資料時必須謹慎保守。基於上述間接評量的限制，間接評量通常用於功能行為評量的初始階段，其結果可作為引導教師進行直接評量的基礎。

間接功能行為評量有許多方式，可透過檢視學生資料、訪談學生或重要他人、使用評定量表或問卷來蒐集資料，其中訪談與評定量表為最常使用的方式，以下介紹兩種間接功能行為評量方式。

1. 訪談

　　間接功能行為評量最常用的方法之一為結構化臨床晤談或半結構化訪談。訪談主要是要藉由訪問熟悉學生的重要他人（例如：導師、家長、主要照顧者或同儕）或學生本人，以獲得所有關於行為的詳盡資料。在次級預防所進行的簡易功能行為評量，包含簡要訪談學生的導師或提出轉介的任課教師，並仰賴教師提供有關學生的行為、行為發生前的環境前事變項，以及行為後之環境事件。訪談的主要目的為：（1）確定行為問題；（2）找出行為問題的重要特徵；（3）找出行為問題最容易發生的時間；（4）找出行為問題的預測因子與背景事件；（5）找出會使行為問題再度發生的典型後果。

　　筆者建議使用能確定行為功能的半結構式訪談來進行。使用半結構式訪談有兩個優勢：一為可減少受訪者的主觀價值觀判斷；二則可增加二手資料的正確性。本書附錄之附件三所提供的三個半結構式訪談表可有效地協助教師進行簡易功能行為評估，使用者可依需求擇一或合併使用。

　　附件三-A 的「有效的功能行為評量：功能評量檢核表（教師及行政人員版）」（Functional Assessment Checklist: Teachers and Staff，簡稱FACTS中文版），可用來發展行為支持計畫或作為更完整的功能行為評估之基礎。「FACTS中文版」可以藉由訪談熟悉學生的教師在5～15分鐘內完成，它提供受訪者回答的選項，亦可讓受訪者自行提供額外的回覆。這個訪談表包含兩個部分：第一部分包含五個步驟，主要是用來找出行為問題及確定提供行為支持的優先順序；第二部分包含六個步驟，主要是用來針對需優先提供支持的單一行為問題，找出誘發行為的前事與維持行為問題的後果，以協助教師確定該行為的功能。

　　附件三-B 的「行為功能訪談表（簡版）」分為七大主題，以引導教師找出行為的功能。該訪談表提供選項讓受訪者選擇，亦包含開放式問題讓受訪者補充說明。此表最主要的功能為協助教師藉由半結構式的訪談進而提出一個功能假設來解釋行為問題：「在……的情形下，學生表現出……行為，環境對其行為的反應為……，可以判斷該生的行為功能是獲得（或是逃避）……」。

附件三-C 的「行為功能訪談表」以：（1）情緒行為問題描述；（2）背景因素；（3）經常和不常發生的情境；（4）經常和不常出現的後果；（5）行為史與處理史；（6）優弱勢能力與興趣等六大主題為主要架構。訪談表的第一主題協助教師描述學生不同的情緒行為問題，並進而排出提供支持的優先順序，第二至第四主題則協助教師針對需優先提供介入的單一行為問題，來比較經常與不經常發生的情境差異，並進而透過最後兩項主題找出行為的前後事件與功能假設、可能的功能等值替代行為、可能的增強物，以及環境可能的助力或阻力。

上述三個半結構式訪談表可引導教師以具體、可評量且客觀的描述行為之頻率、強度與背景，讓教師可以更清楚了解行為問題的全貌。再者，這兩個訪談表強調從學生的慣例行為來判斷出行為問題，並將重點放在可以改變與控制的變項上。不論是「FACTS 中文版」或「行為功能訪談表」皆可引導教師找出行為問題的預測因子與其模式，並找出從哪裡介入可以產生最大的效果。最重要的是，兩個訪談表完成後皆可協助教師提出行為功能假設，以解釋正在發生的行為問題。

2. 評定量表

評定量表通常是由一組被評定的特質與評定的等級所組成，是用來量化觀察中所得印象的一種測量工具，亦即藉由熟知學生的第三者依長期觀察學生的結果，給予其行為一個分數的標準化程序。評定量表具有可引導行為的觀察、提供參照架構，以及便於記錄結果三種功能，通常是以李克特氏計分方式，由填答者依據平日對學生的了解，評估在特定情況下學生出現行為的程度。當觀察的行為所表現的品質有明顯之差距足以做好幾個等級的區分時，即可使用評定量表。

行為動機評量表為功能行為評量較常使用的評定量表。本書附錄之附件四提供兩個行為動機評量表，附件四-A 為 Durand 的「行為動機評量表」（Motivation Assessment Scale，簡稱 MAS）中文版（洪儷瑜譯，2017），附件四-B 為林惠芬（2000）所修訂的「行為動機評量表」。這兩個行為動機評量表皆可用於協助教師找出可能影響單一特定行為問題的動機。

附件四-A 的評量表是一個可直接評估行為問題功能或動機的簡易工具，共有 16 題描述行為問題可能發生的情況。填答者在確定好要評量的單一特定具體行為後（例如：動手打人），依每個題目的描述勾選最符合平時觀察的結果。「行為動機評量表」中文版將行為的動機因素分為「感官刺激」、「逃避」、「要求注意力」、「要求明確的東西」四類，得分最高的動機因素即為最有可能是該行為問題的主要動機，而次高的動機因素則可能為次要動機。另外，行為動機有可能同時有多個，因此如果兩個得分最高的動機類別之平均分數差距介於 .25 與 .50 之間的話，則同時列為主要動機。

　　附件四-B 的評量表共有 32 題，分為「自我刺激」、「逃避」、「獲得他人注意」、「獲得實質性東西」四個分量表，每個題目代表某一種動機來源。使用時可根據所要評量的特定行為，就平常的觀察填寫量表裡的題目，並在完成後計算各分量表的得分，以得分最高的分量表作為行為問題可能的動機。舉例來說，如果「逃避」的得分較其他三個向度高，則表示行為問題可能來自於與「逃避」有關的原因。

　　「行為動機評量表」的評量結果可協助教師找出行為問題可能的動機，並作為行為問題處理的初步參考依據，但由於量表分數是一種概括性的分數，再加上人類行為的複雜度並不是單一原因就可以解釋清楚，要確定行為問題確切的原因除使用「行為動機評量表」外，仍要配合其他方法的多方觀察與了解。

（二）直接功能行為評量

　　直接功能行為評量包括實際觀察行為問題在自然情境中發生的脈絡與當下周遭的環境事件（McComas & Mace, 2000），即行為在哪裡發生，以及行為發生之前的前事事件與行為發生之後的後果事件，因此又可稱為 ABC（antecedent-behavior-consequence）評量（Chandler & Dahlquist, 2010）。直接評量是功能行為評量中最具有優勢的方法，雖然執行直接評量所要花費的時間與人力會較間接評量來的多，所得的資料分析起來也較複雜，但由

於它是在行為問題發生的自然環境中直接觀察，並記錄每次行為的發生與其相關的事件（情境、前事與後果），因此所得到的行為功能假設是藉由有系統的觀察而來，而非來自推測或二手資料，也因此可以直接使用所得的資料發展行為支持計畫。

直接評量的記錄方式有很多種，教師可選擇使用自己熟悉的記錄方式與表格。本書附錄之附件五的兩個「行為前後事件紀錄表」（A、B 版）是適用於次級預防層級且有用的行為觀察工具，這二個版本的紀錄表皆可協助教師將有關學生行為的軼事或描述性的訊息進一步組織，藉由陳述出：（1）行為問題的型態表現；（2）行為問題最可能發生的時間；（3）可預測行為問題發生的事件；（4）行為問題發生後的實際結果；（5）行為問題發生的情境，使行為問題的模式變得更清楚。而這些紀錄表可記錄多天的多次觀察結果，並可以依個別需求進行調整。

由於直接功能行為評量是試圖在自然發生的情況下觀察和記錄行為，因此在進行評量時，評量者要盡可能不引人注意。再者，為要能客觀精準的獲得正確資訊，鳳華（2015）建議應做到下列三點：

1. 以客觀的語言記下學生所說的或所做的事，例如：小明用手拍打桌子；避免使用具有評價性的主觀語句，例如：小明不懷好意地用手拍打桌子。

2. 只記錄看到或聽到的行為，例如：小明用手拍打桌子；不推論或詮釋行為，例如：小明為了引起別人的注意而用手大力拍打桌子。

3. 記錄每個行為及在其行為之前與之後的環境事件，例如：教師請小明拿出習作本（前事），小明用手拍打桌子（行為），教師出聲制止並罰小明到教室後站著（後果）。

最後要提醒的是，直接評量所得的 ABC 觀察紀錄雖可提供前事變項的資料，但是該資料是不夠完整的，主要是因為動機變項較難從直接觀察中獲得，因此建議應搭配訪談與「行為動機評量表」，以獲取可能影響學生行為問題的完整資料。

伍、結語

　　人類的行為極為複雜，不論是適當行為或行為問題，都具有其目的性、可預測性與可變性。因此要能成功減少行為問題，必須先滿足學生的需求，而要滿足其需求，就必須了解學生表現出該行為的目的或背後功能，才能教導學生等值的替代行為來取代行為問題，以達真正解決問題而非單純壓抑行為問題的出現。功能行為評量可為教師解答「為什麼學生做這件事」，藉由使用多元的方式找出行為問題在特定前事條件下的功能。

　　本章介紹在教育實務現場常用的間接評量與直接評量兩種方式，並依不同的評量方式提供適用的記錄表格於本書附錄之附件中，期望評量者能依需求選擇適當的方式與表格蒐集可靠與精準的資料，以作為設計適切的正向行為支持計畫之基礎。

問題與討論

1. 為何要執行功能行為評量？其目的為何？
2. 功能行為評量是以什麼樣的假設為基礎？
3. 教育實務現場中常用的功能行為評量方式為何？
4. 間接功能行為評量的優勢與限制分別為何？
5. 直接功能行為評量的優勢與限制分別為何？

中文部分

林惠芬（2000）。行為動機評量表。（未出版）

洪儷瑜（譯）（2017）。行為動機評量表（原作者：V. M. Durand）。（未出版）

鳳華（2015）。功能行為評量。載於鳳華、鍾潔儀、蔡馨惠、羅雅瑜、王慧婷、洪雅惠、⋯羅雅芬，應用行為分析導論（頁 459-492）。新北市：心理。

鳳華、夏瑞璘、蔡侑恩、吳佳蓉、陳淑美、趙思怡（譯）（2016）。功能行為評量、診斷與介入：行為問題的行為分析取向——給教育與心理健康情境的完整系統（原作者：E. Cipani & K. M. Schock）。臺北市：華騰。

英文部分

Bambara, L. M., & Kern, L. (2005). *Individualized supports for students with problem behaviors: Designing positive behavior plans*. New York, NY: Guilford Press.

Chandler, L. K., & Dahlquist, C. M. (2010). *Functional assessment: Strategies to prevent and remediate challenging behavior in school settings*. Upper Saddle River, NJ: Pearson.

Crone, D. A., & Horner, R. H. (2003). *Building positive behavior support in systems in schools: Functional behavioral assessment*. New York, NY: Guilford Press.

McComas, J. J., & Mace, C. F. (2000). Theory and practice in conducting functional analysis. In E. S. Shapiro & T. R. Kratochwill (Eds.), *Behavioral assessment in schools: Theory, research, and clinical foundations* (2nd ed.) (pp. 78-193). New York, NY: Guilford Press.

McConnell, M. E. (2001). *Functional behavior assessment: A systematic process for assessment and intervention in general and special education classrooms*. Denver, CO: Love.

O'Neill, R. E., Albin, R. W., Storey, K., Horner, R. H., & Sprague, J. R. (2015). *Functional assessment and program development for problem behavior: A practical handbook* (3rd ed.). Stamford, CT: Cengage Learning.

Repp, A. C., & Horner, R. H. (1999). *Functional analysis of behavior: From effective assessment to effective support*. Belmont, CA: Wadsworth.

第六章

次級預防：形成假設與行為功能介入方案

陳佩玉[1]

學習目標

1. 能說出判斷行為功能的原則。

2. 能說出行為功能假設的要素。

3. 能描述行為功能假設與互競行為模式的連結。

4. 能說明互競行為模式與行為功能介入方案的對應關係。

5. 能說出行為功能介入方案的內涵。

---

1 國立臺北教育大學特殊教育學系副教授；博士級國際行為分析師（BCBA-D）。

執行**功能行為評量**（**functional behavior assessment**），旨在協助介入人員在介入前了解學生想要藉由不適當行為達成的目的，再依據評量結果選擇有效的策略及討論出完整的介入方案，而非只是使用介入人員慣用或聽說有效、但不一定對應行為功能的策略來處理學生之行為問題。實證研究已明確指出，若在處理行為問題時，以行為功能為基礎發展並執行介入策略，其介入成效更為顯著（Campbell, 2003; Gage, Lewis, & Stichter, 2012; Horner, Carr, Strain, Todd, & Reed, 2002）。為了使介入策略及方案切合學生不適當行為的功能，介入人員在以本書第五章所述之方式蒐集行為問題的相關資料後，需先針對該資料進行詳盡的分析，並依分析的結果提出明確的不適當行為**功能假設**（**functional hypothesis**），使介入人員能以行為功能假設為基礎，討論及設計**行為功能介入方案**（**function-based behavior inter-vention plan**）（Umbreit, Ferro, Liaupsin, & Lane, 2007）。在行為功能介入方案中，介入團隊成員將討論可減少行為問題並引發正向**替代行為**（**replace-ment behavior**）的**前事策略**（**antecedent strategy**）、可提升替代或其他適當行為表現及品質的**行為教導策略**（**instructional strategy**），以及使學生無法再藉由不適當行為獲得增強的**後果策略**（**consequence strategy**）。本章將依功能行為評量蒐集資料的程序，分別說明分析及形成假設的方法和注意事項，再敘述行為問題的功能假設如何藉由**互競行為模式**（**competing be-havior pathway**）連結到行為功能介入方案。

壹、資料分析與形成假設

從訪談和直接觀察資料中，介入人員能找出行為問題出現前影響行為的**背景因素**（**setting events**）、引發行為的立即前事（**antecedents**），以及維持行為的立即後果（**consequences**），使介入人員可據此分析及推論該行為可能受到何種增強機制之影響。依據本書第五章所述之增強理論可知，行為問題之所以會重複出現是受到某種行為後果增強，才會在相似情境中持續發生。因此在分析資料時，介入人員的工作即是要從反覆發生的行為事件中推論出影響行為問題的增強機制，而此增強機制即稱為行為的功

能。評量過程中所蒐集的訪談資料，是受訪者綜合其長期觀察以及與個案互動的經驗，主觀地就影響行為問題的前因後果所下之結論。但欲分析直接觀察的資料，介入人員需要綜合檢視多個行為事件（重複發生的問題行為）的前事與後果，才能夠判斷影響行為問題的增強機制，亦即判斷行為的功能。

　　國內外學者對行為功能的分類方式不甚一致，但若就增強機制來區分大致可分為二種（亦即行為可能有二種類別的功能），分別為**正增強**（**positive reinforcement**）與**負增強**（**negative reinforcement**）（Umbreit et al., 2007）。正增強意指個案藉由不適當行為**獲得**（**obtaining**）接觸「某事物」的機會，而負增強則是個案因不適當行為而**逃避**（**escaping**）了「某事物」。前述的「某事物」即是行為的增強物，也就是行為的後果，其形式十分多元，可能是注意力、事物／活動，或感官生理需求等。需注意的是：不適當行為與增強機制之間並不總是維持一對一的關係，也就是一種不適當行為並非總是對應一種行為功能，有些個案的單一行為可能受到多種增強機制影響，亦即一種不適當行為可能有多種功能；有些個案的多個不適當行為表現可能受同一種增強機制影響，也就是多種行為表現具有相同的行為功能（Chandler & Dahlquist, 2010; O'Neill, Albin, Storey, Horner, & Sprague, 2015）。由於不同的行為功能在介入時應使用不同的策略來因應，因此介入人員在分析資料時，需檢視個案的不適當行為是否具有多重功能。評量過程所蒐集的資料之分析步驟、方法，以及行為功能假設的內涵分別說明如下。

一、資料分析的步驟與方法

　　在評量的過程中，針對問題行為所蒐集的訪談及觀察資料很多，因此介入人員常對於如何分析資料以形成行為功能假設感到困擾。筆者參酌國內外學者的建議（鈕文英，2016；Crone, Hawken, & Horner, 2015; O'Neill et al., 2015; Umbreit et al., 2007），將功能行為評量資料分析的步驟整理如圖6-1，各步驟的資料分析方法與注意事項分別說明如下。

圖 6-1　功能行為評量資料分析的步驟

（一）分析訪談資料

1. 找出訪談對象認為可能引發行為的背景因素、立即前事、行為問題，以及維持行為的後果（即本書附錄之附件三-A 中的步驟 8、9、10，附件三-B 中的壹、貳、參、肆項，或附件三-C 中的貳、參、肆項）。

2. 介入人員共同討論上述資料中的立即前事是否為個案不喜歡的刺激或情境，以及行為問題發生後這個刺激是否被移除或停止，若是，則行為功能為負增強；若個案的行為問題發生後，獲得某種刺激（例如：注意力、活動、物品，或感官刺激等），而此刺激與前事停止與否無關，則個案的行為功能為正增強（Umbreit et al., 2007）。

3. 在討論的過程中，若發現訪談資料顯示行為問題有多種功能，介入人員需要依行為的各種功能分別整理對應的前事（亦即引發行為的情境）與後果（亦即行為發生後的結果）。

4. 介入人員與其他處理個案行為問題的相關人員（例如：導師、科任教師、輔導教師、個管教師、教師助理員，或行政人員等）共同討論前述各項行為的功能及對應的前事與後果，以取得共識。

（二）形成行為功能假設

1. 在討論之後，介入人員將多數人皆認可之背景因素與前事、行為、後果，以及功能的對應關係整理成行為功能假設。

2. 每一個行為功能假設應該包括：行為問題發生的情境（亦即背景因素與立即前事）、行為、後果與功能（即本書附錄之附件三-A 中的步驟 11 行為摘要，附件三-B 中的柒、小結，或附件三-C 中的小結二：行為前後事件與功能假設）。

3. 若經討論後，發現同一不適當行為有不同功能，則針對**一種行為功能敘寫一個行為功能假設**。若一個不適當行為在不同的情境中（亦即背景因素與立即前事）有不同的表現，但都是要達到同樣的目的（亦即有同樣的功能），則依情境分列行為功能假設。若經討論後發現，在同樣的情境中個案有不同的行為表現，但這些行為表現屬於同一個反應類別（response class），也就是個案想藉不同行為達成相同的目的（即具有相同功能），則將各種行為敘寫成一個功能假設。

4. 參與討論的人員自行評估每個行為功能假設的正確性和可信度（如本書附錄之附件三-A 中的步驟 11），若相關人員對行為功能假設有高度的信心，則可進一步討論介入計畫；若相關人員不甚確定行為功能假設的正確性，則建議進行直接觀察，再以觀察資料驗證或釐清訪談階段歸納之行為功能假設的正確性。

（三）執行行為觀察（詳細的執行方式請參考本書第五章）

1. 選擇行為問題發生頻率最高，或教師最感困擾的情境進行觀察。

2. 進行 ABC 記錄，包括記錄引發行為的前事、行為的具體表現，以及維持行為的後果（如本書附錄之附件五「行為前後事件紀錄表」）。

3. 持續觀察直到蒐集至少 15～20 個行為問題事件，或直到能夠看出前事—行為—後果之間的規則為止。建議觀察至少 2～5 天，若行為的表現與觀察的情境不明確或不一致，則需延長觀察時間（O'Neill et al., 2015）。

（四）分析觀察資料

1. 針對每個行為問題事件分別進行分析（如附件五中的一行代表一個行為事件）。

2. 判斷行為功能的原則如下：

(1)判斷一個行為事件中的前事是否為個案不喜歡的情境或刺激，再

從行為後果判斷該情境或刺激是否因為個案的行為而停止，而情境或刺激移除後，個案的行為是否停止或趨緩。若是的話，則個案的行為功能可能為負增強，亦即逃避。

(2) 判斷個案的行為問題出現前的情境以及行為出現後，個案是否獲得其喜歡或想要的刺激（可能為活動、物品、注意力，或感官刺激等）。若是的話，則個案的行為功能可能為正增強，亦即獲得。

3. 以上述原則逐一分析行為事件中不適當行為可能的功能：Umbreit 等人（2007）建議在分析每個行為事件時，介入人員可依序思考在該事件中的行為：（1）有獲得注意嗎；（2）有逃避注意嗎；（3）有獲得物品或活動嗎；（4）有逃避物品或活動嗎；（5）有獲得感官刺激嗎；（6）有逃避感官刺激嗎等六個問題，再記錄回答為是的問題，以藉此判斷行為可能的功能。

4. 依分析的結果將行為功能分類，在多數行為事件中重複出現的功能，即為不適當行為主要的功能。如前所述，同一不適當行為可能有多種功能，而不同情境中出現的不同行為表現也可能具有相同功能。

5. 若分析後發現不適當行為有多種功能，則應依不同行為功能分列前事、不適當行為表現，以及後果，以形成行為功能假設，再與訪談資料之行為功能假設相互驗證。

（五）確認或調整行為功能假設

比較訪談與觀察資料分析所得的行為功能假設，決定是否：

1. 繼續蒐集觀察資料：當訪談與觀察的行為功能假設中之行為問題、前事，以及功能尚未有清楚模式（patterns）時，建議繼續蒐集觀察資料（延長觀察 2～5 天），並檢視觀察者對於觀察紀錄的程序是否清楚，同時檢視分析訪談資料所得的行為功能假設是否需調整，以提供觀察者充分的線索進行觀察。

2. 執行功能分析（**functional analysis**）：當延長觀察時間仍無法獲得與訪談資料一致的行為問題、前事，以及功能模式時，建議選擇最可能與行為問題相關的變項進行實驗操弄，以確認行為問題、影響的前事，以及功能。執行功能分析的人員需經過充分的訓練，因此若校內介入人員判斷個案的行為問題需藉由功能分析來確認行為的功能時，則建議尋求校外資源協助（請參考本書第十章）。

3. 開始設計與執行介入計畫：當訪談與觀察的行為功能假設顯示有一致的行為問題、前事，以及明確的功能時，可開始討論行為功能介入計畫（O'Neill et al., 2015）。

二、行為功能假設的要素

在上述資料分析的步驟中，介入人員需多次將功能行為評量的結果總結為行為功能假設。一般而言，行為功能假設應該包含以下敘述：引發行為問題的情境、行為問題的表現，以及維持行為的後果／行為的功能。行為功能假設中的各部分要素分別說明如下。

（一）引發行為問題的情境

包括背景因素與立即前事二種訊息。介入人員在描述情境時，常習慣敘述行為問題發生的地點（如在走廊或教室中），但若僅提供行為問題發生的地點，在擬訂行為功能介入計畫時，則無法針對地點提供具體的介入策略（Umbreit et al., 2007）。因此，在行為功能假設中，介入團隊成員在描述引發行為問題的情境時，應該具體敘述行為出現之前環境中發生的事件，例如：同儕說了某句話、教師給了某個指令，或某個教學活動結束等。

（二）行為問題的表現

在行為功能假設中描述行為問題時，亦需符合行為可觀察、可測量，且重複出現的原則（請詳見本書第三章關於定義行為問題的說明）。在行

為功能假設中描述行為問題的表現時，介入人員可依訪談或觀察資料中功能相同的不同行為問題表現歸納為一個行為**反應類別（response class）**，例如：攻擊，並在反應類別後舉例說明其中的具體行為表現為何，例如：攻擊行為包括以雙手指尖捏人、以腳踢人、以手掌或手肘推人等形式。

（三）維持行為的後果／行為的功能

行為問題的後果即是在多個行為事件中於行為發生後，個案所處情境中發生的事件，例如：教師叫個案去罰站，或同儕因為個案的行為而大笑等。但在判斷行為的功能時，應綜合行為的前事與後果，從個案的角度出發來思考情境中的事件幫個案達成了何種目的，例如：教師發下作業單後，若個案出現丟擲物品的行為，而後果為教師叫個案去罰站，結束後個案接著進行下一個活動，經討論後若介入人員可確認作業單是個案不喜歡的刺激，而行為問題發生後作業單被移除或停止了，則介入人員可判斷個案的行為功能可能是負增強，意即個案想藉由不適當行為達到逃避作業的目的。若教師在觀察時發現行為問題發生後，個案所處的情境並沒有任何事件發生（意即沒有人與個案互動，一切活動和情境安排仍持續進行），但個案仍持續且反覆出現行為問題，則表示個案不適當行為的功能可能是自動正增強或自動負增強，意即個案可能藉由不適當行為達到獲取或減少感官刺激的目的。

如上所述，完整的行為功能假設應包括幾個要素，若在整理訪談或直接觀察資料時，介入人員發現無法依現有的資料具體判斷行為的前事、行為表現，以及後果，則需要再詢問相關人員以蒐集更多資料，使行為功能假設能貼切地反應個案平時的行為事件。以下筆者僅依上述原則列舉具體的行為功能假設之範例：

當班上同學指正小華的行為（例如：叫小華排隊）或對小華的行為做評論（例如：說小華粗魯）時，小華就會出現肢體攻擊行為（以拳頭打或用腳踢對方），之後小華通常會

被隔離到教室的角落或同學就停止評論，小華因而藉此行為
逃避同儕的注意力。

在上述的例子中，同學指正或評論小華的行為，是引發攻擊行為的情
境（即立即前事）；不適當行為是肢體攻擊，而具體表現的形式為拳頭打
和腳踢對方；行為問題發生後通常有二種結果，小華被隔離或同學停止評
論，但無論是哪一種結果，前事刺激都因此而停止或自小華的環境中移
除，因此介入人員可判斷攻擊行為的功能是在逃避同儕的注意（亦即社會
性負增強）。如果資料分析的結果顯示小華的行為有二種可能的功能，則
教師要針對每一種行為功能「分別」敘寫行為功能假設。

三、行為功能假設、互競行為模式與行為功能介入方案

提出行為功能假設的目的，在於引導介入人員以前事、行為，以及後
果的架構擬訂行為功能介入方案。不同的行為功能需以不同的介入策略處
理，以達到介入成效，例如：在處理學生上課講話打斷課程的行為問題
時，如果教師對獲得注意力和逃避課程活動等不同行為功能都使用相同的
隔離策略，則這個策略對行為功能是獲得注意力的不適當行為可能有效，
但若學生的行為功能是逃避課程活動，隔離學生反而會讓他的行為達到目
的，也就是反而增強學生的行為。因此，在擬訂行為功能假設時，教師必
須確實針對同一行為問題的不同功能分別敘寫行為功能假設，包括找出各
種行為功能相對應的前事和後果，以利後續擬訂適當的介入策略。

由於行為功能介入方案的內容和行為功能假設中各部分的資料息息相
關，因此建議教師可將行為功能假設的資料轉換為**互競（或稱相對）行為
模式**（**competing behavior pathway**）（如圖 6-2 所示），再依互競行為模式
中的各個區塊擬訂對應的介入策略。如果一個不適當行為有多個行為功能
假設，則需依行為功能分列多個互競行為模式。以下先說明互競行為模式
的內涵，再說明如何將互競行為模式連結到行為功能介入方案。

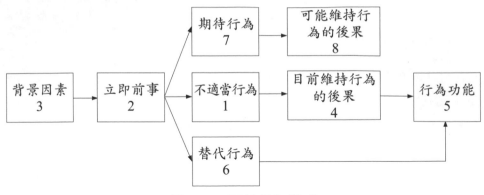

圖 6-2　互競行為模式

資料來源：修改自 O'Neill 等人（2015, p. 82）

（一）互競行為模式的內涵

如圖 6-2 所示，在互競行為模式中有八個方框，其中 1 號到 5 號方框即為行為功能假設中各部分的內容，分別為影響行為問題的問題行為、立即前事、背景因素（亦稱為遙遠前事）、行為後果，以及行為功能。由於 1 到 5 號內容已在行為功能假設中說明，因此以下僅描述互競行為模式中 6 到 8 號方框的內容及填寫原則。

1. 替代行為（6 號）

在互競行為模式中，介入人員需要從訪談或觀察的資料中，找出除了問題行為之外能夠讓個案達成行為目的之適當行為表現，亦即找出與問題行為**功能等值（functional equivance）**的替代行為。除了功能等值外，替代行為必須具備幾個特徵，包括：（1）目前個案已經具備的行為表現或技能；（2）行為表現簡單且能見度高；（3）能比問題行為更有效率地達到個案的目的。

例如：經分析後，介入人員為阿祐撕毀學習單的行為提出行為功能假設如下：當天沒有服藥時（3 號），在張老師發下學習單或要求學生進行獨立練習時（2 號），阿祐會撕毀學習單（1 號），因而被老師要求清理環境

或被罰站（4 號），以藉此逃避獨立作業（5 號）。從訪談和觀察的過程中，老師發現口語表達是阿祐的優勢能力，在和其他介入人員討論後，老師決定選擇「以口語表達需要休息或需要協助」（6 號）作為取代撕毀學習單的替代行為。這個替代行為和問題行為一樣可以達到逃避獨立完成作業的目的，而且對阿祐來說執行起來不費力，老師也能夠清楚聽到他的想法，因此判斷符合上述替代行為的特徵。

2. 期待行為（7 號）

在訪談的過程中，當教師或家長被問到：「如果你希望孩子不要表現出這個行為問題的話，你期望他／她有什麼行為表現？」時，他們的回答經常是：個案能夠與其他同儕表現一樣的行為，或是個案能夠獨立表現出符合情境的行為。然而，教師或家長的期望通常是個案目前無法達成的，因此不適合作為可立即取代問題行為的替代行為。

例如：在阿祐撕毀學習單的例子中，教師希望在發下學習單或獨立練習時，阿祐可以和其他同學一樣自行完成工作，而不是以撕毀學習單的方式逃避作業。然而對阿祐而言，他可能因為動機或是能力的問題無法立即達成教師的期望，因此「獨立完成學習單」（7 號）的表現不適合作為撕毀作業單的替代行為，但是是阿祐最終應該發展的能力和應有的行為表現，因此列為互競行為模式中的期待行為。

3. 可能維持（期待）行為的後果（8 號）

在蒐集訪談資料時，介入人員除了要了解教師和家長希望看到的行為表現之外，亦需進一步詢問其他孩子通常在表現出期待行為之後，會有什麼樣的行為後果。通常教師和家長的答覆，可能是口頭的稱讚或是得到更多的工作，但這些行為後果（8 號）可能與個案的問題行為所欲達成之目的（5 號）不同，也就是期待行為的後果和行為問題並不具有功能等值的特性。以阿祐撕毀學習單為例，雖然教師希望阿祐能夠像一般同學一樣獨立完成學習單或教師交付的工作（7 號），但進一步詢問教師之後發現，一般同學獨立完成學習單的行為後果是獲得加分（8 號），對阿祐而言並未能滿

足其逃避作業的行為功能。整體而言，以互競行為模式整理 8 號與 5 號方框的訊息，可以讓介入人員具體地看到學生行為的功能，以及教師平時對期待行為所提供的行為後果之間的落差。介入人員亦可藉此討論，若介入的長期目標是要讓個案能夠表現期待行為，則未來需要安排哪些對應的策略，以增強並維持期待行為出現的可能性。

（二）互競行為模式與行為功能介入方案

如前所述，將行為功能假設整理為互競行為模式的目的，在於協助介入團隊成員更清楚地了解影響行為的前因後果、可用來取代問題行為的替代行為，以及教師和家長期待行為表現是什麼，並在行為功能介入方案中擬訂相對應的策略，以確實達到減少問題行為及增加正向的替代行為與期待行為之目的。互競行為模式與介入策略之連結如圖 6-3 所示（O'Neill et al., 2015）。

如圖 6-3 所示，在討論行為功能介入方案時，介入人員應針對互競行為模式中的各個區塊擬訂對應之策略。擬訂各種策略時的考量重點分述如下，而實際填寫的案例則整理如圖 6-4 所示。

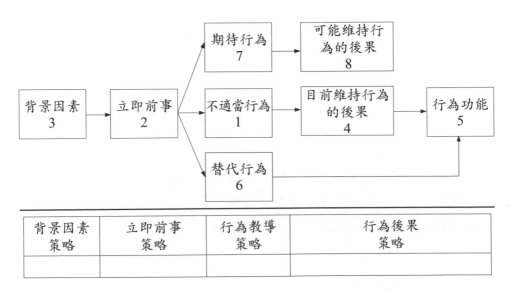

圖 6-3　互競行為模式與介入策略之對應關係

資料來源：修改自 O'Neill 等人（2015, p. 84）

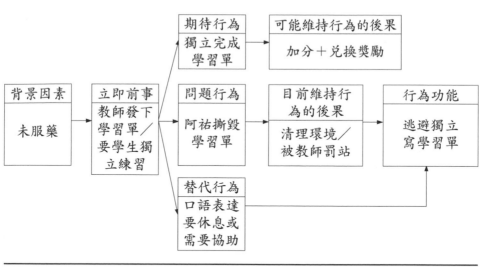

背景因素策略	立即前事策略	行為教導策略	行為後果策略
1.請家長協助記錄用藥時間和劑量。 2.若家長無法協助，可讓學生到校後由校護協助服藥。	**預防問題行為** 1.讓阿祐與同儕一起完成。 2.提供完成學習單的線索。 3.將學習單減量。 **提示正向行為** 1.完成一半的學習單，經教師檢查後就可以加分，全部完成可以再加一次分，下課後結算分數兌換獎勵。 2.如果需要休息或幫忙，可以舉手跟教師說。	1.教導阿祐表達休息的內容、方法和時機。 2.教導阿祐休息時應該有的行為表現。 3.教導阿祐完成學習單的策略（如分段、從會寫的開始寫、求助等）。	**減少問題行為** 1.若阿祐撕毀學習單，再發給另一張學習單。 2.同時再次提醒可以口語請求休息或協助。 **增加替代行為和期待行為** 1.若阿祐以口語請求休息，就讓他休息5分鐘。 2.若阿祐完成一半的學習單，就給予加分，累積的分數一週可兌換獎勵二次作為增強。

圖 6-4　阿祐撕毀學習單的互競行為模式和介入策略

1. **背景因素（setting event）策略**：若個案的行為問題有明確的背景因素，則介入人員需擬訂相對應的策略，此類策略的目的在於緩和會影響行為問題的個人或環境背景因素，例如：在觀察訪談的過程中，介入人員發現若阿祐沒有服藥，較無法聽從教師的指令，則未能穩定用藥即成為影響阿祐行為問題的個人背景因素。針對此背景因素，介入人員應該擬訂相對應的策略以穩定其用藥情形，具體策略請見圖 6-4 範例。

2. **立即前事（antecedent）策略**：此類策略的目的在於調整引發行為問題的立即前事（亦即導火線），以預防行為問題的出現。此外，介入人員亦應擬訂可提示個案表現替代行為或期待行為的前事策略。具體的立即前事策略請見圖 6-4 範例。

3. **行為教導（instruction）策略**：行為教導策略在介入初期主要是在教導個案替代行為使用的時機，當替代行為取代個案問題行為的表現趨於穩定後，介入人員可將行為教導的重點轉為教導個案表現出期待行為。在教導期待行為時，介入人員應視個案的能力現況調整介入目標及策略。如圖 6-4 所示，阿祐的替代行為是以口語表達要休息或需要協助，雖然阿祐的口語表達是其優勢能力，但介入人員仍應在行為教導策略中確認阿祐能夠在適當的時機以適當的方式表達要休息的需求，當替代行為表現穩定後，介入人員可將策略的重點轉向教導阿祐獨立完成作業所需的策略和技能。

4. **行為後果（consequence）策略**：介入人員應同時針對問題行為、替代行為，以及期待行為擬訂適當的行為後果策略。就問題行為而言，後果策略的內容應以消弱問題行為為目標，亦即不讓個案藉由問題行為達到原來的目的；替代行為的後果策略應安排為原來問題行為所欲達成的目的，以落實使替代行為和問題行為功能等值的原則；期待行為的後果策略則是以鼓勵及維持期待行為的表現為主。

在安排期待行為的後果時，介入人員應考量下述選擇增強物的幾項原則：

1. **增強物應個別化**：介入人員在安排增強物時，應從個案的角度思考

什麼樣的刺激對個案具有增強作用。一般同儕喜愛的，或教師與家長認為具有增強效果的物品或活動，對個案而言不一定具有增強效力。因此，建議介入人員在選擇維期待行為的後果時參考訪談及觀察資料，或直接為個案進行增強物評量，以確實了解有哪些刺激（例如：食物、物品、活動、職務，或讚美等）可作為期待行為的增強物。

2. 增強物的強度應隨行為的難度而調整：介入人員應評估對個案而言，表現出期待行為的難度有多高。對於愈困難的期待行為，介入時應安排增強效力愈高的增強物，以達到維持期待行為表現的目的。因此，介入人員應先找出個案喜好的刺激，接著為各種刺激的增強效力排序，再評估期待行為的難易度，以選擇適當的增強物。

3. 增強的立即性：對於困難度較高的期待行為，建議直接使用增強物，避免使用代幣。若囿於情境限制必須使用代幣來延宕給予增強物的時間，則需注意不要讓增強物延宕太久，而使個案忘記增強物與行為之間的連結，進而喪失繼續表現期待行為的動機。

以阿祐撕毀學習單的行為為例（如圖 6-4 所示），教師希望阿祐在拿到學習單或聽到指令後能夠和同儕一樣獨立完成作業。從訪談及觀察的過程中發現，一般同儕獨立完成作業後，可以獲得加分，累積一週後可以在週五放學前兌換到喜愛的物品或活動。雖然阿祐喜歡教師的加分制度，但因為他經常無法表現出適當行為而無法獲得加分的機會，且因為加分之後要等一週才能夠換到喜愛的物品或活動，阿祐常常會不記得自己為什麼可以獲得獎勵。經討論後，介入人員判斷因為阿祐喜歡教師的加分制度，因此保留加分作為增強但在執行上調整其強度和立即性。此外，介入人員發現獨立完成作業對阿祐而言困難度很高，因此決定請教師在阿祐「獨立完成一半作業時，即給予加分增強；完成另一半作業時，再加一次分」，並將兌獎頻率調整為一週二次，兌獎時間則調整為完成該節課結束後而非放學前結算，以藉此提高增強的強度和立即性，進而達到增強期待行為的目的。

介入人員在以圖 6-4 初步思考並討論可行的策略之後，需進一步與其他相關人員討論各個策略在實際情境中的可行性，再從中選擇介入人員願意

且能夠執行的策略放入行為功能介入方案中。

貳、行為功能介入方案

　　行為功能介入方案（又稱為正向行為支持計畫），意指以問題行為功能為基礎所擬訂的介入計畫，因此在完成功能行為評量及資料分析、確認行為功能假設的信心程度或一致性後，介入人員便可著手擬訂行為功能介入方案。然而，除了上述與互競行為模式相對應的介入策略之外，介入計畫亦需含括多項重要資料。以下筆者將分別說明行為功能介入方案各部分的內涵，並以實例幫助讀者了解各部分所述之內容。

一、行為功能介入方案的內涵

　　擬訂行為功能介入方案的目的除了讓介入團隊成員對行為問題的介入有共識外，亦可讓介入人員在檢視行為介入成果或調整介入策略及執行方式時有所依據。國內外學者對於行為功能介入方案中應包含的內容之看法不甚一致，茲比較如表 6-1 所示。

　　綜合國內外學者對行為功能介入方案內容的看法，除了明確列出介入策略之外，介入計畫應至少包含以下內容：

1. 行為的定義：即功能行為評量過程中所界定之可觀察、可測量的不適當行為。若經分析後發現多種不適當行為表現具備相同的功能（亦即為一個反應叢集）時，則需列舉叢集中包括的各種行為表徵。

2. 行為的功能：完成功能行為評量及分析後，介入人員應將行為功能假設列在介入計畫中，包括：背景因素、立即前事、行為，以及維持行為的後果／行為的功能等部分的敘述。

3. 介入目標：在擬訂介入計畫時，介入人員應邀請相關人員參酌個案目前行為問題的表現，共同討論並決定行為介入目標。介入目標的敘寫方式與特殊教育學生的個別化教育計畫（IEP）中短期教育目標

表 6-1　行為功能介入方案的內涵比較表

行為功能介入方案	鈕文英（2016）	Umbreit 等人（2007）	O'Neill 等人（2015）	Crone 等人（2015）	教育部國民及學前教育署（2016）
1.行為的定義 問題行為		V	V	V	V
替代行為		V			
2.介入的理由		V			
3.行為現況（基線資料）		V			
4.行為的功能（功能假設）		V	V	V	V
5.行為目標	V	V		V	
6.介入策略與程序	V	V	V	V	V
7.策略褪除與行為類化	V				
8.所需蒐集的資料		V		V	
9.負責人員與角色	V	V	V	V	V
10.計畫評鑑日期與結果	V	V	V	V	
11.緊急處理程序		V	V	V	
12.作息與行為發生時間表			V		

的敘寫原則相似，應包括情境、學生、行為，以及通過標準（許天威，2003；Umbreit et al., 2007）。其中，情境意指引發標的行為之前事（即在特定的環境或特定的情況下）；學生即為個案；行為是具體定義的適當行為，依介入階段可分為功能等值的替代行為或期待行為；通過標準則是個案表現適當行為的精熟程度。上述之通過標準應包括個案單次可正確表現適當行為的程度（即正確率），以及此正確率應持續多少次（即多少天或節課）等二個部分（Umbreit et al., 2007）。通過標準的高低，可參考個案所處的自然環境中其他人對於此行為表現的期待和同儕的實際表現來訂定，此外亦需考量個案的能力現況和行為的特性討論出通過標準的合理性。

此外，介入目標可進一步分為短期、中期和長期目標，其中的短期目標聚焦於減少行為問題與提升功能等值的替代行為表現（Crone et al., 2015）；中期目標則為建立或提升個案表現期待行為的技能；而長期目標則著重於自然情境中提升期待行為的表現，因此介入的重點在於促進期待行為的維持與類化。

4. 介入策略與程序：介入團隊可根據互競行為模式與策略的對應表（即圖6-4）初步擬訂策略，討論負責介入人員對於各策略的看法和接受度，再從中選擇可行性較高的策略；但最後所選擇的策略仍應包括前事、行為教導，以及後果等多元的類別，且策略的內容應能夠反應功能行為評量過程所蒐集到的資訊。亦即介入人員需依互競行為模式中的訊息選擇相對應的策略，而非依介入人員的喜好或習慣來決定介入策略的內容。除了列出策略的名稱之外，介入計畫中亦應說明實際執行的程序。各類策略的內涵及執行方式請見本書第七章之說明。

5. 負責人員與角色：當介入團隊對介入計畫中的各類介入策略達成共識後，應進一步討論負責執行各個策略的人員及監控執行情形的人員，例如：安置在普通班的特殊教育學生，其行為問題發生的情境可能大多在普通班，因此前事和後果策略的執行人員應以普通班中的人員為主（如導師、科任教師、同儕，或教師助理員等），但準備前事和後果策略所需材料或用品的負責人員則需由團隊成員討論決定。而安置在普通班的學生，其行為教導策略可能會利用資源班的課程進行教學，因此執行人員為特教教師；若要在普通班中進行行為教導策略，則介入團隊成員需進一步討論執行及準備的負責人（例如：由資源班教師和普通班教師協同教學，或由一位教師負責教學而另一位教師協助規劃等）。各個策略除了列出執行的人員之外，介入團隊亦應討論欲由誰來負責監控執行的情形，計畫的監控將於本書第九章中說明。

6. 計畫評鑑日期：針對介入計畫中短期及中長期的介入目標，介入團隊應在介入前討論各個目標評鑑的日期，使介入計畫在是否持續執

行、中止，或調整上有明確的時間表。有關計畫評鑑的作法請見本書第九章。

7. 緊急處理程序：對於有立即危險性的行為，介入團隊應在介入計畫中擬訂危機處理程序，詳細內容請見本書第八章與第十章。

二、行為功能介入方案表格說明與範例

如上所述，在理論與實務上，行為功能介入方案並沒有一定的格式，因此目前各縣市對於行為功能介入方案的內容規範不盡相同，但無論各縣市的格式為何，介入人員在撰寫時都應含括上述幾項行為功能介入方案之要點。以下以一位新北市學前自足式特教班學生的行為功能介入方案（如表 6-2 所示）為範例，說明目前新北市個別化教育計畫（IEP）中的行為功能介入方案之格式與上述各要點間的對應關係。

表 6-2　新北市個別化教育計畫（IEP）的行為功能介入方案之範例

學生	阿宏		擬訂日期		2016 年 5 月 6 日
行為問題陳述	在午餐結束後的自由活動時間，出現大笑、衝撞、摔跌、丟東西、撞擊物品發出聲響、重複與情境無關的語句（例如：一邊說我踢，一邊做出踢的動作）等行為，持續 5 秒鐘以上。				
行為問題診斷（推測可能原因）	■引起注意　　□獲得具體事物　　■尋求感官刺激 □逃避要求　　□逃避事物　　□逃避感官刺激				
	背景因素	立即前事		行為問題	行為後果
	1.家中生活作息不固定。 2.過動、感統方面的需求（前庭覺的刺激不足）。	用餐完的自由活動、自由遊戲時間，不知道自己可以做什麼事情。		出現大笑、衝撞、摔跌、丟東西、撞擊物品發出聲響、重複與情境無關的語句等行為。	1.獲得感官、感統需求。 2.獲得注意力。
行為介入目標	在午餐結束後的自由活動時間，經由教師的提醒，阿宏一週中有四天可以用適當的方式操作自己選擇的三種活動／遊戲（短期目標）。				

表6-2 新北市個別化教育計畫（IEP）的行為功能介入方案之範例（續）

	類別	介入策略	執行方式	負責人員	評鑑人員與日期
行為問題處理策略	背景因素	1.提升家中作息規律。 2.就醫評估。	1.與家長討論如何調整在家的作息。 2.提醒家長評估時間，建議繼續接受相關療育課程。	廖老師	廖老師、施老師（2016年6月17日）
	前事控制	提供班級作息表及活動選擇。	1.提醒阿宏該時段需與團體一起進行活動。 2.提供自由遊戲可進行活動（3～5種）之視覺提示卡以供選擇（選擇的活動要能提供阿宏感官刺激，包括：動覺和聽覺）。	特教班所有教師	廖老師、施老師（2016年6月17日）
	行為教導	教室行為訓練。	1.教導班級各區域的規則。 2.教導活動選擇板的使用方式。 3.教導操作／進行各活動時適當的行為表現。	施老師	廖老師、施老師（2016年5月27日）
	後果處理	1.消弱問題行為。 2.增強適當行為。	1.出現引起注意的行為時，適時忽略，並提醒阿宏使用活動選擇板選擇下一個活動。 2.自由遊戲時適當地進行所選擇的活動，則口頭關注或讚美。	特教班所有教師	廖老師、施老師（2016年6月17日）

所需之行政支援	1.在阿宏出現過度之標的行為時，安排可提供穩定情緒的空間。 2.提供教師助理員的協助。 3.全園活動時，宣導並示範正確的上課規矩。
三個月追蹤紀錄	□已改善 □持續觀察 ■調整處理方式：需每隔2～3週調整自由遊戲時間之活動選擇，以維持進行活動的增強效果。 □其他

註：本表為新北市個別化教育計畫（IEP）中的行為功能介入方案之格式，感謝新北市忠義國小附幼施慧慈老師提供行為範例以供改寫。

在表 6-2 中，阿宏的行為功能介入方案之撰寫原則及考量說明如下。

（一）行為的定義

經評量後，施老師發現阿宏在自由遊戲時間的多種行為表現，其功能皆相同，因此將所有行為列在同一個行為功能介入方案中一併進行介入，而不分開處理。

（二）行為的功能

在行為功能的欄位，新北市的行為功能介入方案表件僅列出六種行為功能讓教師勾選，而未要求教師將完整的行為功能假設列在介入計畫中。但筆者認為，將行為功能假設完整寫出來，有助於教師在擬訂策略時能反覆檢視介入策略與影響學生行為問題原因的相對應關係，因此在原有的五個選項下，將完整的行為功能假設列出。從阿宏的功能可看出，其行為有引起注意和獲得感官刺激二種功能，一般在撰寫時介入人員應針對不同功能分列行為功能介入方案，但由於此二種功能皆發生在同一個活動中且其時間尚無法清楚區分，因此將此二種功能放在同一個介入方案中，但在介入策略中可擬訂因應不同功能的策略。

（三）介入目標

阿宏的介入目標包括上述撰寫介入目標原則所提的各個要素，而此目標為介入方案中的短期目標，其目的在於減少問題行為與提升替代行為表現。由於在擬訂介入方案時，阿宏仍為中班，且阿宏雖有選擇及進行不同活動的能力，但未使用過活動選擇板，而其行為功能之一為獲得注意，因此在設計介入目標時仍保留讓教師提醒，以藉此提供阿宏教師的注意力。介入目標中的替代行為是讓阿宏在教師所提供的活動選項中選擇三項活動，雖然此替代行為表面上未符合功能等值的原則，但由於教師在思考活動選項時，特別挑選可提供動覺和聽覺等感官刺激的活動作為選項，因此阿宏仍可在進行活動的過程中獲得感官刺激，以藉此達到功能等值的原則

（有關替代行為策略請見下面的敘述）。

介入目標中的通過標準則是考量阿宏即將升上大班，為了在接下來的中長期目標中繼續訓練阿宏能夠獨立表現適當的自由遊戲行為，因此將通過標準設為一週四天。當阿宏達到此目標後即可進行中期目標訓練，中期的介入目標將以建立阿宏更多適當的遊戲行為目錄（behavior repertoire）為重點，而長期介入目標則將聚焦於褪除教師的協助，以提升阿宏能夠獨立表現適當行為的能力。

（四）介入策略與程序

介入方案中所列的介入策略與程序，是筆者與二位特教教師討論後，二位教師覺得現階段可執行的策略內容。在討論的過程中，筆者與二位教師反覆確認各個前事、行為教導，以及後果策略和行為功能假設之間的相對應關係。在前事策略中，各有一個策略處理可能影響阿宏行為的背景因素，包括家庭作息和阿宏個人感官上的需求。行為教導策略則如上所述，在決定活動選擇板上的選項時，以能夠提供阿宏感官刺激的活動為主，再利用一對一的個別教學時間，以示範、操作和演練等方式具體教導阿宏於教室自由遊戲區和使用活動選擇板的規則，以及三個遊戲的適當操作方式。後果策略則是以增強適當行為和消弱不適當行為二個原則進行，亦即當阿宏適當地進行他選擇的活動時，教師就給予社會性的增強；若出現引起注意的行為，教師不直接糾正不適當行為，而是提醒阿宏使用活動選擇板選擇下一個可提供感官刺激的活動，以符合替代行為功能等值（獲得注意和尋求感官刺激的原則）。

（五）負責人員與角色

在新北市的表件中並未設計負責人員與角色的欄位，因此筆者在行為處理策略欄位中，以表格整理各類介入策略負責執行和評鑑的人員，使介入團隊的分工機制更為明確。

（六）計畫評鑑日期

　　由於阿宏的行為功能介入方案於學期中完成討論後開始執行，在各類介入策略中，筆者與二位教師討論後，決定應先教導阿宏相關規則與活動選擇板的使用方式，因此行為教導策略的評鑑日期比前事和後果策略稍早，整份計畫的評鑑是在期末 IEP 會議之前完成，以針對阿宏的行為改變幅度討論下學期的行為介入計畫。經討論後，教師們發現阿宏的行為問題確實有下降，也能初步達成短期目標所設的通過標準，但是因為整體執行時間不長，所以決定經調整後繼續執行一段時間（直至本學期末至下學期初），再視阿宏反應決定是否進入中期目標（請參見表 6-2 之「三個月追蹤紀錄」）。

（七）緊急處理程序

　　如表 6-2 所示，新北市的表件並沒有針對緊急處理程序設計相對應的欄位，但有一欄「所需之行政支援」，因此若介入團隊判斷個案的行為有立即危險性，則可在此擬訂危機處理程序。由於阿宏的行為強度和特性並未具有立即的危險性，因此在所需之行政支援中，僅列出教師認為一般行政資源可提供之協助。

問題與討論

1. 行為功能介入方案要由誰來寫？由誰來執行？
2. 如果學生的行為有二個功能，應該寫幾份介入方案？
3. 教師是否需要在開學前同時完成學生的IEP與行為功能介入方案之擬訂工作？

參考文獻

中文部分

教育部國民及學前教育署（2016）。**104 學年度建立高級中等學校個別化教育計畫模式說明會議實施計畫**。嘉義縣：國立民雄高級農工職業學校。

許天威（2003）。**個案實驗研究法**。臺北市：五南。

鈕文英（2016）。**身心障礙者的正向行為支持（第二版）**。新北市：心理。

英文部分

Campbell, J. M. (2003). Efficacy of behavioral interventions for reducing problem behavior in persons with autism: A quantitative synthesis of single-subject research. *Research in Developmental Disabilities, 24*, 120-138.

Chandler, L. K., & Dahlquist, C. M. (2010). *Functional assessment: Strategies to prevent and remediate challenging behavior in school settings* (3rd ed.). Upper Saddle River, NJ: Merrill/Pearson.

Crone, D. A., Hawken, L. S., & Horner, R. H. (2015). *Building positive behavior support systems in schools: Functional behavioral assessment*. New York, NY: Guilford Press.

Gage, N. A., Lewis, T. J., & Stichter, J. P. (2012). Functional behavioral assessment-based interventions for students with emotional and/or behavioral disorders in school: An HLM meta-analysis. *Behavioral Disorders, 37*(2), 55-77.

Horner, R. H., Carr, E. G., Strain, P. S., Todd, A. W., & Reed, H. K. (2002). Problem behavior interventions for young children with autism: A research synthesis. *Journal of Autism and Developmental Disorders, 32*(5), 423-446.

O'Neill, R. E., Albin, R. W., Storey, K., Horner, R. H., Sprague, J. R. (2015). *Functional assessment and program development for problem behavior: A practical handbook* (3rd ed.). Stamford, CT: Cengage Learning.

Umbreit, J., Ferro, J., Liaupsin, C. J., & Lane, K. L. (2007). *Functional behavioral assessment and function-based intervention: An effective, practical approach.* Upper Saddle River, NJ: Pearson.

第七章

次級預防：處理策略

田凱倩[1]

學習目標

1. 了解次級預防正向行為支持的精神。

2. 了解前事、行為與後果處理策略的使用原則。

3. 依行為功能選用適當的前事處理策略。

---

1 國立彰化師範大學特殊教育學系助理教授。

壹、前言

　　已經建立的行為通常很難改變，主要是因為每個行為都有其目的，是與環境互動的結果，除非學生可以有機會學習使用與不適當行為功能等值的替代行為來滿足需求，否則行為問題就會一直存在。因此，要能成功並長期改變行為，發展行為功能介入方案時就不能只單純思考不適當行為及可使用的後果策略，而是應該要更積極的思考：什麼事件會引發行為問題？學生因表現出不適當行為後，會獲得什麼增強物？換句話說，一個好的行為功能介入方案應該依據功能行為評量的結果，並使用正向行為支持。正向行為支持不同於只將重點放在「解決」行為或學生本身的傳統方法，而是在確認行為與環境事件的功能關係後，以尊重、預防性與教育性的包裹式處理策略來支持學生的行為改變，當中除了著重環境調整外，更進一步協助學生發展適當的行為以取代不適當行為，進而達成長期成效，而非短暫抑制行為的發生（Crone & Horner, 2003）。換句話說，正向行為支持計畫不只聚焦在處理不適當行為，而是更積極地在確保學生的需求被滿足。

　　次級預防旨在提供更多支持給具有出現更嚴重行為問題的高風險學生，當其有明顯且持續的情緒行為問題，但現階段的行為問題尚不嚴重時，即可進入次級預防以提供學生更多的支持，讀者可參考本書附錄之附件A「特殊教育學生情緒行為問題三級預防概念圖」與附件B「特殊教育學生情緒行為問題處理三級預防工作流程圖」。次級預防的個別化行為功能介入方案包含進行簡易功能評量，以確定不適當行為所提供的功能，以及發展個別化與以評量結果為基礎的介入策略。正向行為支持的行為處理策略通常包含：（1）前事處理與先兆控制策略；（2）行為教導策略；（3）後果處理等三種，本章將逐一介紹每個策略，讀者亦可同時參照本書附錄之附件六-A「次級預防介入策略表」與附件六-B「次級預防介入策略參考表」。

貳、前事處理與先兆控制策略

前事（antecedent）指的是出現在行為發生之前的事件或情況，可分為**立即前事**（**immediate antecedents**）與**背景事件**（**setting factors**）（Alberto & Troutman, 2012），前者為立即發生於行為問題之前的特定事件，後者為存在於情境中較遙遠（可能為幾小時前或幾天前）的事件（Carr, Carlson, Langdon, Magito-McLaughlin, & Yarbrough, 1998），或持續存在的因素（Alberto & Troutman, 2012），包括：環境因素（如噪音、擁擠的校車、悶熱的天氣）、社會因素（如同儕嘲笑與排擠、煩人的教師），或生理因素（如睡眠不足、疼痛、飢餓、未服用藥物）等（Kazdin, 2001），例如：在本書附錄之附件六-B「次級預防介入策略參考表」中，學生行為問題常見的前事可能為：（1）個人相關因素，如用藥不穩定、睡眠不足、過度緊張或壓力、錯誤認知等；（2）情境因素，如惡性競爭的班級氛圍、非結構化的學習環境、緊繃的師生關係、不友善的同儕互動等；（3）任務因素，如困難的作業、複雜的活動任務、沒興趣的活動等。

從正向行為支持的觀點來說，行為問題處理的最佳策略就是防患於未然，也就是說，與其等到行為發生造成人、事、物的傷害後才處理，不如在一開始就預防行為的發生。因此，正向行為支持計畫強調控制與調整可能引起不適當行為發生的前事，以有效預防行為問題。再者，人在特定時刻所做出的行為會受當下的動機狀態（motivation）所影響，進而影響行為的發生率（Laraway, Snycerski, Michael, & Poling, 2003）。因此，近年學者們建議以動機操作（motivating operation）作為前事處理策略，也就是在了解行為問題的功能後，藉由操作環境變項讓學生的動機狀態達到飽足，使其不需藉由不適當行為即可獲得增強物（鳳華，2015a）。動機操作主要是藉由改變增強物的效果（價值改變效果），以及改變所有與該增強物有關的行為當下之發生率（行為改變效果）來達成（Michael, 2007）。舉例來說，當學生因老師沒有注意到他而想要引起老師的注意（動機狀態匱乏）就大聲叫囂，而老師立即看向他並喝止他的行為時，他就立刻停止叫囂（動機

狀態得到滿足）；面對這樣的行為問題，最好的處理方式就是事先滿足其想要老師注意的動機，例如：老師在課堂一開始就請該生協助發放聯絡簿，並於課堂活動進行中，每隔 10 分鐘詢問該生的學習狀況或請他回答問題，使其獲得足夠的注意力（使增強物的價值改變），以減緩因動機狀態匱乏所引發的行為問題。

另外，基於行為是與環境互動的結果，也可以從改變生活環境來帶動行為的改變，以達長期預防（鈕文英，2016）。除了可以改變周遭的人對學生的態度與營造溫暖與支持的環境外，亦可調整學生的生活型態，藉由提升學生的社會角色、協助學生建立良好的社會關係（例如：利用同儕夥伴、同儕網絡等策略）、提供學生選擇與控制其生活的機會、提供學生活動參與的機會（例如：在他人協助下部分參與）等來積極預防行為問題。常見的前事處理策略包含：

- 重新安排環境，例如：改變座位、清楚劃分教室區域、增加座位與座位之間的距離、使用圖卡或字卡標示物品擺放的位置。
- 改變日程或課表，例如：穿插安排靜態與動態活動，穿插安排難易課程。
- 將時間結構化，例如：使用計時器劃分每個活動的時間、固定作息與活動時間、設計活動時間表或課表。
- 使用高度偏好的活動／物品來提高興趣，例如：使用有恐龍插畫的作業本、將火車主題融入算術活動。
- 提供選擇，例如：提供座位選擇、提供選擇活動進行的順序、提供選擇完成作業的順序。
- 改變給予指令或教學的方式，例如：以書面的指導語代替口語指令、將學習內容以列點方式呈現以取代段落描述。
- 實施活動前介入，例如：事先告知作息改變、預告下一個活動、預告課程內容、預演活動進行方式。

本書附錄之附件六-B「次級預防介入策略參考表」在前事處理與先兆控制策略一欄下，將學生行為問題常見的前事因素分為：（1）個人相關因素；（2）情境因素；（3）任務因素等三個面向，並針對各面向提供改變

與調整的前事處理策略，此外亦提供行為先兆控制策略，可以在發現不適當行為的先兆時，藉由加入引發其他行為的前事來阻止不適當行為延續下去，例如：提示正向行為、促進溝通、轉移注意力、遏阻、改變、促進放鬆等。簡言之，在設計正向行為支持計畫時，建議思考如何調整行為功能評估摘要所描述的前事因素與行為先兆，並依行為功能選擇適當的前事處理策略，以預防行為問題的發生為首要考量。

參、行為教導策略

正向行為支持強調以教育性的策略支持學生之行為改變，因此強調使用行為教導策略提升學生正向的且被他人所接受的行為，這樣才能真正根除行為問題。行為教導策略包含替代行為訓練以及與期待行為相關之行為訓練。

一、替代行為訓練

替代行為指的是與不適當行為功能相同的行為。在藉由功能行為評量找出不適當行為的目的後，應要教導學生使用具有等值功能的替代行為，以獲取其想要的增強物，即以另外一種方式讓學生可以從相同來源獲得相同的結果，例如：學生以干擾行為來得到老師的關注，則可教導他以舉手來引起老師注意；學生掐捏手臂以獲得觸覺刺激所帶來的愉悅感，則可教導他適當的觸覺自娛活動；又或者學生以破壞公物來宣洩情緒，則可教導他以繪畫的方式來發洩。然而，在某些情況下，行為的目的是不被允許的（如逃避學習），這時候就不能教導學生具有等值功能的替代行為，而是要教導其他社會性可接受的行為來取代不適當的行為，例如：學生在集會時為了逃避坐在椅子上而尖叫並踢倒每張椅子，可教導學生選擇喜愛的書本並坐在椅子上看。

在選擇替代行為時應要選擇學生容易習得的行為，因此應該考量學生已有的其他較適當且符合社會溝通規則的行為。舉例來說，如果學生本來

就會使用一些手勢，則可教導學生做出「完成」的手勢來逃避活動，而不是教導學生「舉手並向老師提出需要休息的請求」這類不太可能快速輕易習得的行為來當替代行為。除此之外，在選擇替代行為時，還要注意兩個重要關鍵點：

1. 替代行為必須比原有的不適當行為更有效率。
2. 替代行為需能產生更佳的後果。

如果使用不適當行為可以快速得到增強效果，那替代行為也必須能達到相同的效果；除此之外，替代行為必須在某方面而言對學生來說是更容易的，例如：花費更少的精力來表現出行為或較容易被他人理解，且表現出替代行為所得到的增強效力遠大於原有的不適當行為所產生之後果。當所選擇的替代行為符合這兩個要點時，學生將較有動機去學習並使用該行為，進而增加該行為的發生率。簡而言之，替代行為除應要達到與不適當行為相同的功能外，若此行為對學生來說較不耗力、較易得到增強物，甚或可得到更好的增強物，則更能使原有的不適當行為不太有效或有用，進而達到減少其發生率的目的。也就是說，愈有效率且效能愈好的替代行為，愈有可能取代不適當行為。

最後，要提醒的是，不管選擇哪種行為，替代行為必須與學生的個別情況與能力相關，且必須是可立即且有效傳達需求的行為。吳雅萍（2015）綜整出四個擬訂行為教導策略的原則：

1. 教導功能等值的替代行為，使學生利用替代方式也能達到與不適當行為相同的目的。
2. 教導與自動增強有關的功能等值行為，例如：教導適當的行為來逃避不舒服的感覺，或教導其他社會性可接受的行為來取得內在刺激（自娛）。
3. 教導因應與容忍的技巧，使學生能在面對無法避免或改變的情境時，能控制自我、管理情緒或解決問題，以適應環境。
4. 教導學生必要的一般適應技巧，以全面性提升學生的能力。

二、與期待行為相關之行為訓練

行為教導策略單採用替代行為訓練是不夠的，有時還需依學生的個別需求進行因應與容忍技巧訓練或一般適應技巧訓練。

（一）因應與容忍技巧訓練

在某些情況下，教師根本無法重新安排環境或調整引發不適當行為的環境事件、或某些環境事件是不該避免或調整的、又或學生的需求無法被立即滿足，這時候教導學生因應技能（自我控制、情緒管理與問題解決）或容忍技巧來應對困難的環境事件或等待的情境是必要的（Halle, Bambara, & Reichle, 2005）。舉例來說，一個患有焦慮症的學生於下課時間走在走廊上時，會變得極度緊張且易怒，因而常對同儕尖叫或吼叫穢言，雖然教師可以藉由允許學生提早下課移動到下一節課的教室，或等到上課鐘響大家都進教室後才移動等前事調整策略來降低行為的發生率，但這也會造成學生錯過一些上課的內容，並有可能會被同儕貼上標籤。因此，為學生進行放鬆訓練來降低其焦慮會較適當，當焦慮感降低，對同儕尖叫或吼叫穢言的行為也會跟著明顯減少。

又當學生在學習替代的適當行為時，可能會有行為發生率過高的現象，又或可能無法每次都使其立即得到增強物，這時教導等待的容忍技巧是必要的，例如：一個上課喜歡插話打斷課堂進行的學生，老師雖然已教導他上課想發言時需先舉手等待老師點名，但可能因為老師所進行的活動無法中斷讓學生發言，又或可能因為他不久前已經發言過，而無法每次在他舉手時都能如願得到發言的機會，此時就必須教導等待技巧，因為在真實情境中，不可能每次舉手都能得到立即的增強。其他更多有關此類的行為訓練，可參考本書附錄之附件六-B「次級預防介入策略參考表」中，行為教導策略欄裡的「（2）與期待行為相關之行為訓練」所列的內容。

（二）一般適應技巧訓練

許多行為問題的產生並非因表現不足（performance deficit），而是技巧

缺陷（skill deficit）所導致（Killu, 2008）。身心障礙學生常因欠缺一般適應技巧而出現行為問題，例如：因溝通技巧不精熟而以哭鬧的方式來表達需求；因欠缺社會技巧而對任何人都是以擁抱的方式來打招呼；因欠缺學習策略而無法集中注意力。因此，教導學生欠缺的溝通技巧、社會技巧、學習策略是重要且必要的。雖然這些一般適應技巧不見得具有與不適當行為等值的功能，亦無法取代不適當行為，但卻可以全面提升學生的能力來面對與處理環境事件，以預防不適當行為的發生和支持行為的改變，進而提升生活品質（Halle et al., 2005）。

綜而言之，如果希望減少一個不適當行為，那麼就應該訓練一個替代行為，以取代不適當行為；若目標是要習得一個新技巧來提升學生功能，那麼就必須教導該技巧。最後，要提醒的是：不論是進行替代行為訓練或相關行為訓練，都應要有一個具體的訓練流程。正向行為支持團隊應要選擇一個要訓練的行為，確定要使用的訓練方法，並有系統的遵循該方法的每個步驟。行為訓練的重要關鍵在於保有一致性與重複性，也就是在一天裡，只要學生沒有表現出不適當行為的任何時候，都應該是進行行為訓練的時候，且每次進行訓練的方式與步驟順序都必須一模一樣。

肆、後果處理策略

後果處理策略是指在行為問題出現後，用以回應該行為的策略，其最大的特色在於選用的策略會使不適當行為失去原有的效率以及難以發揮原來的功用，且在適當行為出現後所給予的增強物之增強效力相當於、甚或超越不適當行為所能得到的部分。通常都是藉由增強適當的行為以增加其發生率，並停止增強不適當行為以確保該行為失去得到增強物的功能，而針對不適當行為最常見的策略則是重新引導學生，並在學生表現出適當行為之後給予增強。這麼做的話，不僅仍可以滿足學生的需求，還可以給予學生使用替代行為是獲得或逃避活動、物品或注意力的提醒。後果處理策略有兩個主要目的：（1）增加適當行為的使用；（2）減少或移除不適當

行為的使用（鈕文英，2016）。教師除可由調整前事事件與教導替代行為或相關行為來支持學生的行為改變外，若再搭配後果處理策略，將有助於提升適當行為與降低不適當行為的出現。以下將分別介紹適當行為出現與不適當行為出現這兩種情況的後果處理策略。

一、增加適當行為的使用

如前所述，後果處理策略的第一個目的即是在提升學生使用適當行為的頻率，換句話說，適當行為即是在介入時要增強的行為。在正向行為支持計畫中要增強的行為，可能是在行為教導策略中所界定的替代行為或要訓練的相關行為（即因應與容忍技巧或一般適應技巧）；但在某些情況下，只要行為的發生頻率不那麼高就是適當時，行為在某段時間內若發生次數下降就是要增強的行為；又或行為只要在某個特定的時間內不發生就是適當時，行為在某時段內都沒有出現則會是要增強的行為。增強策略依實施的方式可分為**正增強**（**positive reinforcement**）、**負增強**（**negative reinforcement**），以及**區別性增強**（**diffential reinforcement**）三種類型（鈕文英，2016），以下逐一說明之。

（一）正增強

正增強描述的是行為與後果之間的關係，是指視狀況在行為出現後隨即呈現喜好刺激，能增加未來行為的發生率（Alberto & Troutman, 2012）；換句話說，正增強即指在特定情境中，當學生表現出適當行為後立即給予想要（喜愛）的東西作為獎賞，那麼下次學生再遇到類似情境時，較有可能會再表現出相同的行為。舉例來說，當小明上課時聽到老師提問（前事），就立即舉手等候老師點他（行為），而老師注意到小明並點他起來回答（後果），由於小明舉手等候讓他得到老師的注意並獲得回答的機會（得到正增強物），那麼下次老師再提問的時候，小明比較有可能繼續選擇做出舉手等候的行為；又如：小華在晚餐時間前已完成所有的回家作業，媽媽允許他玩 30 分鐘的線上遊戲，由於今天準時完成回家作業讓他得

到 30 分鐘玩線上遊戲的時間,那麼小華隔天準時完成回家作業的可能性就會增加。

上述所提及之喜好刺激或想要的東西即為行為的後果事件,後果事件若具有增加或維持行為發生的作用,則可稱之為**正增強物**（**positive reinforcers**）（Schultz, 2015）。簡單來說,正增強物是指:（1）在教師所期待或想要的行為產生之後隨即給予,且（2）能增加或維持未來行為發生的頻率或可能性的後果事件。增強物的種類依照不同的分類方式而有不同,最常見的分類方式為依「過去學習經驗」來區分:未經學習經驗（未制約）的增強物稱為**原級增強物**（**primary reinforcers**）,而經由學習經驗（制約）的增強物則稱為**次級增強物**（**secondary reinforcers**）（Martin & Pear, 2014）。原級增強物指的是可直接滿足學生需求的後果事件,其價值是自發性的,不需經過學習,包括:食物性增強物（如糖果、飲料）、活動性增強物（如玩線上遊戲、看電視）、操作性增強物（如玩具、拼圖）、持有性增強物（如郵票、鈕扣）。次級增強物指的是原本不具有增強作用,因常與原級增強物配對出現,經多次經驗後變得有增強效果的後果事件,其價值是經由習得的或制約而成的,並非自發性的,例如:金錢、折價券、代幣、積分、蓋章、獎狀等,都可以用來兌換其他增強物（例如:用金錢買飲料、用代幣換得玩遊戲機）,又如社會性刺激（如別人的讚美、擁抱）,亦可以換取內心的滿足或愉悅感。

增強物的選擇除了要考慮學生的年齡、興趣、喜好外,最重要的是要評估增強物在環境中的可行性,應選用能夠在真實情境中持續存在與使用的增強物。舉例來說,王老師以下課多 10 分鐘休息時間作為學生在該堂課持續坐在座位上的獎賞,雖然下課多 10 分鐘是學生喜好的增強物,但卻也會使學生錯過下一節課的一些上課內容,因此該增強物在考量不影響學生學習的情況下,並無法持續使用;又如:小明極度喜好吃冰淇淋,也願意為了吃到冰淇淋而配合大人所給的指令,但冰淇淋需有冰箱保存,因此若在沒有冰箱的教室情境中要把冰淇淋作為完成課堂習作的立即增強物,則欠缺可行性。以下參考 Martin 與 Pear（2014）的建議,條列八個使正增強成為有效的行為後果介入策略之執行原則:

1. 要增強的行為必須是特定的且有具體明確的行為，不同的行為應要有不同的增強制度。

2. 在執行之初，得到增強物的初始標準應設定為學生易達到的標準，讓學生有成功得到增強物的經驗，以建立行為與後果之關係，之後再慢慢提高要求標準。

3. 依學生的年齡、興趣、喜好以及實施環境的可行性選擇適當的增強物，不同的對象應要有不同的增強物。

4. 選用的增強物要能完全被操弄，也就是能完全剝奪並降低增強物的易得性，讓學生只有在表現出適當行為時才能獲得增強物。

5. 增強物的分量與強度要足以強化行為，應依要增強的行為對學生具有的困難度，選用相對應的增強物。

6. 增強物必須在行為出現後才給予，且應立即給予，尤其是在執行之初更應在學生表現適當行為後，立即、一致和連續增強該行為。

7. 在使用人為增強物時，最好搭配使用社會性增強物或自然增強物，以利未來褪除人為增強物。

8. 在使用社會性增強物時，要明確描述是因為什麼樣的行為獲得獎賞，這樣的描述亦可作為未來表現適當行為的提示。

（二）負增強

　　負增強亦是描述行為與後果之間的關係，是指視狀況在行為出現後隨即減少或移除嫌惡刺激，即能增加未來行為的發生率（Alberto & Troutman, 2012）；換句話說，負增強即指在特定情境中，當學生表現出適當行為後立即減少或移除不想要（厭惡）的東西作為獎賞，那麼學生下次再遇到類似情境時，較有可能會再表現出相同的行為。負增強與正增強相同的都是可以增加或維持行為出現的頻率，不同的是負增強是在行為出現後減少或移除嫌惡刺激，而正增強則是給予喜好刺激。舉例來說，當老師告訴小明需留在教室完成所有數學題才可以下課時（前事），小明即加速作完數學題（行為），可以下課而不用被留在教室（後果），由於小明加速作完數

學題讓他可以成功逃避被留在教室的嫌惡刺激，那麼下次老師再給習題時，小明比較有可能繼續選擇作出加速完成的行為；又如：媽媽在整理家務時不斷嘮叨，小華主動幫忙洗碗，媽媽即停止嘮叨，那麼未來媽媽嘮叨時，小華主動幫忙洗碗的可能性就會增加。

負增強之所以有效，是因為學生表現出逃避（escape）或避免（avoid）的行為（Martin & Pear, 2014），以終止嫌惡刺激。在學校情境中，上課、作業、考試或工作任務都可能是學生的嫌惡刺激，也因此常見的學生行為問題多與逃避學習有關，而教師也常誤用負增強，例如：當學生吵鬧抱怨作業太多時，老師就減少所指派的作業量，學生也因此習得吵鬧抱怨會導致作業（嫌惡刺激）減少，下次老師指派作業時就很有可能會吵鬧抱怨以再度逃避作業；又如：學生拒絕小考而推翻桌椅並毆打鄰座同學，老師為處理學生行為問題而取消小考，學生也因此習得推翻桌椅並毆打同儕會導致小考取消，下次小考時就很有可能會再以同樣的行為逃避。因此，使用負增強策略必須小心謹慎，需注意不要在學生表現出不適當行為時即終止或減少需做的工作，如此一來，學生的不適當行為才不會被負增強所維持。切記一點，負增強使用應只在學生表現出適當行為時，才移除或減少嫌惡刺激（給予暫時逃避）。

另外，在處理學生不適當的逃避行為時，應更積極的採取行為教導策略，教導他們使用適當且有逃避功能的行為（如使用尋求協助的語句：「我需要幫忙、我不會做」，或表達拒絕之意的語句：「我不想做這份作業、我需要休息」）來獲得負增強。當學生運用新的行為並獲得增強時，他就不再需要利用不適當行為來逃避並獲得負增強，行為問題也就隨之減少了。

（三）區別性增強

區別性增強具有增加一個行為的發生率，同時降低另一個行為的發生率之雙重效果。它不同於只聚焦增強適當行為的正增強與負增強，區別性增強涉及一個前事與兩個行為，也就是說，在相同情境中，增強一個行為

（適當行為），並對另一種行為（不適當行為）進行消弱（不給增強物）。區別性增強包含下列四種：

1. **區別性增強不相容行為**（**differential reinforcement of incompatible behavior**，簡稱 **DRI**）：是指增強一個不能與不適當行為同時發生的行為（如坐在位子上就不可能離開座位、輕輕放下物品就不可能用力拋丟物品、說好話就不可能說髒話），並忽略不適當行為。舉例來說，只要學生坐在位子上就給予一個代幣，而當他離開座位時則不給予任何回應。

2. **區別性增強替代行為**（**differential reinforcement of alternative behavior**，簡稱 **DRA**）：是指增強一個與不適當行為具有相同功能的行為，但該行為不一定要與不適當行為不相容，並忽略不適當行為。舉例來說，針對希望得到老師注意力的學生，只有在他坐在位子上舉手時，老師才看向他或點他發言，而當他站起來或嬉鬧時則完全忽視他。

3. **區別性增強其他行為**（**differential reinforcement of other behavior**，簡稱 **DRO**）：是指增強在某個時段或某個時間點完全沒有表現出不適當行為，若有出現不適當行為則不給予增強，因此又可稱為區別性增強零反應行為。舉例來說，對於上課離座的學生，可藉由只要他上課期間完全沒有離開座位就可以得到增強物的方式來執行，一旦學生有離座，哪怕只有一秒也無法得到增強物。

4. **區別性增強高／低頻率行為**（**differential reinforcement of high/low rates**，簡稱 **DRH & DRL**）：是指增強行為發生的頻率超過／低於特定數目或行為發生的頻率漸進增加／減少，反之則不給予增強，用以提高低發生率／減少高發生率的行為。舉例來說，針對一個與其他同儕主動互動頻率過低的學生，可藉由只要他在 15 分鐘的遊戲活動進行期間主動與同儕說話超過 5 次，就可以獲得一個代幣來增加與同儕主動互動的行為；或針對一個上課發言次數過多的學生，可藉由只要他上課發言少於 3 次就可獲得一個代幣來使其發言行為更適當。

二、減少不適當行為的出現

在前事出現後，當學生以不適當行為因應時，建議在採取任何後果處理策略前，應先採提示正向行為策略，包含：矯正性回饋讓學生知道其所表現的行為不適當、不適當的理由為何，以及此行為的後果（無法獲得想要的結果），並搭配重新給予指令，引導其表現適當的替代行為，例如：老師上課提問，小明未舉手便回答，老師宜先給予矯正性回饋：「我很高興你很積極的想回答問題，但因為我一次只能點一個人回答，所以你不舉手，就沒有機會被點到。」然後再重新給予指令：「當你想回答問題時，應該先舉手等候老師點名起來回答。」另外，讚美和提示其他人表現的正向行為也是有效的提示正向行為策略，例如：小明未舉手發言，老師可以即時讚美其他學生：「小華有舉手等候我點名，很好。」

使用提示正向行為策略需注意五個原則：（1）給予矯正性回饋與重新指令時，以平和而堅定的語氣態度，簡潔明確的告知；（2）只針對當下的行為，勿舊事重提；（3）重新指令的正向行為必須於學生未出現行為問題時教導之；（4）讚美和提示他人表現的正向行為必須是學生已具備的行為；（5）當學生修改行為或模仿適當行為時，應立即給予讚美。

若提示正向行為仍未能停止學生的不適當行為時，可考慮採用後果處理策略。然而，使用後果處理策略回應不適當行為的出現，應謹守倫理原則，謹慎選用策略，不得危害學生的身體、生活與學習等權益。如圖 7-1 所示，減少不適當行為的後果處理策略從最正面的取向到最嫌惡的取向可分為：（1）區別性增強；（2）消弱；（3）移除喜好刺激；（4）給予嫌惡刺激四個層級（Alberto & Troutman, 2012）。Alberto 與 Troutman（2012）建議，不適當行為的後果處理策略選擇應遵循最少強制性（嫌惡性）的選擇原則，階層一是第一個要考慮的選擇，而階層四應是最後當前三個階層都無效時的選擇。換句話說，選擇策略時應同時考量強制性與有效性，如果同樣都是有效的策略，則應挑選強制性最少的策略，但如果不具強制性的方法較無效，而較具強制性的方法有效時，則應該挑選較有效的方法。以下就消弱、移除喜好刺激，以及給予嫌惡刺激三種策略進行介紹，並說明當四個層級的策略若無法立即有效遏阻不當行為時，應啟動的緊急處理系統。

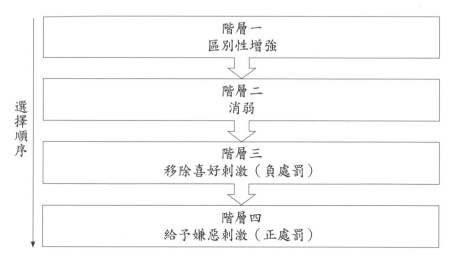

圖 7-1　減少行為問題的策略選擇層級

（一）消弱

消弱（**extinction**）策略是指不再提供所有維持行為的增強物，其概念是在某一個特定的情境中，若一個曾被增強的行為不再能成功獲得增強物，那未來在類似情境中再出現這個行為的機會將減少。簡而言之，它是藉由消除一個行為的增強後果來減少行為的發生頻率，運用在減少行為問題即為當不適當行為出現時，忽略它並不給予任何回應，屬於階層二的介入策略。由於消弱過程必須忽略不適當行為，因此若要將消弱策略當作單一介入方式使用的話，Cooper、Heron 與 Heward（2007）建議將此策略應用在重要但相對而言較輕微的行為問題，例如：干擾課堂、發脾氣、輕度攻擊行為，而對於會造成自己、他人或財物傷害的極端行為，則必須以其他最快速且人道的方式控制；鈕文英（2016）亦認為，消弱策略主要較適用於不具有傷害性、危險性與攻擊性的行為，唯有行為問題的功能主要在引起注意時，使用消弱才會有效。也因此，Cooper 等人更進一步建議，消弱策略應與替代行為或相關行為的增強策略結合使用，即前述之區別性增強策略，其有效性才會增加。

使用消弱策略時要謹記，它的效果並不常是立即的，也許需要花一段

時間才能使不適當行為減少，且不一定會平順穩定的減少。在消弱的過程中，尤其是在初期，不適當行為的出現頻率或強度可能會增加，這種現象稱為消弱暴增（extension burst），執行消弱策略要預期此現象的發生，並準備好在不適當行為暴增時，能持續不提供所有維持不適當行為的增強物（Miltenberger, 2015）。另外，消弱期間原有的不適當行為可能會產生型態的改變，多半會伴隨含攻擊行為的情緒性行為，此為消弱而產生的副作用替代行為，這時候要注意千萬不能增強由消弱引發的情緒性行為，應持續不給予增強物，因為假如此類行為獲得增強，學生將直接使用其他不適當行為，所以要有計畫的去處理，這類行為基本上於消弱階段結束時就會停止（Cooper et al., 2007）。

　　簡而言之，消弱策略的運用就是不提供所有維持行為問題的增強物，在實施時，不論是否出現消弱暴增或副作用替代行為，皆必須貫徹執行停止增強不適當行為，若不能一致性地貫徹執行，將可能錯誤增強不適當行為而抵銷消弱策略的成效。

（二）移除喜好刺激

　　移除喜好刺激為階層三的不適當行為後果處理策略，為**負處罰策略**（**negative punishment**），主要是藉由拿掉正增強物來減少行為問題，即是在不適當行為出現時，立即剝奪已存在的全部或特定數量之正增強物。換句話說，如果學生在特定情境中表現出特定行為會使其喪失已獲得的正增強物，那未來再遇到相似情境時，就比較不會表現出相同行為。舉例來說，小明在晚餐時間前因看電視而未能把當日的回家作業完成，媽媽要他從已拿到的 300 元零用錢中拿出 50 元來當罰金，則小明隔天只顧看電視而未於晚餐時間前完成作業的可能性就會降低。另外如前述所提，要使用拿掉正增強物策略的前提需已有某種正增強制度的存在，才能有移除增強物的機會，最常見的兩種藉由移除喜好刺激來降低行為問題的策略為反應代價與隔離，說明如下。

1. 反應代價

反應代價（response cost）策略是指在不適當行為發生後，剝奪學生已擁有的特定數量增強物（通常為金錢、代幣、物品或活動），以減少該行為未來發生的可能性（Miltenberger, 2015）。反應代價策略的運用其實在生活中比比皆是，例如：開車超速而被罰錢、餐廳工作不小心打破碗盤而被扣薪水、圖書館借書逾期未還而被罰錢、酒駕而被扣押車子等。建議可將反應代價策略與代幣制度結合運用，這樣的話，學生在因表現不適當行為而失去代幣作為懲罰後，將會持續設法贏回增強物，也因此適當行為就會增加。

2. 隔離正增強物

隔離（time-out）策略是指在不適當行為發生後，撤除學生得到正增強的機會或剝奪學生接觸正增強物達一特定時間，亦即在一段時間內，停止學生參與活動的機會或隔離學生於另一個空間（Martin & Pear, 2014）。隔離有兩種形式：一為**非抽離式隔離（non-exclusion time-out）**，另一為**抽離式隔離（exclusion time-out）**（鳳華，2015b），兩者的差異為：前者學生仍在原環境中，只是不能參與活動、不能使用教材且得不到任何人的關注，而後者則將學生帶離原環境至另一無增強物的環境。

（三）給予嫌惡刺激

給予嫌惡刺激即為一般人所指稱的懲罰策略，此為階層四的不適當行為後果處理策略，可稱為**正處罰（positive punishment）**，主要是藉由給予嫌惡刺激來減少行為問題，即在不適當行為出現時，立即給予嫌惡刺激。也就是說，如果學生在特定情境中表現出特定行為會使其得到嫌惡刺激，那未來再遇到相似情境時，就比較不會表現出相同行為。舉例來說，小明晚餐時間前因看電視而未完成當日的回家作業，媽媽罰他做他最討厭的廁所清洗工作，則小明隔天只顧看電視而未於晚餐時間前完成作業的可能性就會降低。由於給予嫌惡刺激通常會引起害怕或生氣的負向情緒，因此 Alberto 與 Troutman（2012）建議，唯有在處理最極端的不適當行為（有安全疑慮或長期嚴重的行為）時，又或前三個階層的策略皆無法有效改善行為時，才考慮使用此類策略。藉由給予嫌惡刺激來降低行為問題的策略有各種形式，以下僅介紹四種：自然後果、回歸原狀、過度矯正，以及反應阻擋。

1. 自然後果

　　自然後果策略是指在不適當行為發生後，得到自然懲罰，而非由人為特別安排給予嫌惡刺激，例如：鬧脾氣打翻餐盤，則沒有東西吃；下雨天不帶傘，則被淋濕；早上賴床拖時間，則錯過校車。使用自然後果策略要先考量行為自然後果的嚴重性，若是具有危險性或傷害性的自然後果，則不適宜使用此策略。

2. 回歸原狀

　　回歸原狀（restitution）策略是指當不適當行為對環境造成擾亂時，要學生負責將環境回歸至原有狀態的策略，例如：老師給予小明學習單，小明生氣用手推翻桌椅，於是老師令小明把桌椅搬起來並放好。

3. 過度矯正

　　過度矯正（overcorrection）策略是指當不適當行為發生後，立即要求學生重複練習與不適當行為有直接關聯且費力的適當行為，具有懲罰的抑制效果與適當行為練習的教育效果（鳳華，2015b）。Cooper 等人（2007）將過度矯正區分為**恢復原狀過度矯正**（restitutional overcorrection）與**正向練習過度矯正**（positive practice overcorrection）。恢復原狀過度矯正是指在不適當行為發生後，要求學生不但要修復行為所造成的環境損壞，還要將環境變得比之前更好，例如：老師給予小明學習單，小明生氣用手推翻桌椅，於是老師除要求小明把桌椅搬起來並放好外，還要他把教室裡所有的桌椅都重新排整齊。正向練習過度矯正是指在不適當行為發生後，要求學生反覆表現適當的替代行為或與不適當行為不相容的適當行為，並且要

達到一定的時間與數量，例如：老師給予小明學習單，小明生氣用手推翻桌椅，於是老師要求小明重複練習說「我需要幫忙」50 次（適當的替代行為）或要求小明把手貼緊在桌面上 30 分鐘（不相容的適當行為）。另外，要提醒的是，使用此類策略時要切記，千萬不能在學生依要求恢復環境原狀或重複練習適當行為後給予任何增強。因此，建議實施時避免不必要的口語互動、注意力或口語讚美，僅在有必要時提供肢體協助。

4. 反應阻擋

反應阻擋（行為中斷）（**response blocking**）策略是指當不適當行為開始出現時，立刻以最少的身體接觸介入，以中斷該行為反應的完成（Cooper et al., 2007）。其作法並非傳統的束縛或身體限制，只是妨礙行為並讓行為無法完成，進而減少未來行為的發生，例如：小明發脾氣而不停用頭撞桌子，於是老師把雙手擋在小明的面前，使其無法撞到桌子。反應阻擋可能同時有處罰與消弱的功能，即他人給予干擾（給予嫌惡刺激）而使行為無法獲得增強物（消弱），因此能使行為的未來發生率降低。在實施該策略時，必須謹守以最少的肢體接觸方式來中斷行為，要避免對學生的社會互動與生活品質造成負面影響，Cooper 等人（2007）認為，也可藉由口語斥責或提示來遏止行為。在所有給予嫌惡刺激的策略中，反應阻擋屬於較少強制性且較人道的策略（鳳華，2015b），但在使用上也需小心預防學生可能因抗拒反應阻擋而產生攻擊行為。

（四）啟動緊急處理系統

對於嚴重的攻擊或傷害行為，尤其是在遇到緊急情況時，上述的後果處理策略可能無法立即有效地遏阻。因此，為避免造成嚴重的傷害，周遭人的反應和處理時機很重要，應事先擬訂危機處理計畫，以避免危機的提高。有關次級預防的危機處理，將於本書第八章詳細介紹。

伍、結語

次級預防的處理策略包含：（1）前事處理與先兆控制策略；（2）行為教導策略；（3）後果處理策略等三種。策略的選用應是在確認行為與環境事件的關係後，以尊重、預防性與教育性的包裹式處理策略支持學生的行為改變。為達到行為改變的長期成效，可先調整環境，以前事處理與先兆控制策略預防行為的發生，並進一步運用行為教導策略協助學生發展適當的行為，以確保其需要被滿足，進而取代不適當行為。另外，也可搭配後果處理策略的使用，使適當行為的使用增加，減少不適當行為的出現。本書附錄之附件六-B「次級預防介入策略參考表」可提供完整的前事、行為與後果處理策略概覽。

問題與討論

1. 如何以防患於未然的概念處理行為問題？
2. 行為教導策略擬訂的原則為何？
3. 要使正增強成為有效的行為後果介入策略，要注意什麼樣的執行原則？
4. 針對不適當行為的後果處理，應如何謹守倫理原則，而謹慎選用策略？

參考文獻

中文部分

吳雅萍（2015）。前事介入與正向行為支持。載於鳳華、鍾儀潔、蔡馨惠、羅雅瑜、王慧婷、洪雅惠、⋯羅雅芬，**應用行為分析導論**（頁493-530）。新北市：心理。

鈕文英（2016）。**身心障礙者的正向行為支持（第二版）**。新北市：心理。

鳳華（2015a）。四期後效：動機操作。載於鳳華、鍾儀潔、蔡馨惠、羅雅瑜、王慧婷、洪雅惠、⋯羅雅芬，**應用行為分析導論**（頁135-154）。新北市：心理。

鳳華（2015b）。懲罰。載於鳳華、鍾儀潔、蔡馨惠、羅雅瑜、王慧婷、洪雅惠、⋯羅雅芬，**應用行為分析導論**（頁73-100）。新北市：心理。

英文部分

Alberto, P. A., & Troutman, A. C. (2012). *Applied behavior analysis for teachers* (9th ed.). Upper Saddle River, NJ: Pearson.

Carr, E. G., Carlson, J. I., Langdon, N. A., Magito-McLaughlin, D., & Yarbrough, S. C. (1998). Two perspectives on antecedent control: Molecular and molar. In J. K. Luiselli, & M. J. Cameron (Eds.), *Antecedent control: Innovative approaches to behavioral support* (pp. 3-28). Baltimore, MD: Paul H. Brookes.

Cooper, J., Heron, T., & Heward, W. (2007). *Applied behavior analysis* (2nd ed.). Upper Saddle River, NJ: Prentice-Hall.

Crone, D. A., & Horner, R. H. (2003). *Building positive behavior support in systems in schools: Functional behavioral assessment.* New York, NY: Guilford Press.

Halle, J., Bambara, L. M., & Reichle, J. (2005). Teaching alternative skills. In L. M. Bambara, & L. Kern (Eds.), *Individualized supports for students with problem behaviors* (pp. 201-236). New York, NY: Guilford Press.

Kazdin, A. E. (2001). *Behavior modification in applied settings* (6th ed.). Belmont, CA: Wadsworth.

Killu, K. (2008). Developing effective behavior intervention plans: Suggestions for school personnel. *Intervention in School and Clinic, 43*, 140-149.

Laraway, S., Snycerski, S., Michael, J., & Poling, A. (2003). Motivating operations and terms to describe them: some further refinements. *Journal of Applied Behavior Analysis, 36*, 407-414.

Martin, G., & Pear, J. (2014). *Behavior modification: What it is and how to do it* (10th ed.). Portland, OR: Psychology Press.

Michael, J. (2007). Motivating operations. In J. O. Cooper, T. E. Heron, & W. L. Heward, *Applied behavior analysis* (2nd ed.) (pp. 526-547). Upper Saddle River, NJ: Merrill/Prentice-Hall.

Miltenberger, R. G. (2015). *Behavior modification: Principles and procedures*. Belmont, CA: Wadsworth.

Schultz, W. (2015). Neuronal reward and decision signals: From theories to data. *Physiological Review, 95*, 853-951. doi: 10.1152/physrev.00023.2014

第八章

次級預防：危機處理

吳佩芳[1]

學習目標

1. 能說明危機處理計畫的目的與要素。

2. 能說明危機行為前、中、後可能適用的處理策略。

3. 能說明擬訂危機處理計畫的重要原則。

1　國立高雄師範大學特殊教育學系副教授；博士級國際行為分析師（BCBA-D）。

壹、危機處理計畫的定義與目的

當學生正在接受次級或三級預防所需的介入時,有些時候學生的情緒行為會忽然惡化,這時在學生的行為功能介入方案中,就需要有一個部分說明當學生的行為快速惡化時所需之危機處理計畫。**危機處理計畫(crsis management plan)**指的是:「當爆發性行為出現時所擬訂的行動方案」,**當此爆發性行為(acting out behavior)**可能對學生本人或他人造成危險時,透過危機處理計畫的擬訂,正向行為支持團隊即可選擇適當的策略來預防學生情緒行為的升高、降低爆發性行為的嚴重程度和持久度,而盡快讓學生可以回復到穩定的狀態,同時也保護學生與他人的安全。因此,對於有爆發性行為歷史的學生,若是在一年內有發生過爆發性行為,且目前正處於三級預防層級中的次級與三級預防介入,其正向行為支持團隊都應該為學生擬訂危機處理計畫,為學生的爆發性行為做好事先之準備,而不是等狀況一來才隨機應變緊急處理。

什麼樣的行為才算是爆發性行為呢?Meyers 與 Evans(1989,引自鈕文英,2016)指出,爆發性行為指的是會危及個案生命或健康的行為,此外,若行為會對他人造成危險,也屬爆發性行為,像是以身體部位或是以物品攻擊他人的行為,例如:

1. 自傷行為:個案以任何方式傷害自己的身體或健康(鈕文英,2016),例如:撞頭、拿物品割自己、咬自己、扯頭髮等。
2. 意圖自傷或傷害他人行為:個案以口語或動作聲稱或表示自己將要傷害自己,但並未做出真正傷害自己的行為,例如:威脅要自殺或自傷、威脅要以尖銳物品或武器傷害他人。
3. 攻擊行為:以身體部位或是以物品攻擊他人的行為,從身體的攻擊(例如:推人、打人)到使用物品攻擊他人(例如:以尖銳物品或武器傷害他人、以東西丟擲他人)皆屬攻擊行為。
4. 危及安全的破壞性行為:個案破壞環境或物品,而危及到自身與他人安全,例如:徒手打破玻璃會導致自己或他人受傷、縱火等。

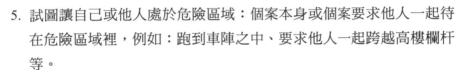

5. 試圖讓自己或他人處於危險區域：個案本身或個案要求他人一起待在危險區域裡，例如：跑到車陣之中、要求他人一起跨越高樓欄杆等。

若學生曾經或正在出現上述的爆發性行為，則在該生的行為功能介入方案中，就應納入危機處理計畫，以因應可預期或不可預期的爆發性行為。

貳、爆發性行為的歷程

Walker、Colvin 與 Ramsey（1995）指出，爆發性行為的發生是有階段歷程的，若在每個階段能有充分的準備，並因應該階段的行為特徵擬訂並實施正向的行為策略，便可以達到有效的危機處理。Walker等人（1995）指出，爆發性行為有七個階段：平靜（Calm）、導火線（Triggers）、激躁（Agitation）、加速（Acceleration）、高峰（Peak）、緩和（De-escalation），以及恢復（Recovery）。若前一個階段的行為未得到適當的處理，則會升高到下一個階段。以下說明 Walker 等人所提出的七個階段行為之表現為何。

一、平靜期

此階段個案的情緒行為在平穩狀態，教師與團隊要善加利用次級預防中的前事處理策略（見本書第七章），例如：營造結構化、尊重、有安全感的學習環境；提升個案在班級中的社會角色；運用正向策略建立個案的社會關係；給予學生自我決策的機會，並且提供大量的活動調整與參與（鈕文英，2016）。這些策略可以建構一個溫暖與支持的學習環境，預防學生因環境或個人因素引發行為問題。

二、導火線期

學生在此階段已遭遇學習或生活上的困難或挫折，若未能即時獲得所需的支持與協助，則可能潛伏而隨時被引發出爆發性行為。身心障礙學生

常因本身的障礙，在學習與生活上易有不順，此階段雖尚未出現爆發性行為，但潛伏的需求如未能被適時支持，即可能累積成為爆發性行為的導火線，就像是壓倒駱駝的最後一根稻草般，隱含著潛在危機。此階段應善用次級預防中的前事處理策略與行為教導策略（見本書第七章），例如：調整容易引發行為問題的人、事、物，調整物理環境，減少容易引發行為問題的前事刺激，增加可引發正向行為的前事刺激，善用**非後效增強**（**non-contingent reinforcement**，簡稱 **NCR**），善用**動機操作**（**motivation operation**，簡稱**MO**），調整課程與工作等（鈕文英，2016），因應學生的需求提供所需的調整或策略應用。此外，也要透過**直接教學**（**direct instruction**，簡稱 **DI**）教導身心障礙學生溝通技能、社會技能、問題解決技能，以及休閒技能等，讓個案具備應有的能力處理自己的情緒行為。

三、激躁期

如果前一階段的導火線需求被忽略，學生在此階段中會出現爆發性行為的初步前兆，例如：出現焦躁不安的動作或表現，或是不參與課程活動、不與人交談對話、分心行為頻繁，或其他異於安靜期的行為等徵兆。如果教師未能覺察此階段的變化，整個爆發性行為可能很容易進入下一個階段，加速激躁行為的頻率。因此，教師應仔細觀察學生的行為表現，敏察學生的前兆行為特徵，試圖避免學生情緒行為的升高，並給予適度支持或引導。

四、加速期

學生的情緒行為若進入加速期，則就像未爆彈一樣，隨時可能被引爆。此階段學生會出現較為激烈或較高頻率的行為，例如：與老師或同學的爭吵聲音愈來愈大、焦躁不安的動作愈來愈頻繁、試圖以不當行為引起老師和同學的注意等。因此，這個階段教師與團隊的任務就是要拆彈阻止爆發，避免情緒行為升高到最不希望的高峰期。

五、高峰期

此階段是情緒行為爆發的高峰期，此階段學生的行為之嚴重程度與頻率都是最強的，也是最具傷害性的，教師應該採取危機處理措施，必要時與團隊合作執行緊急措施，保護個案自身與他人的安全。

六、緩和期

此階段爆發性行為已過高峰期，情緒行為較為緩和但尚未完全恢復，此時學生可能需要時間與空間來平復他的情緒行為。

七、恢復期

此階段個案已差不多平復自己的情緒，進入較為穩定的狀態，個案可以試圖回到原本的作息。

根據 Walker 等人（1995）所提出的爆發性行為七階段的歷程，筆者將這七個階段簡化為三個階段，以方便實務工作者理解與判斷。Walker 等人所提出的平靜期與導火線期，因爆發性行為尚未有任何前兆出現，且行為功能介入方案中的前事處理策略（見本書第七章）可以處理這兩階段的行為，因此這兩個階段不包括在以下整合後的三個階段中。實務工作者宜在先兆行為出現前就實施前事處理策略，以預防行為問題升高為爆發性行為。接下來說明整合後的爆發性行為出現之三個階段：

1. 行為前兆出現：此階段整合 Walker 等人（1995）提出的激躁期與加速期。此階段已出現爆發性行為的初步前兆與明顯前兆，其任務是教師與團隊應具有專業的敏感度觀察到前兆後，進行相應的處置，以避免情緒行為的升高。
2. 行為當下：此階段呼應 Walker 等人（1995）提出的高峰期，其任務是執行緊急措施，保護個案自身與他人的安全。
3. 行為高峰之後：此階段整合 Walker 等人（1995）提出的緩和期與恢復期，其任務是平復安撫個案情緒行為，協助其盡快回復到原本的

作息。

整合後的爆發性行為發生三階段之歷程，如圖 8-1 所示。

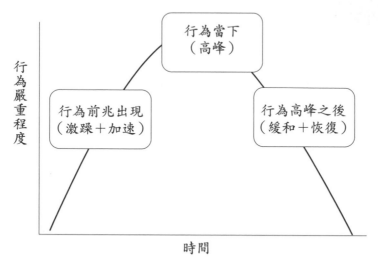

圖 8-1　爆發性行為發生三階段歷程圖

資料來源：修改自 Walker 等人（1995, p. 81）

參、危機處理計畫的要素

對於目前或是過去一年內曾經發生過爆發性行為的學生，為了讓正向行為支持團隊可以預防並因應其爆發性行為，在學生的行為功能介入方案中，就需要有一個部分說明當學生的行為快速惡化時所需的危機處理計畫。

在危機處理計畫中，有幾個必備的撰寫要素，可參考本書附錄之附件七的「危機處理計畫表」，表格欄位呈現如表 8-1 所示。茲針對每個要素說明如下：

1. 爆發性行為的定義：應具體說明個案爆發性行為的表現為何，並以可觀察、可測量的方式具體定義。舉例來說，個案須處理的爆發性

表 8-1　危機處理計畫表

附件七：危機處理計畫表

學生／年級：＿＿＿＿＿＿　擬訂人員：＿＿＿＿＿＿　擬訂日期：＿＿＿＿＿

行為問題：＿＿＿＿＿＿＿＿＿＿＿＿＿＿＿＿＿＿＿＿＿＿＿＿＿＿＿＿＿＿＿＿

學生行為表現	處理流程與策略	負責人員
行為前兆出現：		
行為當下：		
行為高峰之後：		

行為是「拿物品丟擲他人」，此行為表現應載明在危機處理計畫表中，並具體定義為「拿起不該丟擲的物品，朝他人的方向丟擲」。

2. 各階段學生的行為表現：應具體說明個案在行為前兆出現、行為當下與行為高峰之後的預期行為表現。舉例來說，個案的行為前兆表現是會開始在座位上坐不住並喃喃自語；行為當下會拿起桌上的物品丟擲他人；行為高峰之後個案會癱坐在座位上發呆不想說話。

3. 各階段的處理流程與策略：應針對每個階段事先計畫好處理流程與因應策略。此部分會在下一段中說明。

4. 負責人員：在擬訂好各階段的處理流程與策略之後，應規劃好由誰來負責執行該流程與策略。

肆、爆發性行為歷程的處理策略

對於爆發性行為的發生歷程，在每個階段應計畫好相對應的處理策略，才能有效達到預防學生情緒行為的升高、降低爆發性行為的嚴重程度和持久度，以及維護學生與他人安全的目的。以下說明每個階段可能適用的處理策略。

一、行為前兆出現階段

此階段的目標是教師與團隊以具有專業的敏感度觀察到前兆後，進行相應的處置，以避免學生情緒行為的升高。若觀察到學生已出現「危機處理計畫表」中所預期的行為前兆表現，則可以開始執行此階段的策略。在此階段，學生是處於焦慮緊張的狀態，因此處理策略著重在減敏感和減焦慮。在計畫中應說明此階段的處理步驟，以及每個步驟所會使用的處理策略，若該步驟無效，則進行到下一步驟。舉例來說，個案的行為前兆表現是會開始在座位上坐不住並喃喃自語，此時教師已觀察到個案的行為前兆出現，所採取的流程第一步是「表達關心」，策略是「教師走到身旁問學生是否需要幫忙」。若此步驟無效，個案仍持續出現坐不住與喃喃自語的行為，流程第二步則是「給學生彈性空間與獨立活動」，策略是「教師讓個案到冷靜角休息五分鐘，或是去洗把臉，若出教室會請教師助理員協助遠處監督」。若此步驟無效，個案仍持續出現坐不住與喃喃自語的行為，流程第三步則是「營造放鬆的情境」，策略是「讓個案到輔導室休息，可聽他喜歡的音樂」。若此步驟無效，流程第四步則是「持續營造放鬆情境並進行輔導諮商」，策略是「持續播放輕柔音樂或給予飲食，並由輔導教師介入，了解其問題與需求」。教師監督直到觀察到學生坐不住或喃喃自語的行為頻率下降。上述例子呈現出每個流程都應有相對應的策略，且每個流程的步驟都牽涉一個介入決定的時機，若此流程無效則進行到下一個流程，若此流程有效則持續此流程，直到前兆行為消失。若到了最後一個

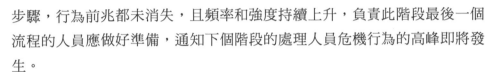

步驟，行為前兆都未消失，且頻率和強度持續上升，負責此階段最後一個流程的人員應做好準備，通知下個階段的處理人員危機行為的高峰即將發生。

綜合 Walker 等人（1995）與鈕文英（2016）的建議，在此階段可應用的策略如下：

1. 表達關注與親近：教師可以問候、關心學生，了解其需求，並給予相應的協助；若學生此時只需要一個情緒的宣洩出口，教師可擔任傾聽者的角色。

2. 給予彈性空間與獨立活動：有些學生不喜歡被親近，也不喜歡肢體碰觸，這時在處理上就要避免以肢體碰觸學生。可以給予學生獨立的空間讓其冷靜下來，或指派一些獨立完成的作業讓其在獨立空間中完成。若教室中就有冷靜角的設置，教師便可以就近觀察學生的行為前兆是否降低。若學生需要到教室外的獨立空間，就需確保有事先計畫好的人力可以進行監督與觀察。

3. 彈性時間：若學生是因為目前正在進行的工作任務有困難而使其感到焦躁，可允許延長時間完成、休息一下再完成，或是在教師或同儕協助下完成。

4. 穿插喜愛的活動：若觀察到學生在上課中出現行為前兆感到焦慮，可適當調整課程進行的步調或活動，加入一個學生喜愛的主題或活動。Walker 等人建議此活動也不宜過長，避免學生用來逃避課堂。

5. 運動或活動機會：給學生一些角色任務，例如：當老師的小幫手發作業、擦黑板等，轉移學生的注意力。

6. 放鬆活動：進行可讓學生放鬆的活動，例如：聽音樂、調整呼吸、畫畫等。

筆者在此也再提出一些其他的策略建議：

1. 以關心的話語取代指令：此階段的目的是要減低學生的焦慮與緊張情緒，因此避免用大人的語氣和學生說話或是給予指令，盡可能以同理的語言與口氣表達想要協助學生的意願。

2. 給予增強：若學生在此階段能自己平復情緒，或是在教師協助下平

復情緒，應馬上給予一有力的增強物，並明確讚美學生能夠控制自己的情緒。

3. 給予選擇：可給予學生活動的選擇，先短暫中斷其當下正在進行的活動，讓學生選擇自己接下來想做什麼，再回到原來的活動。

二、行為當下階段

　　此階段的目標是執行緊急措施，保護個案自身與他人的安全。若行為前兆階段執行的策略皆無效，表示其行為已升高到危機處理計畫中所載明的危機行為問題之表現時，則應開始執行此一階段的流程與處理策略。舉例來說，行為高峰的表現是「會拿起物品丟擲他人」，一開始是先丟桌上的物品，非常生氣時會搬動桌椅丟擲他人或砸向窗戶。此時，應採取的流程第一步是「冷靜給予指令」，策略是「教師以冷靜的態度給予正向指令」，告訴學生把東西放下，除給予指令外並搭配一個給予預期增強的語句，例如：「放下後你就可以到角落休息」。若教師給予三次正向指令仍無效，則進行下個步驟。流程第二步是「疏散其他學生並尋求支援」，策略是「請其他教師前來協助，將班上學生帶離教室」，並請學生通知此流程的負責人員，例如：教官、輔導教師或是家長前來協助處理。教師則與個案待在教室，並確保個案不會離開教室。流程第三步則是「進行溝通」，策略是「由負責人員與個案進行溝通」，了解其需求並承諾給予協助；若學生情緒仍很激動，先給其冷靜的時間，等待較為冷靜後再對話。若此流程仍無效，個案出現向老師丟擲物品甚至自傷的行為時，則進行下一流程：「身體束縛」，由負責人員進行身體的壓制，保護學生與教師的安全。身體束縛不宜超過 15 分鐘。若此階段的身體束縛有效，學生情緒已緩和，則可進入行為高峰之後的處理階段；若身體束縛已經實施 15 分鐘，學生仍持續出現掙扎、吼叫或自傷行為時，應預備下一個流程：「送醫」，處理方式是「打電話叫救護車送醫」，尋求藥物或精神治療的協助，並同時通知家長到場處理。上述例子呈現出每個流程都應有相對應的策略，且每個流程的步驟都牽涉一個介入決定的時機，若此流程無效則進

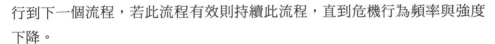

行到下一個流程，若此流程有效則持續此流程，直到危機行為頻率與強度下降。

綜合 Walker 等人（1995）與鈕文英（2016）的建議，在此階段可應用的策略如下：

1. 冷靜處理：處理人員應以冷靜的態度處理，避免與學生爭吵或斥責學生。

2. 保持與學生的距離：處理人員盡可能不要以肢體碰觸學生，保持一定的距離與學生對話，但也不能離得太遠，導致無法適時阻擋學生的行為。

3. 限制個案活動：想辦法讓個案停留在一個受監督的區域裡，以免學生亂跑無法控制場面。

4. 保護其他學生的安全：必要時疏散其他學生到安全的區域。

5. 通知家長：在行為高峰階段，若前兩個步驟執行無效，就可以準備通知家長前來協助處理。若是能有效壓下情緒行為，也應在事後記錄此危機事件並告知家長。

6. 集合充足的人力：在危機處理計畫中應載明每個流程的負責人員，行為當下階段負責的人力需要多一些。

7. 馬上消除引發危機行為的立即前事：如果有明確引發學生危機行為的立即前事，應馬上消除該立即前事，例如：學生是因為某教師在行為前兆階段處理不當，斥責學生導致學生情緒升高，此階段應馬上置換處理人員，先撤離該教師。此策略應該在行為前兆階段就開始實施。

8. 放鬆活動：進行可讓學生放鬆的活動，例如：聽音樂、調整呼吸、畫畫等。

9. **身體束縛（physical restraint）**：此策略非無必要不應使用，除非行為的緊急程度已到了會傷害個案與他人的安全之狀況下才得以實施。身體束縛可分為工具束縛與人力束縛。工具束縛指的是使用工具（如約束帶）來束縛學生；人力束縛指的是處理人員以身體壓制學生（Harris, 1996，引自鈕文英，2016）。不管是哪一種束縛方

式,都是嫌惡性相當高的處理策略,即便是危機處理計畫,所使用的策略還是希望能符合正向行為支持的精神,以正向的策略介入為主。

若出現危機行為而不得不使用身體束縛策略,有以下幾點必須注意的原則:(1)處理人員需接受專業訓練(鈕文英,2016):實施身體束縛的處理人員應受過專業訓練。在美國,實施身體束縛的機構或學校人員應接受專業課程並認證後才可實施身體束縛〔例如:PMT 身體束縛訓練課程(Physical and Psychological Management Training Protocol)〕。若沒受過專業訓練即實施身體束縛,可能會導致學生受傷。國內學校人員在未接受專業訓練之下,貿然實施身體束縛,會造成學生健康與安全上的風險。目前,教育單位並未提供身體束縛相關訓練,國內僅有護理領域有提供身體束縛相關課程,例如:長期照護機構或是身心障礙機構的護理人員之約束照護相關知能。若危機處理計畫擬訂後,個案真的有必要,必須實施身體束縛時,負責人員應尋求相關資源接受專業訓練。(2)過度實施身體束縛違反專業倫理:身體束縛只能使用在當正向策略實施均無效時的最後一道防線,且不得過度使用。依據「特殊教育學生情緒行為問題處理專業倫理」(見本書第十一章),身體束縛會危害學生的自主性與學習權益,也是侵入性極大的處理策略。因此,若危機行為已造成個案或他人立即的危險性,在使用正向策略仍無效的情況下,才得以使用身體束縛策略。而在每次實施身體束縛時,都應詳實記錄是否已經試過其他策略無效才使用?執行程序為何?執行時間多久?身體束縛不宜超過十五分鐘,若超過十五分鐘,學生的情緒行為也未下降,代表此策略明顯無效,宜尋求替代策略。因此,唯有在行為當下階段的前幾個步驟都無效之後,才能實施身體束縛策略。此流程也應詳實規劃在危機處理計畫中。(3)知情同意:若危機處理計畫中有規劃必要時實施身體束縛,應請家長或監護人簽具知情同意書,團隊並應向家長或監護人詳細說明實施流程與方式。(4)第三觀察者在場:實施身體束縛時除了由專業人員執行之

外，應有另一觀察者負責監督、記錄並維護學生與實施者的安全，
並監督避免不當執行身體束縛的程序。

10.報警或送醫：必要時尋求緊急外部資源的協助，由警察單位或醫療
單位進行後續處理。

筆者在此也再提出一些其他的策略建議：

1. 遵守各校危機處理要點或辦法：高級中等以下學校皆有自訂的校園
危機處理要點或辦法。危機處理計畫中的處理原則與通報程序應與
校訂辦法一致，而在個別學生的危機處理計畫中可再詳細撰寫處理
流程、策略與負責人員。

2. 持續使用部分行為前兆處理策略：情況當下的處理人員仍可持續使
用部分行為前兆處理策略，試圖轉移個案的注意力以及進行持續溝
通，例如：持續表達關心、讓學生進行放鬆活動或獨立活動，或是
給予選擇等。

三、行為高峰之後階段

此階段的目標是要平復安撫個案情緒行為，協助其盡快回復到原本的
作息。學生在經過高峰期的情緒宣洩之後，慢慢恢復理性較為冷靜，也會
較為疲累，需要休息（Walker et al., 1995）。此階段也應有結構化的處理步
驟，以及每個步驟所會使用的處理策略。舉例來說，個案行為高峰的表現
是「會拿起物品丟擲他人」，一開始是先丟桌上的物品，非常生氣時會搬
動桌椅丟擲他人或砸向窗戶。在行為當下的階段，團隊會使用限制個案活
動、疏散他人，以及持續表達關心的策略，直到個案的心情已經較為平
復，願意坐在座位上與教師對話。此時啟動此階段流程的第一步是「給予
選擇」，策略是「詢問個案是否願意到輔導室休息獨處」。流程第二步是
「給學生彈性空間與獨立活動」，策略是「讓學生獨處並完成一個喜歡的
活動」。流程第三步是「回到課堂」，策略是「詢問學生是否願意回到課
堂，若願意的話，可將課堂活動調整為學生有興趣或較簡單的事情」。流
程第四步則是「討論」，策略是「找時間把學生叫過來檢討今日發生的情

況，並進行輔導諮商或直接教學」。此階段因為是恢復期，學生情緒應已比較平穩，因此不似前兩個階段，每個流程無效才進入下一流程，必要時某個流程可以延長，給予學生平復的時間與空間。

Walker 等人（1995）建議，在此階段可應用的策略如下：

1. 讓學生獨處：學生的情緒剛過高峰期應非常疲累，不管是生理或是心理上都是，因此可以將學生轉換到獨處的空間，不但可以轉換情境和心情，也藉此機會讓學生自我反省。

2. 給予彈性空間與獨立活動：可以在學生獨處時指派一些能夠獨立完成的作業讓他在獨立空間中完成，完成後給予增強。

3. 與學生討論反省：負責人員與學生討論剛才發生的情況，了解學生情緒爆發的原因，並一起討論下次遇到相同的狀況可以怎麼做。視學生情況討論反省的時間，並不一定急著要在事件發生後馬上進行，但也不宜拖太久，最好是當天離開學校前能夠完成。

4. 回歸正常作息：此階段的目標是盡可能引導學生在恢復期時回歸正常作息，若回到課堂上課，教師宜調整教學內容或作業難度，也要盡可能先避免小組活動。

5. 持續觀察學生的情緒變化：不管是學生已回到原班活動或是仍在獨處，教師宜隨時觀察學生的情緒行為變化，決定情緒是否已平穩，可以進行到下一流程。

6. 直接教學：若此次危機事件導因於學生技能上的缺陷，例如：社會技巧或憤怒控制能力不佳，後續宜安排相關課程，進行直接教學與演練。

筆者在此也再提出一些其他的策略建議：

1. 提供選擇：在此階段要進行到下一個流程時，教師可以提供學生選擇的機會，而不是單方面給予指令，例如：詢問學生「要待在輔導室還是要回到班上」，給予學生選擇，但即便待在輔導室，要明確讓學生知道還是有工作任務要完成，以避免成為學生逃避課堂的藉口。

2. 不與學生妥協獎懲原則：若此次的危機事件，學生的行為已觸犯校

規或班規，仍須給予學生相應的後果，但事後可以多給予學生彌補或是被嘉獎的機會，鼓勵學生表現出好行為。

表 8-2 呈現危機處理計畫的表格範例。

表 8-2　危機處理計畫表格範例

學生／年級：安安／特殊教育學校高職部二年級

擬訂人員：安安的正向行為支持團隊

擬訂日期：2017 年 3 月 1 日

行為問題：拿物品丟擲他人——拿起不該丟擲的物品，朝他人的方向丟擲。

學生行為表現	處理流程與策略	負責人員
行為前兆出現：開始在座位上坐不住並喃喃自語。	（若無效進入下一流程） 1.表達關心：教師走到身旁問學生是否需要幫忙。	任課教師、導師
	2.給學生彈性空間與獨立活動：教師讓個案到冷靜角休息 5 分鐘，或是去洗把臉，若出教室會請教師助理員協助遠處監督。	任課教師、導師、教師助理員
	3.營造放鬆的情境：讓個案到輔導室休息，可聽他喜歡的音樂。	輔導教師
	4.持續營造放鬆情境並進行輔導諮商：持續播放輕柔音樂或給予飲食，並由輔導教師介入，了解其問題與需求。	輔導教師、心理師
行為當下：拿起桌上的物品丟擲他人。搬動桌椅丟擲他人或砸向窗戶。	（若無效進入下一流程） 1.冷靜給予指令：教師以冷靜的態度給予正向指令。	任課教師、導師
	2.疏散其他學生並尋求支援：請其他教師前來協助，將班上學生帶離教室。	任課教師、導師、生教組長、教師助理員
	3.進行溝通：由負責人員與個案進行溝通。	導師、輔導教師
	4.身體束縛：由負責人員進行，不超過15分鐘的身體壓制。	生教組長

表 8-2　危機處理計畫表格範例（續）

學生行為表現	處理流程與策略	負責人員
行為高峰之後：癱坐在座位上發呆不想說話。	（若有效進入下一流程，無效可延長該流程） 1.給予選擇：詢問個案是否願意到輔導室休息獨處。	導師、輔導教師
	2.給學生彈性空間與獨立活動：讓學生獨處並完成一個喜歡的活動。	輔導教師
	3.回到課堂：詢問學生是否願意回到課堂，若願意的話，可將課堂活動調整為學生有興趣或較簡單的事情。	輔導教師、任課教師
	4.討論：找時間把學生叫過來檢討今日發生的情況，並進行輔導諮商或直接教學。	輔導教師、導師

伍、擬訂危機處理計畫的原則

在擬訂與執行危機處理計畫時，正向行為支持團隊宜遵守以下原則：

1. 團隊的事後檢討：在每次危機事件發生後，團隊宜馬上檢討危機處理的相關流程與策略實施是否得宜，可進行必要的修改或調整。

2. 團隊的事前模擬演練：在危機處理計畫擬訂好之後，團隊應進行模擬演練，以訓練團隊成員執行流程與策略的忠實度。若在模擬演練時發現流程有必要調整，也可以事先做好必要的調整。

3. 記錄危機處理事件：每次的危機事件都應詳實記錄，各校可發展出相關紀錄表單，在事後檢討時可有討論依據。

4. 知情同意：家長應充分了解危機處理相關流程、使用策略、何種情況下會啟動危機處理流程、學生相關健康與醫療資訊，以及家長可以給予何種相關協助（Murdock, 2009）。

5. 家長參與：在擬訂危機處理計畫時，除了家長應知情同意之外，最好能邀請家長一起討論相關流程與策略（Murdock, 2009）。

6. 團隊訓練：舉辦相關知能研習為團隊成員增能，例如：正向行為支

持相關知能、輔導諮商技術相關知能等。

7. 充分考量學生健康狀況：危機處理的實施流程應考量學生的健康狀況、醫療照護狀況或感官狀況而擬訂，且應徵詢相關專業人員的意見（Murdock, 2009），例如：若學生有癲癇的狀況，就完全不適合在不得不的情況下進行身體束縛。

8. 知會所有相關處室人員：需要危機處理計畫的學生，在擬訂好計畫以後，團隊宜知會各相關處室人員，以因應無法預期的狀況發生，例如：在危機處理計畫中事先並未預設學生有可能會跑出學校，若能知會警衛室，請警衛注意該生狀況，便可避免不必要的後果發生。

陸、結語

針對學生的爆發性行為，危機處理計畫是行為功能介入方案中的一部分，它可以幫助團隊做好事先的規劃與準備，以因應緊急狀況的發生，保護個案與其他人的安全。在每次的危機事件發生後，透過團隊的事後檢討，可再去調整行為功能介入方案的內容，並加以執行，以減少危機事件發生的頻率。若學生的行為趨於穩定，爆發性行為長達兩學期都未再發生過，危機處理計畫才能予以解除，否則建議寧可備而不用。

問題與討論

1. 什麼是危機處理計畫？與行為功能介入方案有何不同？
2. 有哪些行為屬於爆發性行為，需要擬訂危機處理計畫？
3. 危機處理計畫中有哪些必備要素？

參考文獻

中文部分

鈕文英（2016）。**身心障礙者的正向行為支持（第二版）**。新北市：心理。

英文部分

Murdock, K. (2009). *Guidelines on preparing a crisis management plan*. Retrieved from http://interventioncentral.mysdhc.org/.../CrisisMgmt-draft03IntCent.pdf

Walker, H. M., Colvin, G., & Ramsey, E. (1995). *Antisocial behavior in school: Strategies and best practices*. Pacific Grove, CA: Brooks/Cole.

第九章

次級預防：成效評估

陳佩玉 [1]

學習目標

1. 能說出三種評估介入成效的面向。

2. 能說明行為目標通過標準與蒐集資料的相對應關係。

3. 能描述檢核執行精準度的方法及注意事項。

4. 能說明社會效度的檢核方法。

1　國立臺北教育大學特殊教育學系副教授；博士級國際行為分析師（BCBA-D）。

在執行行為功能介入方案一段時間後，介入人員應針對介入的成效進行評估，以判斷個案的行為問題及正向行為的表現是否已達到理想之程度，介入人員再根據評估的結果思考及決定現行的方案是否應繼續、調整，或停止（鈕文英，2016；Crone, Hawken, & Horner, 2015; Umbreit, Ferro, Liaupsin, & Lane, 2007）。欲有效地進行介入成效評估，介入人員在擬訂行為功能介入方案時，除了思考行為的介入策略之外，亦應該討論如何評估介入成效。如本書第六章所述，在行為功能介入方案中，介入團隊應對負責執行各策略的人員、各策略介入成效的評估時間及評估方式等向度的討論有共識後，再開始執行計畫。

在了解行為功能介入方案的介入成效時，介入人員可蒐集行為紀錄，以判斷個案的行為變化、行為功能介入方案的策略是否如實執行，以及個案與個案的重要他人（如主要照顧者、導師或同儕等）之感受。亦即以：（1）行為問題與正向行為的實際表現；（2）介入策略的**執行精準度**（**treatment fidelity**）；（3）介入計畫的**社會效度**（**social validity**）等多元面向探討介入的成果（Crone et al., 2015）。使用此三種方法評估介入成效的作法及注意事項，依序說明如下。

壹、蒐集行為表現紀錄：以行為問題及正向行為的實際表現評估成效

評估介入成效的目的在於了解個案接受行為介入後，其行為變化的情形是否符合期望，亦即了解行為達成目標的情形。因此，介入人員需要依據介入目標中所列的通過標準，決定應觀察哪些行為表現及記錄哪些資料，例如：紙筆、實作或口頭問答等，以及討論蒐集行為資料的時間、次數，才能依所蒐集的紀錄確實地評估行為改變的程度是否符合期望（有關測量行為與介入目標的敘述，請參考本書第四章與第六章）。以下筆者將分別說明上述程序的執行原則，並以第六章中提過的個案阿祐作為範例，而第四章的行為界定與測量也是評估的重要參考。

一、決定應觀察哪些行為表現和記錄哪些資料

在執行介入方案前，介入人員需要先思考應蒐集哪一些資料，以了解行為的改變情形。觀察與記錄的行為資料要符合介入目標通過標準中所界定的行為面向，才能作為判斷介入成效的依據。亦即，若個案的介入目標所關注的是行為表現的頻率是否有改變，則應記錄行為表現的次數；若欲了解行為表現的持續時間是否有改變，則介入人員在觀察行為表現時，就需要記錄行為的持續時間。許多教師雖然用心地記錄學生的行為表現，但是常忽略了蒐集的資料與介入目標之間的連結，而使行為觀察記錄的結果無法用以判斷介入目標的達成情形，甚為可惜。

以第六章中描述阿祐撕毀學習單的行為為例，若其介入目標為「在教師發下學習單或請學生獨立完成工作時，阿祐能夠用口語表達需要休息或需要協助以避免撕毀學習單，連續三週達80%」，介入人員討論後決定以觀察的方式記錄阿祐的實際行為表現。接著，介入人員便需思考要蒐集哪些資料，以換算出介入目標中的通過百分比。從阿祐的目標來看，介入人員應該要記錄的行為應包括每次上課時，教師發下學習單或請學生獨立工作的總次數（分母），以及阿祐以口語表達且未撕毀學習單的次數（分子），再將資料換算為百分比，以決定經介入後的表現是否有達成介入目標。有關行為的觀察與記錄方式及表件設計可參考鈕文英（2016）、張世彗（2013），或鳳華等人（2015）之相關著作。

雖然蒐集行為資料對於判斷介入成果相當重要，但許多教師常反應在教學時無法同時記錄學生的行為表現，而未持續地記錄行為的改變情形，以根據行為的變化判斷計畫是否需要調整。若教師是行為功能介入方案的主要介入人員，則建議教師與介入團隊的其他人員討論，要由誰入班進行行為觀察與記錄。但若介入團隊的其他成員無法適時提供協助，教師仍需思考如何在教學時同時蒐集行為觀察資料。以下筆者提供幾個教師在無其他成員協助時，評量與記錄學生行為表現常用的策略，以供介入人員參考。

（一）運用生活中常見的物品進行行為記錄

在進行行為觀察時，教師通常會準備觀察紀錄表以記錄學生的行為表現，但教學時多數教師並沒有機會立即記錄學生的行為，而通常會在下課後回憶學生上課時的行為表現，再將自己記得的表現登錄在紀錄表上，但這樣的觀察記錄可能會受許多因素干擾而影響其準確性。因此，建議教師們在確定要依目標蒐集哪些行為資料後，進一步思考生活中有哪些常見的物品，可在行為發生的當下快速地記錄學生的行為（Pullen, 1999; Crone et al., 2015）。

例如：介入人員在蒐集阿祐的行為表現資料時，需要記錄二種資料（亦即，老師發下學習單的次數與阿祐的反應）以判斷介入成效。因此，教師在教學時，可使用5元及1元的硬幣來記錄阿祐課堂中的行為表現。在上課前，教師可將數枚5元硬幣放在左邊的口袋中，每次課堂中發下學習單或指派獨立練習的學習活動後，就可以拿出一個5元硬幣放在講臺上。而右邊口袋則可放數枚1元硬幣，每一枚1元硬幣代表一次阿祐以口語表達需求且未撕毀學習單的表現。亦即，每次阿祐拿到學習單或聽到進行學習活動的指令時，若沒有撕毀學習單，且以口語表達要休息或需要協助，教師就會從右邊口袋中拿出一個1元硬幣放在講臺上。下課時，教師可以從講臺上5元硬幣和1元硬幣的數量，計算該節課阿祐正向行為表現的百分比，再將結果記錄在事先準備的觀察紀錄表中。

在上述範例中，教師使用了生活中常見的硬幣來記錄學生行為。除了硬幣之外，也可使用不同顏色的橡皮筋、黑白棋等物品，以不同顏色代表反應機會與行為表現，例如：在上課時依行為表現取下套在手上的橡皮筋或取出放在口袋的棋子，再計算取出的各顏色物品之數量。若教師要記錄行為表現的**時距**（**interval**）百分比，可在上課前將手機或計時器設定為每隔幾分鐘振動一次，以提醒教師要觀察及記錄行為表現，並在一邊的口袋中放置數個代幣。當震動出現時，若判斷學生在該時距有達成介入目標中描述的行為表現，就將口袋中的一枚代幣放置到桌面上或換到另一個口

袋。下課後，教師即可依代幣的數量計算出行為表現的時距百分比。

（二）蒐集現有的行為成品作為行為表現的記錄

除了直接觀察行為的表現外，教師亦可思考例行的教學活動中有哪些資料或行為的成品（product）可作為學生行為表現的紀錄（鈕文英，2016；鈕文英、吳裕益，2015），若教師能透過現有的行為成品來了解學生的行為，則無需在教學時直接觀察與記錄行為。教學活動中常見的行為成品有學生的學習單、作文、作品等，而行為問題出現後對環境造成的改變亦可視為行為的成品，例如：丟擲的玩具或用品、攻擊行為造成的印記或傷口等。若個案的介入目標是要提升學習單的完成程度，則教師可蒐集學生每節課的學習單（行為成品），記錄完成的百分比，而無需在教學的過程中觀察學生寫學習單的行為。

以阿祐撕毀學習單的行為為例，在行為功能介入方案的介入前與介入後，教師可以在下課時觀察並記錄每節課撕毀的學習單數量，以藉此判斷介入策略的成效。然而，教師需思考單純記錄撕毀的學習單數量，是否能夠反應介入目標的達成情形（以口語表達需求達 80%）。由於記錄被撕毀的學習單無法反應介入目標，因此教師可以在阿祐的桌上放置數個代幣（token），代表阿祐可以要求休息或協助的機會。當教師發下學習單或給予指令後，若阿祐想要休息或協助，就可以拿一枚代幣給教師並表達其需求。下課後，教師只要計算教室內撕毀的學習單與阿祐的代幣數量，即可計算出以口語表達需求的百分比。

在上述範例中，被撕毀的學習單與要求休息或協助的代幣都可視為行為成品，因此教師無需在教學過程中另外記錄阿祐的行為表現。然而，若介入人員發現現有的行為成品無法反應介入目標的達成情形，則需再討論如何調整資料蒐集的方式。

二、決定蒐集行為資料的時間、次數

在介入的過程中，教師需尋找機會來評量學生的行為表現是否達成介

入目標。許多教師對蒐集資料的時間和頻率感到困擾，以下筆者將提出規劃蒐集資料時的時間或次數所須注意之事項及策略。

（一）重新思考介入目標中通過標準的合理性

以前述阿祐的行為介入目標為例，其通過標準為「連續三週達80%」，因此教師在每週的評量中需安排多次的反應機會（亦即多次發下學習單），再記錄阿祐在每個機會中的行為反應是否有符合介入目標中所界定的表現（亦即以口語表達需求或協助且未撕毀學習單）。在了解評量行為所需的情境之後，教師應思考在一週的所有課程中，阿祐有哪些機會需要在課堂中寫學習單，以及阿祐的行為會在哪些課程中出現，再決定要以哪幾節課進行評量和記錄。

如果教師發現阿祐每週只有一個科目中的一節課需要在課堂中寫學習單，而一節課也只會發一次學習單給阿祐，則阿祐的正向行為或行為問題表現僅有0%或100%的可能，而不會有達成80%的機會，由此可發現阿祐介入目標中的通過標準無法合理地反應現況，因此介入團隊需調整其通過標準，以確實反應阿祐行為的進步情形。

（二）安排蒐集資料的時間

如果介入團隊發現於一週中，個案在許多課程中都有行為問題，那麼介入人員可能會對該在哪些課程進行資料蒐集有疑慮。理想上，介入人員最好能針對每一節有行為問題的課程皆執行行為觀察記錄，然而部分教師可能囿於教學現場的種種因素而無法如此頻繁地記錄學生表現。因此，介入人員需要技巧性地選擇蒐集資料的時間和機會，以了解個案最真實的行為表現，避免因觀察時間的選擇，導致後續判斷整體介入成果時產生誤差。

在選擇觀察時段時，教師可思考行為問題發生的時間和替代行為之類化（generalization）等面向，以作為選擇的依據。就行為問題發生的時間而言，教師可以與介入團隊討論在所有出現行為問題的課程中，哪些時段

個案行為問題的出現率最高，介入人員即可從功能行為評量資料的蒐集過程中獲知這些資料（如「功能行為訪談表」，請見本書附錄之附件三各版本）。若個案在每個時段的反應都很平均，教師則可選擇有執行策略的課程進行觀察記錄，或可從評量替代行為類化情形的角度，來選擇觀察和記錄行為的時段。以前述阿祐撕毀學習單為例，如果阿祐的國語、數學和英文課教師在每次上課時都會安排一些時間讓學生寫學習單，而阿祐撕毀學習單的行為並沒有集中在特定科目，那麼教師可以從各個科目中選取最可能發生行為問題的日子（如每週一），跨科目進行行為觀察記錄，以了解阿祐以口語表達需求或獲得協助的替代行為表現是否有跨情境出現。

（三）安排蒐集資料的頻率

如果教師行有餘力，理想的情況是在介入的過程中將每次寫學習單活動當成評量的機會，如實記錄阿祐的每次反應，因為觀察記錄的機會愈多，記錄結果的誤差會愈小。尤其是在介入方案剛開始執行的時候，教師最好能夠密集地觀察學生對介入策略的反應（如每天的國語課），並在二至三週後檢視學生的反應（Crone et al., 2015; Umbreit et al., 2007）。若資料顯示學生在過去二週中的行為表現持續進步，接下來介入人員就能夠逐漸減少蒐集資料的頻率（如一週三次），待學生的表現更穩定後，則可再進一步減少蒐集資料的頻率（如一週一次或二週一次），以持續了解學生的行為進步情形。

介入人員在蒐集行為表現的資料時，應思考資料是否能如實地反應學生的表現。介入人員若對某幾次觀察所得的資料有疑慮，例如：各次觀察看到的行為表現落差很大，則建議增加資料蒐集的次數或延長資料蒐集的時間，以避免用少數幾次的觀察結果代表學生的整體表現。

貳、介入策略的執行精準度

在評估介入成效時，除了蒐集行為的觀察紀錄外，介入人員應一併檢

視介入策略的**執行精準度**（**treatment fidelity**）。執行精準度意指介入人員在執行行為功能介入方案時，能確實依照擬訂計畫執行策略的情形。確實地檢視執行精準度，可讓介入人員在行為資料顯示介入效果不彰時，能進一步分析此介入結果是因介入策略無效，抑或是受策略執行不夠確實之影響。若發現策略的執行面向影響了介入的成果，在檢討行為功能介入方案時，介入成員應先檢討執行精準度不高的原因，再討論應如何提高策略的執行率（Crone et al., 2015; Umbreit et al., 2007）。

檢核執行精準度可以訪談或檢核表等形式進行。Crone 等人（2015）認為，在執行策略後可由介入計畫的管理者分別詢問負責執行策略的人員，請各執行人員說明其負責的策略內容和作法；若執行人員無法回答此問題，則可推論策略並未如實執行。訪談法的優點在於可節省製作檢核表與填寫和彙整表單的時間，但以訪談法檢視執行精準度卻可能有過度推論的限制。

另一種常用以檢視執行精準度的方法為使用檢核表，介入人員應事先將介入方案中各個策略的執行步驟依序整理成檢核表（如表 9-1 的範例所示），並在各步驟旁設計達成與否的勾選欄位，以利檢核介入策略的達成百分比。若行為功能介入方案中的各類型策略執行之地點不同，例如：介入人員在資源班教導替代行為和期待行為，接著再於普通班執行前事和後果策略，在檢視各策略的執行精準度時，則需依不同的介入地點分列執行精準度檢核表。亦即將前述例子中欲在資源班進行的教導策略執行步驟整理成一張檢核表，而在普通班進行的前事和後果策略執行步驟另列一張檢核表，分別檢視策略的執行情形。一般而言，執行精準度需至少達到 85%（Umbreit et al., 2007），計算執行精準度的公式如下：

$$\frac{\text{確實執行的步驟數目}}{\text{各策略執行步驟總數}} \times 100\%$$

執行精準度檢核表可分為自評與他評二種。自評是在執行完策略之後，由主要負責的執行人員回憶各步驟的執行過程，再使用執行精準度檢核表檢視自己的執行情形；他評則是在執行策略時由另一個觀察者檢核各

個策略是否有依檢核表上所列的步驟執行，再於介入結束後計算該次觀察的執行精準度。原則上，在每次執行介入策略時都需檢核執行精準度，尤其是剛開始執行介入策略時，每次介入皆檢核執行精準度尤其重要。隨著介入人員熟悉介入策略的執行步驟，若策略的執行情況漸趨穩定且達到上述 85%的正確率，介入人員可考慮將執行精準度的檢核頻率逐漸減少至每週一次，但實際執行時仍需依介入團隊的人力配置調整。

表 9-1　執行精準度檢核表範例

學生：		檢核人員：	預計執行日期：		檢核日期：	
策略		執行步驟		執行與否		
				是		否
前事策略	1.	1.		☐		☐
	2.	2.		☐		☐
	3.	3.		☐		☐
行為教導策略	1.	1.		☐		☐
	2.	2.		☐		☐
	3.	3.		☐		☐
後果策略	1.	1.		☐		☐
	2.	2.		☐		☐
	3.	3.		☐		☐
			達成數	_____		
達成率：達成數_____／總數_____×100%＝_____%						

　　以下筆者依阿祐的行為功能介入方案中各策略的執行步驟，整理成執行精準度檢核表（如表 9-2 所示）。表 9-2 可看出介入團隊需預先討論短期目標的介入策略所欲執行之日期，再檢核此期間策略的實際執行狀況。在擬訂策略檢核表時，介入人員需將各個策略實際執行的步驟列在表中，並依檢核當日是否需執行該策略來調整勾選的選項。

表 9-2　阿祐撕毀學習單的行為介入策略執行精準度檢核表

學生：阿祐		檢核人員：○○○	預計執行日期：9/25～10/8	檢核日期：9/26	
策略		執行步驟		執行與否	
				是	否
前事策略	1.提醒用藥	1.每週一跟阿祐的家長聯絡拿藥並確認劑量。		■	□
		2.每天阿祐一到學校就請他找資源班導師服藥。		■	□
	2.調整學習單難度	3.每週一國語、英文和數學課時，在阿祐的學習單上增加如何完成學習單的提示。		■	□
	3.訂立行為契約	4.每次上國語、英文和數學課前，提醒阿祐行為契約的內容與適當行為可獲得的增強物為何。		■	□
		5.每週五跟阿祐討論行為契約是否需調整。		✕	✕
		6.每節國語、英文和數學課前，在阿祐的桌上放置可用來要求休息的代幣。		■	□
行為教導策略	1.教導阿祐以口語表達需求	1.以討論→列出步驟→角色扮演→回饋等步驟教導阿祐以口語表達需求。		■	□
		2.以上述程序教導阿祐辨識何時應該使用口語表達需求。		■	□
	2.教導阿祐以代幣換取休息	3.跟阿祐說明每節課他都會有數枚代幣，一枚代幣代表一次休息的機會（一次可休息2分鐘），當他以口語表達需求後，應拿一枚代幣給教師。		■	□
		4.設計情境帶領阿祐練習使用代幣。		■	□
後果策略	1.區別增強適當行為（DRA）	1.在撕毀學習單的行為發生時，教師就重新發一張學習單給阿祐。		□	■
		2.當阿祐以口語表達要休息時，教師有讓阿祐休息2分鐘。		■	□
	2.提示正向行為	3.每次阿祐撕毀學習單時，教師在重新發學習單時，同時提醒可以用口語表達要休息或需要協助。		■	□
			達成數	11	
達成率：達成數 11／總數 12×100%＝92%					

　　從表 9-2 可知，依據阿祐在前事策略中提醒用藥的執行步驟，教師每週一要跟家長聯絡拿藥並確認劑量。介入人員檢核介入計畫策略當天剛好是週一，因此要檢核此項目的執行情形，若當天未達成此項目，則需於當天結算執行精準度時提醒教師與家長聯絡。若週一即完成此項目，則介入人員在週二至週五的檢核表上可以「×」或以介入團隊可辨識之方式標記此項目，並在計算執行精準度時不將被標記的項目納入計算。另外在前事策略執行步驟 5，此策略的檢核日為每週五，由於填寫檢核表當天是週一，因此介入人員無需檢視此項目的執行情形，故在此項目檢核處以「×」畫記，且此項目不列入執行精準度計算。

　　從表 9-2 可看出，阿祐的介入策略需分別在多個地方／情境執行，且各策略的執行人員也不同，例如：前事及後果策略需在國語、英文和數學課實施，而行為教導策略則是另外於早自習或午休在資源班的時間執行。在執行前，負責執行各策略的人員已針對所負責的策略執行步驟達成共識，並已討論決定由導師（張老師）負責檢核前事及後果策略在國語、英文和數學課的執行情形，而行為教導策略則由資源班教師負責檢核。在普通班檢核執行精準度時，張老師將欲檢核的項目貼在講桌上以提醒任課教師，也請一位同學在課前協助提醒阿祐將代幣放在桌上。下課後，張老師會蒐集阿祐的學習單，以確認學習單上的提示系統，並詢問同學上課時阿祐的行為表現及科任教師的反應，以完成普通班各策略的檢核。另外，資源班教師在進行教學後，可自行針對教學的內容和步驟依序確認各策略的執行情形。當天放學後，張老師和資源班教師再將記錄的結果彙整在表 9-2 上，以了解介入計畫的整體執行率。

　　由於本計畫預計執行二週，因此第一週張老師與其他負責檢核的人員每天確實記錄策略的執行情形，第二週則改為隔天檢視，並在 10 月 8 日與介入團隊討論介入的成果和策略的執行率，以決定現行的策略內容和執行方式是否需要調整。

參、介入計畫的社會效度

除了參酌行為觀察記錄結果與執行精準度資料之外，介入人員亦需同時考量介入計畫的社會效度（social validity），以綜合評估介入的成效。社會效度意指個案的重要他人（包括：主要照顧者、導師、科任教師，或其同儕等人）對介入的目標、介入過程，以及介入結果的感受（鈕文英，2016），因此社會效度的評估會在介入前與介入後執行。除了個案的重要他人外，介入人員亦可視個案的認知、溝通、年齡發展，以及介入策略的性質（例如：自我管理策略），決定是否邀請個案一同檢視介入計畫的社會效度。

在介入前，亦即在擬訂介入計畫時，介入人員應和個案的重要他人討論介入目標的適當性，以從重要他人的角度了解介入行為問題的必要性與替代行為的適當性，並一同檢視介入目標的通過標準是否符合個案所處環境的期望。且在擬訂介入計畫時，介入團隊亦需與計畫的執行人員（例如：主要照顧者，或其同儕等）討論及確認介入策略的可行性。確認介入策略的程序或可行性，對於前述的執行精準度有很大之影響，亦即若計畫的執行人員覺得介入策略的可行性愈高，其執行意願便愈強，實際執行策略增加則可提升執行精準度。執行行為功能介入方案一段時間後（例如：短期目標的執行期限結束），介入團隊應從個案重要他人的角度了解介入成果如何。此目的在於提醒介入團隊除了從行為的觀察紀錄判斷行為的改變情形外，亦需由個案的重要他人協助判斷，個案行為的改變程度對其所處的環境和生活而言是否具有意義，使介入團隊得以決定是否需調整後續的介入目標或介入策略。

通常介入人員大多使用訪談或問卷等方式，來檢視介入計畫的社會效度。訪談或問卷的內容，則由介入人員依檢視的重點（例如：目標、策略的程序，或介入成果）而調整。常見的介入目標、介入策略的程序，以及介入結果等向度的社會效度訪談問題，如表 9-3 所示。

表 9-3　社會效度檢視重點與訪談問題舉例

檢視向度	訪談問題舉例
介入目標	1.您覺得介入方案中界定的標的行為，對個案所處的環境而言是否適當？ 2.您覺得介入目標的通過標準，對個案所處的環境而言是否適當？
介入策略的程序／可行性	1.您知道這個介入方案中有哪些策略嗎？ 2.您對這些介入策略的內容了解多少？請您說明各策略的內容及執行步驟。 3.在擬訂介入策略的內容和執行過程中，介入團隊成員給您什麼樣的協助？您覺得介入計畫中各策略的說明清楚嗎？ 4.您覺得介入策略在您所處的環境中（例如：教室）之可行性如何？ 5.您對於使用這些介入策略來促進個案的正向行為有何看法？您在使用上有何困難或顧慮嗎？ 6.對於執行及監控行為問題的介入策略，您覺得可行嗎？ 7.如果您對於介入策略有疑問，您知道要找誰討論或找誰幫忙嗎？ 8.對於個案的介入方案，您想要調整哪些策略？有哪些策略您會想要繼續使用？
介入結果	1.整體而言，您覺得這個介入方案對於支持個案的正向行為成效如何？ 2.您覺得這個介入方案對於改變個案行為問題的成效如何？

　　介入團隊成員在評估介入方案的社會效度時，應考量行為問題發生的情境、情境中的重要他人，以及執行介入策略的人員來決定訪談的對象。介入團隊成員應評估受訪者的角色、背景知識，以及年齡等面向，來調整表 9-3 問題的敘述方式，確認受訪者能了解各訪談問題之內涵，以給予介入團隊適當的回應及建議。

肆、依所蒐集的介入成效資料（data-based）決定介入計畫的下一步

執行行為功能介入方案的目的，在於減少個案行為問題並提升正向行為表現，但介入人員需要從多元的面向評估介入成效，包括：行為實際的改變、策略的執行度，以及相關人員對介入目標、程序和結果的接受度等。在以前述面向蒐集資料後，介入團隊可依據各項資料而非只憑個人感受，思考並決定現行的介入策略是否應持續、調整或停止。

Crone 等人（2015）建議，介入團隊在檢視介入成效時可討論以下問題：（1）行為的改變是否達成行為功能介入方案的目標（包括短期、中期及長期）呢？（2）行為功能介入方案應調整哪些面向呢？（3）介入計畫有依團隊討論的決議執行嗎？（4）介入團隊需要進一步地執行功能行為評量嗎？在開始執行計畫二至三週後，介入團隊應初步確認介入目標的達成情形，若討論後確認短期目標已達成，則可進一步討論可達成中期及長期介入目標的介入策略。若資料顯示行為問題並未減少或正向行為並未增加，則介入團隊應以執行精準度資料檢視計畫的執行情形，若討論後發現部分策略未能依計畫執行，則需與負責執行人員討論策略的可行性及應如何調整。若策略已依計畫確實執行但仍未見介入成效，則介入團隊需思考介入計畫所依據的行為功能假設是否正確，是否需重新分析評量的資料，或進一步轉介校外資源，進行三級的評量及介入。

整體而言，在執行介入計畫前，建議介入團隊應討論如何有效地監控執行情形與評估成效，使行為功能介入方案不會只成為 IEP 中的一個表格，而能實際藉由執行計畫，對學生的行為和所處的環境造成正向之影響。

問題與討論

1. 在執行行為功能介入方案之後，如果學生的行為問題還是一直持續出現，該怎麼辦？

2. 何時可以停止介入？

3. 介入團隊如何決定是否將個案轉介三級介入，以引進校外資源協助處理？

參考文獻

中文部分

Pullen, P.（1999）。有效的行為管理。**特殊教育季刊，71**，25-32。

張世彗（2013）。**行為改變技術（第六版）**。臺北市：五南。

鈕文英（2016）。**身心障礙者的正向行為支持（第二版）**。新北市：心理。

鈕文英、吳裕益（2015）。**單一個案研究法：研究設計與後設分析**。新北市：心理。

鳳華、鍾儀潔、蔡馨惠、羅雅瑜、王慧婷、洪雅惠、…羅雅芬（2015）。**應用行為分析導論**。新北市：心理。

英文部分

Crone, D. A., Hawken, L. S., & Horner, R. H. (2015). *Building positive behavior support systems in schools: Functional behavioral assessment*. New York, NY: Guilford Press.

Umbreit, J., Ferro, J., Liaupsin, C. J., & Lane, K. L. (2007). *Functional behavioral assessment and function-based intervention: An effective, practical approach*. Upper Saddle River, NJ: Pearson.

第十章

三級預防

洪儷瑜[1]、曾瑞蓉[2]、謝佳真[3]

學習目標

1. 能比較三級預防與次級預防之異同，並說明三級預防的定義和特色。

2. 能說明執行三級預防工作者的專業資格。

3. 能說明區域設置三級預防工作團隊的理由。

1 國立臺灣師範大學特殊教育學系教授兼師資培育學院院長。
2 臺北市東區特教資源中心特教生情緒行為問題專業支援教師與督導。
3 新北市蘆洲區鷺江國中特教教師；曾任新北市情緒巡迴教師督導。

　　特殊學生的樣貌和特殊需求是多樣的，其情緒行為問題也很多樣。相同的行為問題，例如：干擾或攻擊，可能因初級介入就可以改善，也有的可能需要次級介入，以功能本位介入方案才能改善，甚至有可能在完整的次級介入仍難以改善，並會隨著環境或時間的因素在頻率、樣貌上出現變化，而令教師感到無力解決。當學生的行為問題經次級介入仍難以改善到環境所能承載的程度，就需要轉介該生到三級介入。本章主要介紹三級預防概念、支援服務團隊模式和三級預防的個案處理實例，其中需要的評量和介入方法與次級介入的方法類似（參見本書第四章到第九章），本章不再贅述。

壹、三級預防

　　三級預防，也稱為**三級介入**（**tier 3 intervention**）或**三級支持**（**tier 3 support**），但三級預防或介入為何？哪些對象需要第三級的預防？如果對照「全校性正向行為支持」（SWPBS）模式之分類，初級是普及所有學生、次級是團體或群體的、三級是針對特定個案，則本書所依據之「特殊教育學生情緒行為問題處理架構」所設定的三級介入之**標的行為**（**target behavior**）有兩種狀況：情緒行為問題不僅持續且嚴重，且在次級介入難以改善到適當程度，或是情緒行為問題嚴重且具危險性（請參考本書第二章圖2-2）。就SWPBS之分類，特殊教育學生都可以算在第三級，因為他們都需要個別化教育計畫（IEP），都屬於個案處理的，但以本書所關注之情緒行為問題觀點而言，如圖2-1的小三角形的第三級，特殊教育學生所需要的行為介入或支持也有初級或次級，依據我國《特殊教育法施行細則》（教育部，2013）之規定，特殊教育學生出現持續或嚴重行為時，都需要編擬個別化的「行為功能介入方案及行政支援」計畫，在此的個別化之行為功能介入方案即是針對特定個案所擬訂之情緒行為介入與支持，亦可稱之為第三級的預防，類似《學生輔導法》（教育部，2014）所謂的「處遇性」，只是本書所採用的三級輔導都是行為學派的輔導策略。總之，特教教育學生的情緒行為問題持續且嚴重需要個別化的擬訂行為功能介入方案，

其所擬訂之介入屬於特定性者，即歸屬於三級預防。

一、三級介入的定義

三級介入，在文獻上也稱為**密集介入**（**intensive intervention**）、**密集行為處遇**（**intensive behavior treatment**），亦即這類問題所需要的介入或支持不僅要密集，而且需要完整的功能行為評估和行為功能介入方案。傳統上，三級介入之標的行為會定義為行為問題嚴重且具危險性，但是近年來在去汙名化的思潮下，學者們不建議使用障礙類別或問題類型、問題強度或頻率的定義，建議改採需求（needs）來定義：

> 所謂嚴重或密集不是依據學生表現的行為型態，而是由所提供的介入程度或支持量定義，這些介入和支持則是考量學生在其所處環境或跨情境要增加成功的機會所需要的。（Lewis, 2016, p. 190）

另有學者也建議，可以用功能評量之使用來區分三級與次級預防。評量行為功能的程序可分為**簡要功能行為評量**（**brief functional behavioral assessment, brief FBA**，簡稱簡要 **FBA**）、**完整功能行為評量**（**full functional behavioral assessment, full FBA**，簡稱完整 **FBA**），以及功能分析（functional analysis，簡稱FA）；在處理嚴重、高頻率的行為問題時，功能分析經常是必要的（Crone, Hawken, & Horner, 2015）。這三者實施方式的區分如表 10-1 所示（Crone et al., 2015），簡要 FBA 僅是透過訪談確定問題所在和大略推估學生行為問題的功能，而完整 FBA 則是透過訪談、觀察以完整評量行為發生的全貌，至於功能分析則進行實驗操作來確定行為之功能。所以，行為功能評估的嚴謹度和所費的時間人力也被提議作為區分次級與三級介入的指標；三級介入必須執行完整 FBA，必要時也需實施功能分析，而次級介入在三種評估方式的選擇與執行上彈性較大。

表 10-1　不同層級的功能評量之比較

評量層級	目標	程序	工具	花費時間
簡要 FBA	確定挑戰	簡單訪談	附件三-A、附件三-B	20～30 分鐘
完整 FBA	了解行為發生的時間、地點、如何和原因	簡單訪談	附件三-A、附件三-B	20～30 分鐘
		深度訪談	附件三-C	20～45 分鐘
		直接觀察	附件五	40 分鐘～4 小時
		相關記錄	附件四、學校檔案	
功能分析	確定因果的了解	直接觀察和系統性的實驗操作	附件五	20 小時以上

註：本表中的附件皆於本書附錄中。

二、功能分析在三級介入之運用

　　相較於次級介入常透過簡要 FBA（brief FBA）的程序，意即教師們需實施訪談、施測量表，並檢視檔案紀錄等間接資料之描述性分析來發現行為與環境之關係，三級介入所需之「密集性」處遇，體現於完整 FBA（full FBA）為其中絕對必要進行的程序。完整 FBA 主要是透過受過訓練的專業人員，在個體所處之自然環境中，仔細並完整地進行直接觀察，並蒐集行為問題在何種情況下發生，了解行為問題的結構與功能，包括預測何種情境下行為會或不會發生，以及究竟是什麼內外反應刺激的提供或撤除導致個體一而再地表現這些行為（O'Neill, Horner, Albin, Sprague, Storey & Newton, 1997）。這些科學性的發現，能協助專業人員或教師設計出符合個體需求的介入計畫。

　　然而，人類是複雜的，尤其是特殊教育學生在成長歷程中，某個特定行為往往會不經意與不同的刺激連結建立增強而維持，甚或同一行為可能有多種增強關係而難以區辨時，營造類比（analog）環境加以實驗探究的功

能分析（**functional analysis**，簡稱 **FA**）可以協助解決這樣的問題，例如：當教師口頭講課時，一個自閉症學生經常出現尖叫及自笑的行為，此時會被教師助理員帶離座位至教室外冷靜，但帶出去後他可以撥弄教室外的佈置物品。此時可能要思考：是撤除嫌惡刺激（離開教室不用聽教師講課）維持住尖叫及自笑的行為問題？還是獲得愉悅刺激（得以接近色彩鮮艷的布置物品）而增強了行為問題？還是兩者都有或是兩者交互作用下孰強孰弱？如果要精準回答這些問題，就需要對可能增強關係之刺激變項加以設計，來確認行為與哪種刺激的改變較有關係。就上述例子而言，操弄所假設的嫌惡刺激是一種方式，可以增加有學生喜歡刺激的教學情境；操弄所假設的愉悅刺激也是可行的，可於上課前事先撤除教室內外吸引個體的布置物。專業人員觀察並記錄不同刺激操弄後之行為次數的變化情形，並參考單一受試實驗設計方式加以執行，便能獲得實證資料確認與尖叫及自笑行為有因果關係的刺激變項，並選擇更為精準的介入策略。

　　雖然行為功能分析能提供更清晰的資訊，然而在現實中卻有一些限制，尤其是對於重視社會效度與生態的正向行為支持工作者而言，建議慎重考慮其限制。Cooper、Heron 與 Heward（2007）整理出以下幾個須留意的限制，包括：功能分析可能會在評量歷程中暫時性強化或使行為獲得新功能的風險；某些行為問題可能不適合刻意誘發，尤其是嚴重但低頻率的行為（例如：作勢自殺、嚴重攻擊）；在設計下的情境未必能偵測到自然環境中引發行為問題的所有變項。

　　在理想與現實之下，折衷與保持彈性可能是較好的作法。一般而言，對於三級介入的個案，選擇功能行為評量的建議原則有以下幾點：

1. 首先實施完整 FBA，直接觀察與間接資料的蒐集分析都必須包含在內，盡可能找出有意義的功能假設。在多數的情形下，此階段便可找出行為模式與可行策略。
2. 如果難以確認出具區別性的行為功能，但個體或環境不適合接受實驗室性的功能分析時，可以羅列出最具可能性的預測前事刺激與維持後果，並針對此假設在真實情境中再次仔細觀察。
3. 可以用「嘗試性策略」來鼓勵教師與家長接受此嘗試性介入，在專

業人員監控下協同進行。與教師討論在原生態自然環境中，以符合
教育性、倫理性、低干擾的方式稍加調整前事或後果刺激，以較能
被接受的形式稍加操弄。

4. 如果行為問題屬於低頻率、慢性化，或不易被觀察到、又不適合實
   驗操弄表現者（例如：自我傷害、拒學、緘默等），讓直接觀察變
   得極為困難時，建議透過多來源、多型態的資料交叉比對檢證，深
   入追溯此行為的初現與變化趨勢、早期處理與反應等發展脈絡，盡
   可能增加資料蒐集之廣度與深度，從中分析出可能的功能假設，並
   用前述之「嘗試性策略」來驗證其功能。

5. 由於功能分析需要更密集的專業，學校人員宜諮詢專業意見，轉介
   校外專業資源提供協助為妥。本章後續亦會介紹國內進行特教生行
   為問題三級介入的專業團隊發展經驗。

三、三級介入的特色與實施前提

三級介入表示對支援和介入的需求之密度和強度都增加了，通常有如
下的特性：

1. 跨專業整合：學生行為問題的需求可能不僅只在行為介入，經常合
   併醫療、家庭或社工等其他專業的合作。三級介入個案的介入計畫
   往往需全面性控制或調整與生理、心理、社會向度有關的變項，彼
   此相輔相成方能收效，是以必須跨專業間凝聚共識、訂定一致性的
   目標、協調介入的步調、交流介入成果資料等，方能將各專業的影
   響力整合到最大，以解決最棘手、耗費高度資源的個案問題，例
   如：本章後面會提到的案例——有自閉症的小華，兼有過動、衝動
   問題，藥物治療尚無法改善其行為，而且醫療診斷與教育鑑定仍不
   一致，所以整合專業做適當的診斷與治療有其必要。

2. 包裹式介入計畫：學生除了待處理的行為問題，經常還有其他的需
   求，例如：缺乏口語能力、低控制力、難以應付課業壓力等。這些
   其他的複雜需求與行為問題可能有相關，因此需要包裹式的介入計

畫，以免掛一漏萬而致成效不彰，例如：本章案例——有自閉症的小華，其主要的行為問題是干擾行為以及和同學衝突的行為，但介入計畫的目標不能僅針對這些行為，也要考慮其社會技巧弱、學業能力弱等需求，所以介入計畫採包裹式，將社會技巧、溝通訓練、讀寫能力等均納為介入目標。

3. 階段性實施和定期檢討：三級介入所面臨的問題經常是複雜的、高需求的，通常採三階段計畫——短期、中期、長期。但在實施時，則需要因應學生的行為改善狀況、環境變化，而重新評估或調整計畫，因此階段性的擬訂計畫、持續監控行為改變、定期檢討，並隨時調整介入目標和策略是必要的；尤其是協助的褪除、增強頻率或形式的調整、工作要求的改變等逐步調整，以利高度需求的學生回到融合環境。本章案例——小華，因為其情緒行為頻率與強度均高，因此情支教師與學校合作時，雖擬訂介入計畫，但卻每週要隨時依照其行為資料進行介入計畫或執行方式之微調，以隨著行為改善將啟動不同目標的介入計畫。

4. 數據導向的介入：三級介入所針對的行為問題，其成因往往是複雜的、不易明顯改變的，因此介入過程應該持續蒐集行為資料、監控學生的改變，如果未能出現預期方向的改變，應該及早檢討。所有策略或目標的調整都應該依據數據，才可以支持學生持續改善。

Lewis（2016）對於第三級的密集介入之實施提出三項提醒，事實上，這些提醒也反映了正向行為支持的態度：

1. 先確定過去實施行為介入未成功的原因，例如：是否採用實證有效的策略、實施程序是否正確。

2. 學校先反思缺乏什麼，除了尋求外援協助之外，也要增加教師的知能。

3. 把處理的焦點放在學生在其生活環境中所需要的介入和支持，而非關注在行為問題的嚴重程度，因為問題背後所反映的應該是需求。

四、專業人員資格

功能行為評量和介入策略（如本書第四章到第九章內容所述）在三級介入中，由於需要密集、精確且掌握情境變化去調整，所以在執行者的專業訓練和標準要求會比較高。參與三級預防之教師，應該是合格特教教師或專業人員，並經過長期行為介入的專業訓練，而且能夠結合區域級（或稱縣市級）的專業團隊運作，才能支援學校輔導密集的需求。這些有長期行為專業訓練的特教教師，有別於校內行為專業支援團隊的一般特教教師，有學者甚至建議稱為「介入專家協調者」（intervention specialist coordinator）（Lewis, 2016）。

美國正向行為支持學會（APBS）對於實施個人層級（即第三層級）的正向行為支持之標準列出以下六大項（APBS, 2007），亦即實施三級PBS專業人員的基本專業知能和表現：

1. PBS 基本的專業知能：包括了解 PBS 的發展歷程以及其與應用行為分析（ABA）和身心障礙運動的關係。應用 PBS 時應遵守行為一系列的假設，擬訂 PBS 計畫的過程應該包括重要的十一項要素，且應要求自我持續進步和專業發展，以及了解評量或介入和改變行為策略之相關法律與規範。

2. 合作與團隊的建立：理解與其他相關專業、身心障礙者、家庭合作之重要性並致力促成合作，也要理解合作團隊的重要性，並使用策略支持合作團隊的發展。

3. 行為的基本原理：使用行為評估與支持方法應該基於操作學習的理論，包括：能理解運用操作前事變項來影響行為、能理解運用操弄後果來增加行為、能理解運用操弄後果來減少行為、能理解運用促進類化和維持的技術。

4. 以資料為基礎執行決策：能了解資料為基礎的執行決策是 PBS 的基本要素，並能在評量和計畫前界定行為，且能了解測量行為是評量和介入的關鍵要素，能在行為評估、介入計畫和評鑑等階段使用圖表呈現資料，能運用資料監控行為的進展情形。

5. 完整的以個體為中心和行為功能的評量：理解多要素評量的重要性、理解完整的評量應該包括的要素、以個人為中心的評估應該提供個人樣貌、能進行功能行為評量並獲得結果、能運用直接和間接的功能行為評量策略、能與團隊合作提出評估資料所支持的行為功能假設、在理解功能行為評量與功能分析之差異下能在有必要時實施功能分析。

6. 完整和多元素的行為支持計畫之發展與執行：能了解 PBS 實施計畫之要素應該注意的事項，包括：計畫應能促進或支持個體的生活品質、計畫應包括前事操作策略以預防行為問題的發生、計畫應強調有效的教學策略、行為後果處理策略應注意重要原則、計畫應該包括介入計畫的七個要素和系統需要改變之策略、應使用資料評鑑計畫並做必要的調整。

五、臺北市與新北市的專業支援教師

臺北市與新北市兩市的教育局在 2003、2004 年分別建立執行 PBS 個人層級支持的專業團隊，團隊之教師稱為「情緒及行為問題專業支援教師」（簡稱情支教師或專支教師），其支援教師之聘用和培訓制度經過多年滾動修正已建立制度。

（一）專任教師之聘用

兩市的情緒及行為問題專業支援團隊（以下簡稱專業支援團隊）均聘用專任、全職的情支教師，來源包括招募現職特教教師，或是甄選具潛力的新進教師予以長期養成。採用「專任、全職」的教師係因應入校服務時間與頻率非常機動，且可能有高密集的時段，以達到即時與學校合作、盡快提供支援的原則；有的地區採兼任或輔導團團員兼用之模式，可能就難以滿足上述三級的需求。

（二）培訓

　　兩市所招募的受訓教師，需要有 3～5 年的教學經驗，現有的教師年資均在 5 年以上。培訓計畫兼顧知能與實作，包含三個核心階段，說明如下。

1. 行為科學專業知能

　　知能的培訓有兩種：其一是參加由團隊舉辦至少 30 小時的研習方案並完成所有作業，其二是修習學術機構開設研究所層級之應用行為分析課程。具兩種經驗之一者，經過團隊之專業知能考試，通過者即達成此標準，可以進入見習階段。

2. 行為專業支援工作見習

　　受訓教師連續 12 週在「師傅教師」指導下進行見習，每週至少需要 6 小時（兩個半天）。依師傅指示完成實作練習，定期繳交見習心得省思報告，由師傅教師評估可以實際接案，才能進入接案實習。

3. 行為專業支援接案實習

　　受訓教師必須獨立接一名個案並接受師傅教師督導，至少持續一學期。受訓期間須完成下列工作：（1）實施功能行為評量；（2）完成相關報告、介入計畫及紀錄；（3）執行行為介入策略；（4）參加個案相關會議，在師傅教師許可和陪同下召開個案相關會議。

　　培訓過程之考核，係綜合評估支援工作實作評量、平日督導觀察、個人學習心得省思報告等表現。由團隊組成人力養成委員會，負責培訓人力的安排、評量和審核等事務，訓練進度可個別化依新進教師的學習彈性調整；一般而言，情支教師的養成，由知能研習到完訓獨立接案，至少需要歷經一至兩年的時間。

貳、地區性的專業支援團隊

　　三級介入，以目前國內大多數單位之執行人員來說多採兼任角色，即使教師專業知能足夠，卻常因工作時間限制而難以發揮其功能，如前文所述，三級介入之需求應設置為地區性，且為專職專用。接著，筆者介紹國內地區性的專業支援團隊之設置，係以巡迴班級設置，採專任巡迴的方式提供第三級的預防服務，以下以實施最久的臺北市與新北市之專業支援團隊為例。

一、組織運作

　　臺北市和新北市的情支教師都是以情緒障礙或不分類巡迴班所設置的班級為主，兩個單位設計的時間和緣由各有不同。臺北市因應不分類資源班普設，將原來的自閉症巡迴班轉型，而新北市是為了 1997 年《特殊教育法》新增類別「自閉症」和「嚴重情緒障礙」兩類學生之特殊教育服務而設置，後來因相同督導而運作形式逐漸相似，簡述如表 10-2 所示。兩班之教師聘用方式各有不同，有借調和專聘，且因教師多為年輕，難免有進修或育嬰之需求，教師人數不穩定，以 104 學年度為例，兩個單位之情支教師的人數在 8 人（臺北市）或 4 人（新北市），每位情支教師服務的個案量約 9 個，但依據兩市的特殊學生人數，臺北市約 98.75 位特殊教育學生就配有一位情支教師，約百分之一，而新北市約 175 位特殊教育學生就配有一位情支教師，每位情支教師比臺北市多負擔約四分之三的特殊教育學生。

表 10-2　臺北市、新北市的專業支援團隊基本資料比較

	臺北市	新北市
成立時間	92 學年度（2003 年）	93 學年度（2004 年）
緣由	自閉症巡迴班轉型	因應《特殊教育法》新設類別之特殊教育服務需求
設置地區	臺北市東區特教資源中心	新北市國光國小特殊教育資源中心
情支教師人數（104 學年度）	8	4
支援個案類別	自閉症（45.8%） 情障（34.3%） 學障（6.1%） 其他類（6.1%）	自閉症（42.9%） 情障（25%） 智障（14.3%） 學障、多障、其他（1.8%）
特教生師比	790：8，約 98.75：1	701：4，約 175：1

　　為維持情支教師面對高挑戰工作之品質，兩市都建立了完善的督導制度，督導也在團隊運作中發揮教導性、支持性與管理性的角色。兩市教育局以專業研習方式外聘專家學者擔任團隊督導，提供定期的全團隊團體督導，以及緊急性、疑難性個案的督導。內聘督導則由團隊資深且經專家督導評估個案服務品質穩定優良者受訓後擔任，目前兩市各有一至二位內聘督導，其負起情支教師工作品質之把關，定期提供約二週一次的團體督導與機動的個別督導，而新進人員每週至少需接受一次督導。內聘督導也定期接受團隊外聘之專家直接督導，督導制度如圖 10-1 所示。

二、工作內容與流程

　　如圖 10-2 所示，在融合教育環境中特殊教育學生的行為問題，首先要面對與處理的是普通班教師；如果普通班教師有困難，就由校內特教教師以個案管理員的角色去協助處理，特教教師也負責在個別化教育計畫（IEP）中擬訂特殊學生的行為功能介入計畫，並與全校相關教師一起執行

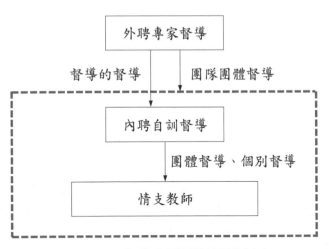

圖 10-1 專業支援團隊督導制度

行為介入的方案。經過上述二層級的處理,如果還有更具挑戰的行為問題,則進入三級預防,此時即可申請專業支援團隊的服務,由團隊指派情支教師到校,與該校特教教師和相關教師合作完成功能行為評量、介入計畫和執行,直到學生問題改善或轉出學校為止。情支教師是兩市教育局給所轄學校之額外特教專業支援,其與其他相關專業服務並列。

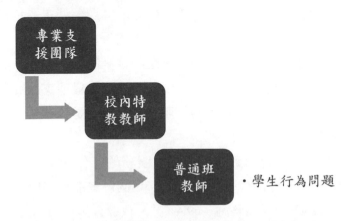

圖 10-2 處理學生行為問題之支援分層系統

兩市的情支教師到學校進行個案支援有一定的工作流程,分為轉介、初篩、評估、擬訂行為功能介入計畫、介入處理、追蹤、結案等階段,各階段之工作與重點如表 10-3 所述。

　　三級介入階段之支援個案平均工作天數依障礙類別有異,自閉症學生平均需 286 天、情緒行為障礙學生平均需 234 天、其他類障礙平均需 210 天,所以多數個案從評估階段到結案都需要超過兩百天,約一整個學年的時間,最長的個案為 440 天(臺北市東區特教資源中心,2015)。而結案後也不一定代表學生已經沒有行為或情緒問題,當學生的行為情緒表現已經穩定且校內教師已經可以勝任處理時,也就是學生的專業支援需求是校內特教教師可以負荷,或是學生已經轉出市府所轄學校,情支教師無法與學校合作處理,則情支教師就會以結案退出;這種與學校教師的分工合作模式即是依據專業需求多寡的設計。

三、工作內容

　　由兩市情支教師所支援的個案對象之特徵,可以略知地區性的三級預防服務性質。兩個專業支援團隊所服務的個案都是以自閉症學生比率最高,達四成以上,每年相當穩定;情緒行為障礙個案量次之,約二、三成。根據臺北市的個案問題類型分析,轉介的問題類型主要包括上學、攻擊、干擾、上課等四類,支援的個案有 75% 的學生是兼有二、三類問題行為之混合複雜問題,可見多數為干擾、危險性高的行為問題,而單純僅有一類問題行為的個案僅有四分之一,由此可見區域級情支教師所擔負的個案問題,確實是嚴重且具危險性的,可能對學校也是較有挑戰性的(臺北市東區特教資源中心,2015)。

　　新北市對於情支教師到校提供直接服務的工作類型(新北市政府,2013),最常見的工作內容是教師諮詢(36 個個案都有,100%)、其次是行政支援(75.0%)、家長諮詢(69.4%)、教導實施代幣制(66.7%)、課程調整(50.0%)、與學生個別晤談(38.9%),各有約三分之一的個案會接受情支教師陪同就醫和提供教師宣導之服務。由此工作內容之統計,可

表 10-3　雙北兩市行為專業支援工作流程與重點

階段	步驟	工作重點
轉介	1.家長、教育局或學校任何一位教師向個案所屬學校提出轉介需求	・非個案所屬學校若由特教組提出轉介需求，則告知轉介程序，必要時由輔導服務組與學校溝通協調。 ・務必在網路上填寫申請表。
	2.特教組長或認輔教師上網填寫轉介單	・轉介表正本務必送交中心輔導服務組。
初篩	1.與學校確認轉介	・確認學校轉介單位與期待。
	2.檢核服務對象（轉介者與被轉介者）的身分	・個案需具有特殊教育學生的身分或可能是特殊教育學生。
	3.分派個案給情支教師	・考量情支教師的個案負荷量與案件的適配性。
評估	1.建立同理與支援的工作關係	・信任、接納的關係。 ・同理對方立場。 ・讓對方體會到支援（被支持）的感覺。 ・形成互惠、但有界線的工作關係。
	2.資料蒐集	・蒐集個人基本資料及家庭、學校和社會等環境生態資料。 ・臨床評估： 1.確定問題的主要領域。 2.確定問題的嚴重性。 3.排列需處理之問題的先後順序。 4.確定標的行為。 5.進行功能行為評量。 6.評估標的行為之頻率、強度與持續時間，以建立基準線。 7.評估生態對行為問題的影響。 8.評估可能的工作目標。
	3.統整資料，完成報告	・歸納整理評估的資料。 ・概念化個案問題。

表 10-3　雙北兩市行為專業支援工作流程與重點（續）

階段	步驟	工作重點
評估	4.召開「個案評估會議」	·確認是否開案。 ·與相關人員取得共識。
	◇不開案處理	·評估報告由中心送出。
介入處理	1.完成「行為功能介入計畫」	·考量計畫的階段性。 ·考慮可行性、優先順序。
	2.執行計畫	·依據計畫執行。 ·提升相關人員處理情緒行為問題的能力。 ·依據現況對策略做可能的調整。
追蹤	1.設計追蹤指標與策略	·依據介入目標設計追蹤指標。 ·策略容易操作。
	2.追蹤介入成效	·重視個案行為的穩定性、相關人員處理能力的獨立性、自主性。 ·確實追蹤。 ·考量環境變化可能帶來的挑戰。
結案	1.完成「結案報告」草案與督導討論	·處理歷程的回顧與整理。 ·相關他人的回饋。 ·結案理由說明。
	2.「個案評鑑會議」	·召開會議，與相關人員取得共識。 ·為後續輔導提出建議。
	3.結案報告送交轉介學校	·結案報告由中心送出。 ·在「個案管理」網頁標示「結案」。

以看到情支教師的主要工作對象是學校教師、行政團隊和家長，在功能行為評量之後的行為功能介入方案常採用的策略是實施代幣制、課程調整、學生晤談和就醫等，其支援學校和家庭的功能大於直接輔導或服務學生。

　　兩市為了提升轄區內學校因應特教學生的情緒行為問題，以及解決情支教師人數難以滿足學校轉介之個案需求，除了提供個案直接到校支援外，也提供電話或電子信箱諮詢支援，以及行為功能介入知能工作坊。另

外，臺北市因情支教師人力資源較充足，在 2013 年開始實施高危險群類的新生適應調查，針對自閉症和情緒行為障礙之小一、七年級和十年級的新生於每年 9 月先以線上問卷普查所有新生的適應狀況，並對適應有狀況的學生於 12 月進行第二階段電話追蹤。調查結果顯示：第一階段有 12.3%的學生有適應困難並接受諮詢；第二階段再對這些諮詢個案進行電話追蹤，結果仍有適應困難的學生僅剩 2.91%；之後，對這群適應仍有困難的學生再進一步提供電話諮詢，為第三階段，最後僅有 1.37%的學生需要被轉介或被建議接受第三級的專業支援服務。可見臺北市的專業支援團隊利用初篩和主動諮詢，與轄區內學校之特教教師合作建立起全市的特教學生三級預防之工作模式（Yao, Tseng, & Hung, 2015）。

四、地區性支援單位的特色

根據雙北兩個專業支援團隊資深督導的長期經驗，他們認為地區性的組織對於挑戰性高的個案，相較於學校內團隊之特色如下。

（一）建構地區性的三級預防措施，增加行為專業之可及性

如前文所述，臺北市與新北市因應地區性特教學生與學校支援需求，各自發展出主動預防措施。校外專業支援團隊能掌握全市高風險學生的適應狀況，主動篩選具更高服務密度需求之學生，及早與學校團隊合作並提供所需的專業支援服務，預防已顯露適應困難跡象的特教學生持續惡化。

（二）能夠落實蒐集資料、建立以資料為基礎的介入計畫

由於情支教師屬於額外的人力，較能客觀評估行為問題。此外，情支教師可以考量各校教師人力、教師專業準備度等狀況，為各校設計合適的蒐集資料方法，必要時亦能示範教導校方人力蒐集相關行為資料。

（三）完整的評估作為介入計畫擬訂、執行和評鑑之基礎

情支教師依據前文的工作流程進行蒐集資料、擬訂計畫、執行計畫、

成效評估，所以能確實依據資料隨時調整計畫。有此專人負責管理個案，學生的行為介入比較不會因教師忙於課務或校內人力資源不足，而忽略評鑑執行狀況和做必要的調整，因而提高成功的機會。

（四）能夠立即應變支援學校的危機處理與建構預防機制

各校固然都必須訂有危機處理應變之機制、人員分工與平日演練，但畢竟危機並不常見，校外的情支教師較多應變支援經驗，可以穩定焦躁不安的學校團隊，釐清危機問題的樣貌，支持學校既有的努力，甚而檢討流程上可再改進之處。

（五）能夠超然理解系統中不同立場人士的觀點與感受，協調整合出有助於改變的共識

如前文的工作流程所述，情支教師之於學校系統屬於外來者。外來者固然對系統生態需要一段時間的評估理解，但也是優點，不受該校生態中其他過往互動經驗、考核壓力及利害衝突之牽絆，能夠不帶偏見的傾聽各方之想法與感受，協商出最有交集的共識。

（六）給予系統內人員自省與自決的空間，達到增能賦權之效果

區域性校外的三級支援需要將資源分配給所有駐在地的學校，因此除了對轉介學校提出的特教學生之情緒及行為問題逐一提供個別化介入加以改善外，透過合作方式也能提供學校團隊成員對於處理特教學生情緒及行為問題之學習機會，就像教練一樣引導教師練習 PBS 實務。

參、個案實例——小華

以下藉由小華的案例，摘要說明雙北兩市的專業支援團隊之工作流程

及內容。

　　小華就讀小學六年級，領有輕度自閉症身心障礙手冊，鑑輔會初步鑑定為疑似情緒行為障礙，學校尚未能鑑定是否為自閉症，就讀於普通班，並接受不分類資源班服務。

一、轉介

　　小華在學校出現頻繁干擾上課，並經常攻擊同學與師長的行為，但在學校輔導及特教人力大量投入與輔導後，仍無法有效降低其干擾與攻擊頻率，經學校與家長討論後，提出轉介的需求。

二、初篩

　　經由電話初篩，個案在校的情緒行為頻率與強度甚高，校方期待降低其干擾與攻擊行為，但經過一段時間輔導，仍無顯著改進，加上學校也有個案輔導的負責人（即特教個管教師）願意合作，符合到校介入標準，因此專業支援團隊派情支教師接案，進入三級介入。

三、評估

　　情支教師接案後，便到校進行訪談、觀察、蒐集多元檔案文件，以完成功能行為評量（參見本書第四章與第五章）。

　　首先最重要的是建立同理與支援之工作關係。情支教師在第一次入校時，便向學校說明支援工作的目的、原則及流程等，詢問學校在輔導上遇到的困擾，並且同理學校輔導上的困境與挫折。當學校了解與情支教師合作方式後，便開始共同合作，進行個案行為的資料蒐集與輔導。除了一開始的說明與討論，在蒐集資料與介入的過程中，情支教師在合作中也不斷與學校建立同理與支援的工作關係。

　　蒐集資料的內容包含了解個案能力與行為、系統的面貌，愈完整就愈有助於未來輔導策略的擬訂與計畫執行。接著，訪談系統相關人員，情支教師蒐集個案相關基本能力、生長史、發展史、醫療史、教育史，以及巫

需介入之標的行為：上課干擾行為與攻擊行為之表現情形，勾勒個案大致的樣貌所得之資料整理如下。

（一）背景資料

個案天性活潑好動，母親描述個案從小就動個不停，做事很衝動，在馬路上常常差點被車子撞到；語言發展較慢，喜歡蒐集錢幣、電話卡、車子和玩電動；從小就醫至今，服用控制衝動、分心與情緒的藥物五至七種不等，至今仍在調整服用的藥物計畫中。個案從小就出現干擾班級上課及攻擊同儕情形，只是母親幾乎都全日陪讀，因此一至五年級如果出現太嚴重的干擾與攻擊，母親會直接將個案帶回家。

（二）班級中的行為表現

從訪談與輔導紀錄中，學校人員對個案的行為描述較偏重於行為本身，以及行為得到的後果（教師處罰、帶回家等），甚少描述行為的前事，因此情支教師入班觀察蒐集完整的行為發生資料。為了蒐集個案在不同情境的行為樣貌，情支教師入班觀察個案在各類課程的表現。

幾次的觀察後，發現個案在不同類型課程，其行為表現具明顯差異。個案在資源班課程、普通班電腦與美術課，以及有交代作業任務的原班國語和數學課，行為表現較穩定；在普通班社會、自然、音樂與戶外的體育課，則干擾行為明顯，常因同學或教師制止個案干擾，而引發更大的肢體衝突。

進一步分析個案在不同課程之表現，發現個案其實很喜歡參與課程，上課總是不斷發言，但大部分的課程對個案的難度太高，導致個案無法參與或以自己的方式參與，例如：教師在談「紅顏薄命」，個案會在座位上大聲的說：「是紅眼睛吧！」自然教師教大家熱漲冷縮實驗，個案會拿著量杯和滴管，不斷問教師：「這是什麼？」從觀察中可看到個案能夠表現較穩定的課程，教師通常給予具體且個案能達成的任務，例如：普通班美術課，教師讓個案進行車子的仿畫。而個案容易出現干擾行為的課程，教

師上課教學的結構較低，學生較自主，課程較少視覺提示，例如：高年級的音樂課在上節拍、樂理等課程，個案難以參與，音樂教室又有許多樂器，讓個案能在音樂教室上課時，敲敲打打，干擾課堂。因此，整體而言，個案喜歡參與學習活動，但是因為能力無法參與高年級的課程，需要調整課程之難易度，個案才能在班級穩定上課。

（三）其他相關能力之評估

綜合訪談與觀察資料，小華在不同類型課程之行為表現有所差異，懷疑其可能有學業能力的困難，因此進一步進行學業能力相關評估。結果發現：小華識字量低，未達小三程度；閱讀理解能力弱，需教師講解，才能了解如三隻小豬等故事文體的故事內容；數學僅能做基本不需進退位的加減，以及九九乘法的運算，但無法進行應用題計算。整體而言，個案的學業能力介於小二至小三之間，小六的課程對個案而言過難。

另外，從平時觀察中，發現個案喜歡與人互動，但社會技巧能力弱，無法適當參與同學的遊戲，例如：班級同學在玩桌遊或活動遊戲（如鬼抓人）時，個案會以不適當的方式參與，常因此玩得過於激烈或發生衝突，導致情緒延續至上課時。

（四）功能行為評量

綜合所有資料後，情支教師針對小華的二項標的行為進行完整的功能行為評量之後，即用嘗試性策略驗證其功能。

比較小華在普通班與資源班上課的行為表現，發現小華在資源班上課的干擾行為出現頻率低，普通班的干擾行為出現頻率高，推測前事可能與課程難度有關而非班級型態或教師之差異。因此，在普通班採用嘗試性策略測試其行為功能，結果發現普通班給予適合小華能力的作業、評量與課程內容後，發現其干擾頻率下降，ABAB兩相比較之後，可以確認小華的干擾行為與課業難度過高有因果關係，所以此干擾行為之功能可確定是「逃避不喜歡的任務」。

此外，經過持續觀察並利用行為前後事件紀錄表蒐集資料，發現當小華大聲講與課堂有關內容時，若教師給予回應與引導，他就會更參與課程，發表的內容就愈趨近於教師引導的方向，也能更穩定的完成合適難度之練習。若教師忽略，小華干擾行為之頻率及強度會增加，若教師開始不斷制止，他會表現得愈來愈興奮，開始去逗弄同學或作勢讓教師追逐。經過歸納與分析，小華大聲講自己對課堂或上課內容理解的話，經過教師採嘗試性策略後，也驗證他在上課大聲發言之功能是為了「獲得注意」。

　　確定小華的兩個行為之功能後，再綜整其行為脈絡，利用互競行為分析將小華在課堂之干擾行為問題的功能摘要，如圖 10-3 與 10-4 所示，其課堂干擾之行為功能以「逃避過難課程」與「獲得注意」居多；另外，其攻擊行為分析如圖 10-5 所示，行為功能以「自動增強，獲得情緒抒發」居多。也就是說，標的行為與環境不當互動所衍生之變化，當標的行為改變，功能也會跟著改變。

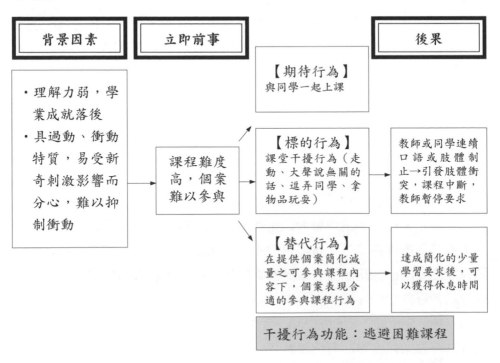

圖 10-3　小華的課堂干擾行為之功能行為評量與逃避功能之
互競行為模式圖

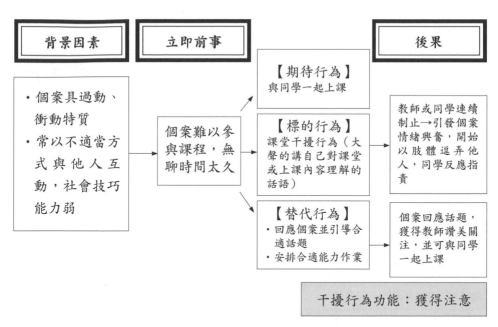

圖 10-4　小華的課堂干擾行為之功能行為評量與獲得注意之
　　　　　互競行為模式圖

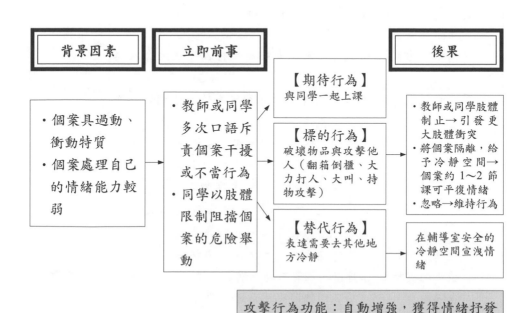

圖 10-5　小華的肢體攻擊行為之功能行為評量與自我增強之
　　　　　互競行為模式圖

四、介入處理

　　小華在干擾功能行為評量之後，情支教師根據評量結果擬訂試行介入策略，透過策略執行可以持續與學校溝通和合作，一是為了驗證策略成效作為評估的檢驗，另外也可評估學校系統能夠執行策略的情形，其執行策略計畫分短期和中期，如表 10-4 所示。小華因其情緒高張可能帶來的傷害，在計畫之短期工作中也包括危機處理流程，以降低危險行為對介入之影響；此外，建立正向社會行為之完成困難度較高，列為中期目標，以避免影響士氣。

表 10-4　小華的干擾行為功能介入計畫

期程	目標	具體策略	負責人
短期	分析個案情緒行為表現，讓環境中的他人了解個案行為脈絡及個案行為因應方式	1. 蒐集個案情緒行為表現的頻率與強度資料。 2. 分析個案情緒行為表現之行為脈絡。 3. 針對個案的行為脈絡，討論及擬訂因應方式。 4. 執行面對個案爆發性行為歷程之介入與協助。	情支教師 個管教師 導師 母親 任課教師
	建立個案行為危機處理流程	※危機指標：當個案行為的加速期或行為高峰長達 5 分鐘以上。 1. 導師將個案隔離，或送至資源班冷靜。 2. 給予個案冷靜的時間與空間。 3. 待個案情緒平穩後，讓個案收拾自己破壞的殘局，與個案討論行為的來龍去脈，教導個案合宜之行為表現。	導師 母親 個管教師
	建立班級及學校正向支持之友善氛圍	1. 導師建立明確可依循之班級秩序。 2. 導師、個管教師及輔導教師共同合作，教導其同儕因應及面對個案行為的方式。 3. 在個案平靜期時，視個案需求，讓同儕藉由協助個案，給予個案及同儕正向互動機會。	導師 個管教師

表 10-4　小華的干擾行為功能介入計畫（續）

期程	目標	具體策略	負責人
短期	降低個案參與課程之難度	1.資源班給予個案在班級能操作之作業或活動。 2.結構化個案課表，維持一定比例的抽離學習時間。 3.調整個案的作業形式及難度，使個案可參與。	導師 個管教師 任課教師
短期	訂定檢核表並執行增強制度	1.擬訂檢核表：「上課大聲喊叫低於 5 次」、「沒有拿同學東西或勾同學脖子」、「坐在位子上」、「沒對他人叫罵」等向度，每節課請任課教師檢核，兌換代幣及金錢，換取紀念幣或日本小車子。	情支教師 個管教師 導師 母親
中期	教導個案溝通及社會技巧	1.透過社會技巧課，教導及訓練個案認識情緒、表達情緒、與他人相處等技巧。 2.透過個別晤談，以生活事件與個案複習社會技巧，並以結構化課程訓練個案溝通能力。 3.以社會技巧課及平時練習，訓練個案表達並處理自己生氣的情緒。	情支教師 情支教師 個管教師

　　在此個案的合作中，剛開始定期討論（通常為一週一次），可交流彼此對個案的觀察，逐漸凝聚大家對個案特質、學習能力與標的行為介入之共識；學校教師與情支教師共同持續記錄行為檢核表，則可以幫助了解個案的行為基準，也為未來觀察個案行為頻率與強度進步情形留下紀錄。

　　當個案的行為頻率逐漸降低之後，介入的目標就從降低行為頻率，轉而為教導個案溝通及社會技巧，以促進能力的增長。在定期的討論中，大家可透過個案行為資料及團體成員每個人對於個案的觀察與執行情形之回饋，共同討論策略微調的方式，以及思考個案介入的進程。

五、追蹤

當個案的行為趨於穩定，情支教師就從合作執行的一員，轉為由學校執行介入策略，情支教師進行追蹤。以本案為例，當學校已理解小華情緒行為的脈絡，了解其特質，運用策略有效降低其干擾行為，並歷經幾次衝突均能有效因應後，情支教師的角色即轉為追蹤，在一個半月中每週與個管教師聯繫，以了解小華情形及學校因應方式，而不做直接的介入與輔導。

六、結案

當小華的行為穩定，學校可以自行執行其行為介入，追蹤期學校也可穩定執行介入策略時，便進行結案。本案入校評估至結案，歷時一年半（三個學期）。

七、結語

情支教師在整個執行個案介入策略的過程中，需因應個案個體與環境的變化，而隨時彈性與調整，情支教師與學校一起持續監控學生行為的表現情形，依據資料調整評估目標或介入計畫，並觀察學校在輔導個案之工作策略、效能而逐漸退出。

在介入階段，學校在情支教師的協助下完成個案自閉症的鑑定，以及由家長與醫師討論藥物使用，家長配合學校做行為環境調整和訓練。最後，小華逐漸在適性的課程中或有協助的活動中，干擾和攻擊行為明顯降低，而學校也能掌握自閉症學生有效的教學策略，並將自閉症學生所需的策略納入課程，讓小華在適性環境學習而鮮少出現干擾或破壞行為。

問題與討論

1. 如何區分三級預防與次級預防工作？二者在執行上完全不同嗎？

2. 執行三級預防工作時要注意哪些事項？

3. 負責三級預防之工作者應該具備哪些條件？

4. 為什麼學者會稱三級預防工作者為介入專家協調者（interventional specialist coordinator）？

5. 本章所舉之案例，小華的行為支持工作為何被列為三級預防，有哪些條件符合？

參考文獻

中文部分

教育部（2013）。**特殊教育法施行細則**。臺北市：作者。

教育部（2014）。**學生輔導法**。臺北市：作者。

新北市政府（2013）。**102 學年度第一學期情緒行為支援服務工作成果報告**。未出版。

臺北市東區特教資源中心（2015）。**104 學年度第 1～2 學期情緒行為支援團隊期末工作報告**。未出版。

英文部分

Association for Positive Behavior Support. (2007). *Positive behavior support standard practice: Individual level*. Retrieved from http://www.apbs.org/files/apbs_standards_of_practice_2013_format.pdf

Cooper, J. O., Heron, T. E., & Heward, W. L. (2007). *Applied behavior analysis* (2nd ed.). Upper Saddle River, NJ: Pearson.

Crone, D. A., Hawken, L. S., & Horner, R. H. (2015). *Building positive behavior support systems in schools: Functional behavioral assessment* (2nd ed.). New York, NY: Guilford Press.

Lewis, T. (2016). Does the field of EBD need a distinct set of "intensive interventions or more systematic intensity within continuum of social/emotional supports". *Journal of Emotional and Behavior Disorder, 24*, 187-192.

O'Neill, R. E., Horner, R. H., Albin, R. W., Sprague, J. R., Storey, K., & Newton, J. S. (1997). *Functional assessment and program development for problem behavior*. CA: Brooks/Cole.

Yao, H., Tseng, J., & Hung, L. (2015, October). *The prevention of high-risk students with emotional and behavioral problems in Taipei City*. Oral presentation in the 22nd Conference of Asian Federation on Intellectual Disabilities, Colombo, Sri Lanka.

第十一章

特殊教育學生情緒行為問題處理專業倫理

鳳華[1]

學習目標

1. 了解專業的定義及專業素養的意涵。

2. 了解倫理的意涵及其主要思考面向。

3. 了解助人專業倫理的基本意涵及核心架構。

4. 認識情緒行為問題處理的倫理議題。

5. 確保服務個案的倫理議題。

6. 確實遵行處理高度危險時的執行倫理程序與保護程序。

7. 執行業務時能隨時依據倫理守則省思與反省。

1　國立彰化師範大學復健諮商研究所教授；博士級國際行為分析師（BCBA-D）。

壹、從專業開始

一、專業的發展與內涵

　　專業最早的代表人物可以追溯到醫師或神父，他們對外宣稱將全心投身到拯救生命或靈魂的志業。希波克拉提斯（Hippocrates）於西元前五世紀的醫師誓言就昭示幾個重點：繼承師長的教誨、遵從良心從事該職務、病人的健康是首要的顧念、嚴守隱私祕密、與同業合作、捍衛醫療專業的尊嚴、公平對待所有病患，不受任何因素影響他們接受醫療服務的權益。此誓言也正是後續所有與服務人群有關的專業人員須遵循之重要圭臬，其中揭示了專業倫理中服務對象（個案）的四大權益：受益權、平等對待權、免受傷害權、忠誠權；也同時看到對專業的責任，以及樹立公眾形象和與同僚的合作關係。

　　當時的專業代表了個人向眾人宣示將全心全意投身於服務人類的職務，其理念是超越知識與技能的。延展至今，各種服務人群的專業林立，如何能回應到最初的專業初衷與全人投身的服務理念，以維持高水準的服務品質，專業倫理規範的建置則是邁向專業化的重要里程。經由專業倫理規範的制定，期望能召集有共同理念的專業人員，除延續當時對人類服務的使命之外，主要目的在建立一套專業人員共同遵守的專業規範。專業是專業人員行為、態度與信念的組合，是超越知能與技術的，也回應最早的專業理念。當中所著重個人的投身（commitment）以及對外宣示的理念，則更加凸顯專業人員不同於技術人員，雖二者的共通性為專業知識與技能的精通，但其主要的差異則是服務態度與信念的宣示，其中服務態度與信念之展現，即為**專業素養**（**professionalism**）。而此專業素養需經由長時間的陶冶及沉浸於學理中，加上個人的自我覺察力（包含對自身的了解與信念的覺察）。其中，專業素養所涵蓋自我覺察與對專業的信念是態度的核心，以下針對專業素養進行簡要的說明。

二、專業素養

（一）從自我覺察開始

　　陳金燕（1996）指出，**自我覺察**（**self-awareness**）是：自己「知道、了解、反省及思考」自己在「情緒、行為、想法、人我關係及個人特質」等方面的「狀況、變化、影響及發生的原因」（頁 213）。依照陳金燕（2003）的看法，自我覺察是一具體可觀察的行為，可以依據個人感官、認知與感覺，對於此時此刻當下的覺知，也可以是事後回溯的覺察；個人可以藉由自我覺察，看到家庭、社會及文化對自我的影響，發展出自己之所以是現今的自己之覺知，亦即所謂的「自知之明」。吾日三省吾身，生活中的每一件事及生活中的點滴都是學習的材料。個人所做的決策背後都有特定的想法與價值系統，個人的所言、所思、所行都可以是豐富自我的內涵，從生活點滴了解、反省及思考，並能理解對其他環境的影響。

　　自我覺察亦可以透過回溯個人生命成長的歷程時，重新界定個人的生命意義，並找到對生命的信念與價值。要覺察什麼？覺察當下自己的感覺、想法及行為反應為何？進一步的覺察，則包含人我互動的覺察，正如陳金燕（2003）特別指出，個人的覺察是動態的，是包含與他人互動過程中的變化與影響，因此自我覺察亦可以涵蓋個人所言所行對他人的影響或是他人對自己的影響等。成長歷程的覺察則包含成長歷程中，哪些重要事件影響或形塑現今的自己，因而個人可以清楚的告訴自己：我從哪裡來？要到哪裡去？自我價值感的建置也因應而生，個人裡外的溝通模式也將呈現一致，並能建立一個健康、客觀的服務信念與態度。

（二）工作信念檢視

　　工作信念影響個人對工作的態度。態度決定高度，也決定如何對待這份工作以及所服務的群體。要進入情緒行為問題處理的工作領域，可以試著自我提問以下幾個問題：我對行為問題的看法為何？我對處理行為的基

本理念為何？我為什麼會選擇提供此服務模式？我清楚我適合從事此工作嗎？我相信我所服務的每位情緒行為障礙學生都能受到公平的服務嗎？當自己可以誠實的回答每一個提問，應該可以初步確認這份職務就是個人所要投身的志業。

貳、倫理

一、基本理念

倫理（ethics）是指人與人之間互動時應注意的準則，倫理學所研究的範疇，則是透過系統化的思考，對人類的生活建構出一套行為準則（古旻陞，2015），如儒家古籍中的「五倫」，正是在揭示人與人之間的相處準則。特別是當面臨兩難議題時，可能要問的問題就是為何要這樣做？或是這樣做是依據何種法則？而其主要目標是要能達到正面的道德標準（古旻陞，2015）。對專業人員而言，當涉及個人在行為、實務和決定時，最為根本的問題就是：什麼是正確的事？以及什麼是值得做的（引自 Cooper, Heron, & Heward, 2007）。倫理在專業助人工作的主要價值是確保服務對象、專業本身，以及整體文化上的最高福祉，能有效協助實務工作者決定行動的步驟與準則。此外，倫理是用來保障信賴服務使用者的福祉，此專業倫理究其最後目標則是維護這個文化的生存（Skinner, 1953）。

二、思考面向

倫理的主要關注範疇是何謂善，以及如何擇善。從實踐的觀點而言，則是具體的省思什麼是正確或是善的，以及什麼是值得做的事，也就是如何擇善。以下分別論述之。

（一）什麼是正確或是善的

在生活中常需判斷何謂正確或是善的，例如：協助不便行走的老人過

馬路，這是一份善念的表現，也是正確應該做的好事。而這樣的判斷常會
受到個人的成長經驗及所身處的文化環境所影響，因此檢視個人自身的成
長歷史背景是首要的課題。對於服務人群的專業人員，如何對當下的狀況
作出正確的判斷，可能會被他曾在類似情況下所具有的經驗法則所影響。
實務工作者特別是在處理與情緒行為有關的議題，必須特別小心警醒，應
避免個人的歷史或經驗引導自己去選擇不恰當或是無效的介入方式（Bailey
& Burch, 2011）。而其中自我覺察是首要功課，可以協助個人在做決策時，
不會被個人經驗所干擾，而能保持客觀的判斷力。專業學會為了讓其專業
成員在做決策或在執行其職務時，能有一依循的準則，都會制定倫理守
則；藉由這些守則，提供該會員執行業務時的指導方針，讓他們能清楚分
辨什麼是正確該做的，並能做出明智且符合「善念」的決定。

（二）選擇善的或值得做的

　　每個專業都需要確認該專業重視之標的行為，例如：應用行為分析領
域就提出十大項重要標的行為之選擇依據（Cooper et al., 2007），而其他專
業也都會依據其理論架構發展出該領域所重視的課題。**社會效度**（**social
validity**）是經由訪談重要關係人的意見，也可以適切反映出值得做的事為
何，例如：在介入前可以詢問重要關係人，評估對標的行為之重要程度、
介入程序的接受程度，以及介入後是否達到有意義的改變等（Peters & Her-
on, 1993; Wolf, 1978）。

參、助人專業倫理

一、專業倫理

　　「專業倫理」是指，專業人員在執行其業務時所需遵守的指引與規範
（林家興，2014），其制定的目的主要是在強調專業團體成員間或與社會
其他成員互動時能夠遵守專業的行為規範，藉以發展彼此的關係（牛格

正，1991）。

專業倫理一般是由執照或證照公會所規範，主要目的是為了保障他們所服務的對象，能夠接受到最佳品質的服務，同時也維護該專業人員應有的專業態度和服務品質，並能展現其社會責任，建立該專業在社會公眾的專業形象。專業倫理準則，基本上都是以服務對象的最佳福祉為出發點。

二、助人專業倫理

（一）定義與要點

助人專業倫理是指，助人專業人員在助人實務工作中，根據個人的哲學理念與價值觀、助人專業倫理守則、服務機構的規定、個案的福祉，以及社會的規範，以作出合理而公正之道德抉擇的系統化方式（牛格正、王智弘，2008；Van Hoose & Kottler, 1977）。在助人服務專業中，助人者及個案是一特殊的關係，在此一關係中，助人專業人員對個案、個案的關係人、服務機構及社會均負有倫理責任，而助人專業人員自己也應有適當的專業修養、專業準備及專業造詣，助人專業倫理就建基在此一特殊關係之上（牛格正，1991）。

（二）助人專業倫理的功能

助人專業倫理具有兩種功能：其一為對內的功能，即規範助人專業人員的專業行為與維持助人專業的服務品質，其二是對外的功能，主要是建立社會大眾對助人專業的公共信任與維護個案的最佳權益（牛格正、王智弘，2008）。透過適當而高品質的服務，能對此專業服務與倫理及行為樹立一個高的道德標準，讓個案與社會大眾對助人專業產生公共信任（**public trust**），則是助人專業者安身立命的基礎（牛格正，1991；Bailey & Burch, 2016）。助人專業倫理的理念可說是助人專業的核心價值。

（三）助人專業倫理的核心架構

1. 牛格正（1991）指出，助人專業倫理須從兩大面向來考量：一是個案的權利；另一則是助人者的責任。牛格正指出，在制定助人專業倫理規範時，必須要優先考量個案的五大權益，而「身心障礙者權利公約」（聯合國，2014）開宗明義要確保人類所有成員，特別是身心障礙者弱勢族群之固有尊嚴與價值，以及平等與不可剝奪之權利。以下除了簡要說明牛格正的五大權益外，亦增列「身心障礙者權利公約」中特別應保障的權利：

   (1) **自主權**（**autonomy**）：個案在被充分告知所有的服務資訊後，可享有自由決定的權利。

   (2) **受益權**（**beneficence**）：個案的福祉是被列為最優先考量的議題。

   (3) **免受傷害權**（**nonmaleficence**）：個案應受保護的權利，必須確保個案不會在助人過程中遭受可能的任何傷害。

   (4) **公平待遇權**（**justice**）：個案不會因為個人的條件、特質或障礙別而接受到不公平的對待。

   (5) **要求忠誠權**（**fidelity**）：個案有權被尊重與被保密，其接受助人的過程必須被正確的記錄、保存及適切的使用資料。

   (6) **確保無障礙環境**（**accessibility**）：為使個案能充分參與生活各個面向，除須能無障礙的進出物理環境外，亦須促進其他適當形式之協助與支持，以確保身心障礙者獲得各項資訊。

2. 助人專業者的三大責任，則包含專業責任、倫理責任及法律責任，以下分別闡述（牛格正，1991；Bailey & Burch, 2016）：

   (1) 專業責任：在專業責任中，個人的人格修養及身心靈的健康是最為根本的；專業人員必須能時時審視個人的經驗與價值觀對服務品質的影響，或是必須確保個人身心的健康狀態，以免因為自身的問題而影響了個案的受益權。此外，助人專業人員應接受專業的知能訓練，具備勝任之專業知能（competence），特別需要確

認個人所認定的理論取向，並以該理論取向的世界觀及哲學理論作為服務的圭臬；助人專業人員必須經歷充分的專業實務經驗（experience），其中包括自身被專業協助的經歷，以及在督導下長時間實習的經歷（至少半年到一年）。最後，助人專業人員應具備專業倫理信念（ethical belief）與接受過專業倫理訓練，例如：諮商師或行為分析師目前都要求認證課程中必須要完成一門倫理課程，以確保專業服務品質。

(2) 倫理責任：助人專業者的倫理責任包含應提供合格、高品質的專業服務，且應維護個案的基本權益，以及致力於增進整體專業之公共信任。

(3) 法律責任：是指保護個案隱私權的責任、維護個案溝通特權（privileged communication）的責任、有預警與舉發（duty to warn and report）以免於個案或其他人受害的責任、有避免個人在實務上發生處理不當或瀆職的責任。

肆、情緒及行為問題處理之專業倫理

為使教師及專業人員在處理情緒及行為問題時，能確保學生的最大福祉及接受有效行為處理或介入的權利，除了需遵守上述的助人專業理念之外，並應考量以下幾項專業倫理的議題，其所參酌的相關文獻資料，包含：「行為分析師專業倫理守則」（BACB, 2014）、「心理師的倫理原則和行為法則」（APA, 2002）、「接受有效行為治療的權利」（ABAI, 1989）、「接受有效教育的權利」（ABAI, 1990）、「身心障礙者權利公約」（聯合國，2014），以及相關倫理文獻（Bailey & Burch, 2011, 2016; Cooper et al., 2007），以下分別從符合倫理的正向行為支持環境、個案服務之倫理議題、確保專業能力，以及其他行為處理之倫理議題等面向進行論述。本章附錄則呈現特殊教育學會情緒行為問題處理守則小組所編列的倫理守則，供專業人員參考。

一、符合倫理的正向行為支持環境

　　行為是個體與環境互動所產生的事件或語言（Cooper et al., 2007），個體的行為（不論是正向或是負向）會在該環境持續發生，是受到該環境的影響或獲得增強所致。因此，要改變行為的發生，要先從環境調整著手。在「接受有效教育的權利」及「可接受的介入環境」（ABAI, 1990; Favell & McGimsey, 1993）中就明訂，學校必須要提供正向支持的環境，確保學生是處於符合其最佳權益的優質學習環境，因此正向行為環境的建置是處理行為問題的首要條件。若在提供正向行為支持環境的條件下，學生依舊出現行為議題，則需要提供符合倫理的正向行為介入。以下就從正向行為支持環境的各種面向（涵蓋正向環境的建置、促進學習的課程與教學、正向行為支持的行為管理，以及跨專業及親師合作等）進行說明。

（一）正向環境的建置

1. 整體學校環境的正向、鼓勵與支持：學校對待學生的方式及學校整體環境，應相當於一個有愛心之家庭能給予的積極關懷及個別關注。
2. 接納安全的班級環境：協助同儕對學生的接納與包容，並適時提供同儕支持與同儕協助，讓學生對班級環境有認同感。
3. 正向行為支持的物理環境：其中包含必要的視覺時間表、工作流程圖示、位置的安排或其他必要的學習輔具之提供，善用學生的學習優勢，營造適性支持的學習環境。
4. 無障礙環境設施：為使學生能充分參與生活各個面向，除須能無障礙的進出物理環境外，亦須促進其他適當形式之協助與支持，使用他所理解的溝通形式，以確保學生能有效溝通及獲得各項資訊。
5. 環境的結構與可預測性，盡量減少環境的變動，其中包含物理環境、同儕及教師助理員的變動性，其所提供的策略需要一致並可預測，讓學生能有清楚的依循，減少發生焦慮不安的情緒。
6. 最少限制環境：依據移動和活動參與的程度，提供各種可能的參與機會與移動環境的可能性。

（二）促進學習的課程與教學

1. 課程與教學目標的調整與支持：因應個別需要，調整教學目標及教學策略。教學目標的選擇與制定必須要依據學生的發展水準與能力現況，安排適切可測量的學習目標，教學目標須對學生有長期的價值。學習精熟的標準必須要包含精熟及流暢，並能運用在學生的自然生活情境中。

2. 教學應呼應個別需求：教學方法應選擇具實證研究的策略，並依學生需求進行必要的調整；提示及褪除系統應掌握學生的學習型態，並提供充分練習的機會；對學習結果應提供正向學習的後效，以促進學習（含正增強及錯誤糾正），並能夠依據學習評量進行必要的教學調整。

3. 營造學習成功經驗：建立交錯教學模式，新的教學目標應穿插已經習得的教學項目，讓學生可以在高機率反應的成功經驗下，更有信心的挑戰新的學習技能，減少因挫折而產生的行為問題。

（三）正向行為支持的行為管理

1. 正向的行為管理：確保提供足夠的正向支持，包含團體後效及個別化的增強系統，並制定清楚明確的教室規範，以正向的描述語言陳述被期待的行為，或經常增強鼓勵正向行為，以促進正向行為的持續發生。

2. 從功能或動機了解問題：以功能評量理解行為問題的功能及動機，亦即確認行為問題的增強物，並在環境中準備好提供這些增強物。目前的介入策略要先以滿足其動機或需求為主要考量，非後效增強（NCR）策略要被優先使用。

3. 替代行為的教導：教導學生以適當的方式獲得原先行為問題想要的增強物，其中「功能溝通訓練」（functional communication training，簡稱FCT）是必要的課程之一，也是目前實證研究指出必須要包含的前事介入策略。

4. 持續評量：在自然環境中應持續觀察學生行為問題改善的程度，必要時需要調整或加入其他介入策略。

（四）跨專業及親師合作

1. 跨專業合作：結合校內其他專家，例如：輔導教師或行政人員，或於必要時連結社工師、精神科醫師等專業人員共同提供支持與協助。

2. 親師合作：提供家長情緒及行為管理的教養知識，與家長建立一致的行為規範與期待，並建立適切而頻繁的溝通管道，共同營造能鼓勵及維持學生成就和進步的氛圍，例如：在家庭中得到進展的行為，應在學校能持續地被關注及表揚；此外，宜設法克服與目標不一致的任何阻礙，並能提供支持和訓練家長教育技巧的學校方案，以確保親師間的合作順暢。

二、個案服務之倫理議題

提供個案服務時，必須遵守個案的五大權益，即受益權、自主權、免受傷害權、公平待遇權及要求忠誠權。以下即依據此五大權益分別說明服務個案的相關倫理議題。

（一）個人的福祉是首要的考量

處理情緒行為問題的過程，大都需要設定目標，並協助個案完成預設的終點目標。在設定目標時，有幾個議題需要確認：

1. 學生的需求是首要考量，學生長期出現的情緒行為問題本身對個體是具有意義／功能的，因此專業人員必須先從學生的角度理解其行為背後的動機與需求，並依其需求提供必要的環境支持，亦教導該生學習以替代行為獲取與原先等同的需求，保障其基本權益。

2. 選擇標的行為首先應確認該標的行為是可以促進更進階的學習，並能促進學生在自然環境中的適應與被接納，而最基本的精神就是強調學生可以在未來環境中獲得增強的最大化（Cooper et al., 2007）。

3. 由個案選擇行為改變的目標結果（outcome），此最終目標是指與個案的生活品質相關之議題（Felce & Emerson, 2000; Risley, 1996），例如：獲得工作、建立適切的人際關係、追求個人目標、參與社區活動，以及獨立生活等，都是目標結果的例子。

4. 選擇行為的改變必須能夠使個案直接受益，且能以具體數據或資料展現其效益，此種效益也可能會同時對該環境中的重要他人受益，並間接營造出正向支持的環境氛圍（Bailey & Burch, 2016）。

（二）確保個案的自主性及隱私權

1. 知情同意：知情同意（**informed consent**）是指，學生在接受任何評量或介入前，必須明確地說明並獲得其本人或重要他人的同意。知情同意要有效，簽署同意書必須符合三個檢驗：（1）個案必須具有做決定的能力；（2）個案的決定必須是出於自願；（3）個案必須對這個介入的所有重點有充分的了解（Bailey & Burch, 2011, 2016）。

2. 自主決定：自願性的同意是指個人在沒有被強迫、威脅或是任何不適當的影響，以及了解這個決定是可以在任何時候被撤除，並且不會影響其受益權之下所做的同意（Cooper et al., 2007）。

3. 提供選擇：在提供選擇時，專業人員必須要確認所提供的選擇機會，是能充分反映存在於社會中的所有機會；在學校則建議可以藉由安排情境來讓學生做選擇，並且幫助他們辨識會影響他們選擇的因素，以及選擇後應該要面對的挑戰或機會，藉此最佳化地「賦權」（empower）給學生（Peterson, Neef, Van Norman, & Ferreri, 2005）。

4. 對介入的了解：一個人在考慮接受服務時，應該要以清楚的、學生及其重要關係人可以理解的語言提供以下四個訊息：（1）這個計畫中介入的所有重要面向；（2）這個計畫的程序中，所有潛在的風險和利益；（3）所有可能的替代性介入；（4）任何時間都有拒絕繼續介入的權利（Cooper et al., 2007）。

5. 保密原則：專業上的關係需要遵守保密原則（**confidentiality**），意指任何有關個案正在接受的或是已經接受的服務，都不能與第三方

討論，或是不能以其他形式讓第三方獲知，除非個案已經明確地授權讓訊息釋出。保密是人際互動信任的基礎，有信任感才容易取得個案的合作，並順利達成改變的目標。

6. 保密原則的例外：個案有出現危及他人或自己的情況時，保密原則就不適用。

（三）優先選擇有實證支持的有效介入程序

教育重建運動（education reform movement）是近十年來的教育趨勢，當中就強調教師需有能力選擇具實證且有效能的教材和教學策略（Lerman, Vorndran, & Addison, 2004），是教育體制確保學生受益權的展現。Simpson、LaCava 與 Graner（2004）指出，實證本位的定義必須符合下列幾個要點：通過同儕審查、符合實證研究的特定標準、介入實施程序必須要有程序忠實度的資料，並持續累積正向的效果，同時確保對個案的忠誠權。Simpson（2005）針對應符合實證本位的教育實務提出三個重要提問：第一，該教學實務的效益與預期效果是否有符合學生的需求？第二，此教學實務的可能風險為何？第三，採用何種最有效的方法評鑑該教學方法或教學取向？目前實證本位的前事策略以功能溝通訓練為首，就是以學生需求為本位，選擇實證有效的方式進行介入安排，避免學生受到任何潛在的傷害，才能確保學生的最大福祉。

（四）介入策略須以最少侵入性為原則

Horner 等人（1990）指出，必須要優先使用最少侵入性的策略，而這些最少侵入性的策略必須是科學驗證有效的，以確保個案的免受傷害權以及個案的尊嚴。只要是大眾認為是具有侵犯性的策略，就必須抱持高度謹慎的態度。任何技術的介入都必須持續受到監督與倫理判斷。Horner 等人（1990）對於最少侵入的原則提供幾項建議：首先是選擇介入策略時，必須要經過專業人員及社會公正人士的檢驗，確認最少限制的介入是最適當的選擇；其次是若選擇較多限制或侵入的介入方法時，受到公眾監督的需求相對也要提高，公正人士也應該要參與持續的觀察與資料蒐集的過程，

以確保服務對象的權益保障。此外，愈多限制的介入，就必須要有愈多的規範與要求。

（五）必須要持續監督及評量行為的變化

Skinner（1953）曾指出對行為的重要理念：「行為……是極為複雜。因為它是一個過程，而不是一件物品，不容易被固定下來觀察。行為是改變的，流動的」（p. 15）。行為是流動的，因此專業人員必須要選擇適當的評量技術及測量系統，持續的監控及評量介入前、後行為的變化，輔以圖示的方式，依據實證資料決定要持續介入或應該要進行介入策略的調整，並依據評量資料確保介入的績效責任，以確保對個案行為介入的公平對待。

三、確保專業能力

（一）獲取相關訓練或證照

通常與人類服務的專業認證體系都會制定最少專業的訓練課程和督導下的實務經驗，例如：諮商心理師就被要求需要修習系列課程，並在有督導制度下駐地實習一年。特殊教育學生之情緒與行為問題的處理程序和所要求的技能，與臨床心理師、諮商心理師或是普通班教師是相當不同的，其專業性是獨立於其他相關行業的，因此專業的訓練、實務經驗及倫理規範是有其必要（Bailey & Burch, 2011）。目前美國行為分析學會和行為分析師認證委員會已經建立了訓練行為分析師的最低標準，實務工作者不只要符合認證的標準，也要通過證照的考試。國內未來也可以考慮參考其系統化的認證制度，建立一套符合本土國情的證照制度。

（二）在能力範圍內執行職務

專業人員應該要在他們的專業訓練、實務經驗和能力範圍內去執行職務。目前國內師資培訓機構就區分為國小及國中階段的特教師資培訓，因

此曾受訓處理國、高中發展障礙學生行為問題的專業人員，應該限定他們要遵守服務於這個範圍內。即使是專業人員遵守在個人的能力範圍內執業，實務工作者如果遇到一個超過他們訓練或經驗的情境時，還是要轉介給其他相關的專業人員或是督導，或是應該要藉由參加工作坊、討論會、課程或其他的繼續教育活動來提升自己的能力，或是在專業督導下執行該任務。

（三）維持及擴充專業度

一般專業組織的成員為維持其會員資格，都需要參加必要的繼續教育訓練，完成規定的學分，方能維持其會員資格。繼續教育或參加國際性會議，都是維持基本專業能力的基本要件，並能增進知能，強化自身專業素養；而藉由發表研究成果，除了可以和相關同儕交流研究心得，也能獲得同儕的專業檢核，所謂精益求精，正是最佳實務。

四、其他行為處理之倫理議題

實務工作者常需要面對具有高度危險性及嚴重自傷行為的服務對象，若實務工作者已經嘗試過所有可能的正向策略，但數據都顯示無法降低行為的出現率，懲罰則可能是唯一及最後的選擇；若實證報告亦支持此種策略，此時懲罰還是可以看成是一個合法的介入技術（Iwata, 1988）。然而，要實施侵入性較高的懲罰策略時，則必須遵守兩個原則：第一是決定執行懲罰的程序；第二是執行過程的保護程序（BACB, 2014; Cooper et al., 2007）。此外，風險效益評估亦是近年來行為介入的倫理重要課題。以下分述之。

（一）決定執行懲罰的程序

「行為分析師專業倫理守則」（BACB, 2014）於條款 4.08 明確指出，決定使用懲罰的程序有：（1）行為分析師盡可能採用增強代替懲罰的介入方式；（2）必須使用懲罰策略的狀況下，行為分析師必須在行為改變計畫

中搭配增強替代行為策略；（3）在執行懲罰策略前，行為分析師必須確認個案行為的嚴重性與危險性，並在使用增強策略仍屬無效的狀況下，始得以立即使用懲罰流程來降低行為之問題；（4）行為分析師需經過進階的訓練與監督，方可執行嫌惡刺激策略。此程序需要在督導下執行，以免除個人的限制，並確保個案免於受傷害之權益。

（二）執行過程的保護程序

Cooper 等人（2007）整理相關文獻後指出，在做出必須採用懲罰策略後，必須要遵行執行程序的安全條款，以適切保護個案，其中包含以下要點：（1）執行人員必須接受訓練以確保能適當執行懲罰程序，特別是技術上細節的操作步驟；（2）必須確保個案和相關人員的身體安全，並熟練對個案人道介入的程序；（3）執行人員必須要學會如果發生負向反應（例如：情緒爆發、逃離和躲避的攻擊、不服從）時的危機處理流程；在開始正式執行懲罰程序後，持續的評量是絕對必要的，除了要記錄該行為出現頻率外，個案對接受懲罰時的反應也必須詳加記錄，並適時邀請重要關係人或社會公正人士共同參與，隨時聽取意見；最後，督導的監督與即時的回饋也是保護程序中的必備元素，使能確保執行程序的適當性，於必要時也能及時修正調整策略；同時，行為分析師也必須計畫如何逐步褪除嫌惡介入策略，直到不再需要使用為止（Bailey & Burch, 2011, 2016; Cooper et al., 2007）。

（三）進行風險效益評估

依據 Bailey 與 Burch（2016）的看法，在進行行為介入計畫之前，應該要針對行為介入計畫進行風險及效益評估，其中包含一般風險因素評估、行為介入計畫效益分析、行為程序的風險因素，以及相關人員的協調風險與效益。一般風險涵蓋的面向有行為問題的嚴重程度、人員是否有足夠的訓練、環境適切與否，以及重要關係人是否支持等；行為介入效益則需考量對個案本身及重要關係人的直接或間接效益的評鑑；更為重要的是每一

個行為程序的風險效益及考量事項等。要從風險效益評估中找出最少風險，最高效益的行為介入計畫，以維個案的最大福祉以及免受傷害權。

伍、結語

　　專業人員每天都要接受符合倫理的實務挑戰。這是一項艱鉅的工作，執行業務時要能符合倫理，專業人員必須要有高度的警覺心、自我覺察力，以及自我監控，以符合處理守則。專業人員必須謹記，確保個案的福祉是專業倫理之核心議題，也是專業人員安身立命的根本。在實務中持續累積經驗，透過省思不斷精進，就能做出更好的判斷，選擇更好的解決方式，也能為當初投入情緒行為問題處理的不簡單任務，回應感動的初衷：謹記個案的五大權益，時時提醒專業人員的三大責任，以提供高品質服務為最終依歸。

問題與討論

1. 請問助人工作者安身立命的基本價值理念為何？請簡述對此信念的看法。
2. 何謂正向行為支持的環境，請舉例說明如何針對物理環境、行為管理、課程及教學等面向建立一正向行為的支持環境。
3. 在執行情緒及行為介入時，需考量學生的五大權益，請簡略說明此五大權益及內涵。
4. 請簡略說明何時才能執行懲罰程序，以及在執行過程中必須要遵守的原則。

參考文獻

中文部分

牛格正（1991）。諮商專業倫理。臺北市：五南。

牛格正、王智弘（2008）。助人專業倫理。臺北市：心靈工坊。

古旻陞（2015）。專業服務：應用倫理學。新北市：新文京。

林家興（2014）。諮商專業倫理：臨床應用與案例分析。臺北市：心理。

陳金燕（1996）。諮商實務工作者對自我覺察的主觀詮釋之研究。彰師大
輔導學報，19，193-246。

陳金燕（2003）。自我覺察：文化體驗的起點、權力傲慢的終點。應用心
理學研究，19，24-26。

鳳華、鍾儀潔、蔡馨惠、羅雅瑜、王慧婷、洪雅惠、⋯羅雅芬（2015）。
應用行為分析導論。新北市：心理。

英文部分

American Psychological Association. (2002). *Ethical principles of psychologists and code of conduct*. Washington, DC: Author. Retrieved November 11, 2003, from http://www.apa.org/ethics/code2002.html

Association for Behavior Analysis International. (1989). *The right to effective behavior treatment*. Kalamazoo, MI: Author. Retrieved from http://www.baam.emich.edu/baammiscpages/BAAMrights.htm

Association for Behavior Analysis International. (1990). *Students' right to effective education*. Kalamazoo, MI: Author. Retrieved November 11, 2006, from http://www.abainternational.org/ABA/statements/treatment.asp

Bailey, J. S., & Burch, M. (2011). *Ethics for behavior analysts* (2nd ed.). New York, NY: Taylor & Francis.

Bailey, J. S., & Burch, M. R. (2016). *Ethics for behavior analysts* (3rd ed.). New York, NY: Taylor & Francis.

Behavior Analyst Certification Board. (2014). *Professional and ethical compliance code for behavior analysts.* Littleton, CO: Author.

Cooper, J., Heron, T., & Heward, W. (2007). *Applied behavior analysis* (2nd ed.). Upper Saddle River, NJ: Prentice-Hall.

Favell, J. E., & McGimsey, J. E. (1993). Defining an acceptable treatment environment. In R. Van Houten, & S. Axelrod (Eds.), *Behavior analysis and treatment* (pp. 25-45). New York, NY: Plenum Press.

Felce, D., & Emerson, E. (2000). Observational methods in assessment of quality of life. In T. Thompson, D. Felce, & F. J. Symons (Eds.), *Behavioral observation: Technology and applications in developmental disabilities* (pp. 159-174). Baltimore, MD: Paul H. Brookes.

Horner, R. H, Dunlap, G., Koegel, R. L, Carr, E. G, Sailor, W., Anderson, J. et al. (1990). Toward a technology of "nonaversive" behavior support. *Journal of the Association for Persons with Severe Handicaps, 15*, 125-132.

Iwata, B. A. (1988). The development and adoption of controversial default technologies. *The Behavior Analyst, 11*, 149-157.

Lerman, D., Vorndran, L., & Addison, L. (2004). Preparing teachers in evidence-based practice for young children with autism. *School Psychology Review, 33* (4), 510-526.

Peters, M., & Heron, T. (1993). When the best is not good enough: An examination of best practice. *Journal of Special Education, 26*, 371-385.

Peterson, S. M., Neef, N. A., Van Norman, R., & Ferreri, S. J. (2005). Choice making in educational settings. In W. L. Heward, T. E. Heron, N. A. Neef, S. M. Peterson, D. M. Sainato, G. Cartledge,... J. C. Dardig (Eds.), *Focus on behavior analysis in education: Achievements, challenges, and opportunities* (pp. 125-136). Upper Saddle River, NJ: Merrill/Prentice-Hall.

Risley, T. (1996). Get a life! In L. K. Koegel, R. L. Koegel, & G. Dunlap (Eds.), *Positive behavior support* (pp. 425-437). Baltimore, MD: Paul H. Brookes.

Simpson, R. (2005). Evidence-based practices and students with autism spectrum disorders. *Focus on Autism and Other Developmental Disabilities, 20*(3), 140-149.

Simpson, R., LaCava, P., & Graner, P. (2004). The No Child Left Behind Act (NCLB): Challenges and implications for educators. *Intervention in School and Clinic, 40*(20), 67-75.

Skinner, B. F. (1953). Science and human behavior. New York, NY: MacMillan.

Smith, D. H. (1987). Telling stories as way of doing ethics. *Journal of Florida Medical Association, 74*, 581-588.

Smith, D. H. (1993). Stories, values, and patient care decisions. In C. Conrad (Ed.), *Ethical nexus* (pp. 123-148). Norwood, NJ: Ablex.

Van Hoose, W. H., & Kottler, J. A. (1977). *Ethical and legal issues in counseling and psychotherapy*. San Francisco, CA: Jossey-Bass.

Wolf, M. M. (1978). Social validity: The case for subjective measurment or how ABA is finding its heart. *Journal of Applied Behavior Analysis, 11*, 203-214.

附錄 特殊教育學生情緒行為問題處理倫理守則

1. 實施任何行為評量或介入，應以維護學生福祉為最高考量（維護學生尊嚴、身心健康和人身安全，以及倡導學生接受最有效治療的權利）。

2. 實施任何行為評量或介入，需保護個案隱私。

3. 確保所實施的程序是有實證支持的。優先使用已被科學證實有效的評量和介入，或使用科學的方法去評估尚未被證實的有效方法。

4. 使用有效的評量和行為改變程序，都應遵守最少侵入性的原則（需選擇較具侵入性的策略，必須要充分告知監護人並取得同意，執行程序必須得到校內特教推行委員會的核可，並須受持續的督導）。

5. 所有執行內容（含充分描述執行的程序、可能的效益及風險）應告知學生與監護人，並取得同意。

6. 介入計畫應考慮學生所屬的環境，以最少限制、學生最大參與為原則。

7. 介入計畫應考量學生與環境之適配度，運用多元策略，並以最多相關人員參與為原則。

8. 所有計畫應持續、定期評估成效，並依據變化做必要的調整。

9. 實施行為評量或介入時，特殊教育工作者有權利接受專業的督導，以確保執行的品質。

10. 特殊教育工作者應持續參與相關專業知能的成長。

第二篇

特殊教育學生
情緒行為問題介入
處理實例

第十二章

實例一：臺中特殊教育學校正向行為支持小組十年的發展歷程與成果

王志全[1]、吳雅萍[2]、楊善知[3]、鳳華[4]

　　臺中特殊教育學校以招收中度、重度與極重度智能障礙學生為主，學生數約為 400 人左右，每班通常約有二至三位學生或因溝通技能不佳（或未發展）、情緒行為障礙（如過動症、自閉症等）而合併有各式的行為問題，輕微者有不主動行為、干擾行為或不適當的社會行為等，嚴重者有自傷或攻擊等行為，常影響他們的學習品質及人際關係。在過去，學校教師處理行為問題時，常習慣用的行為改變策略，較多屬於後果策略，且以偏向制止行為的負向方式，例如：隔離、責罵、過度矯正或反應代價等後果處理策略為主。然而，特別是對於無口語或口語功能弱的學生而言，欠缺溝通能力才是其行為問題的主因，他們常因無法適切的表達需求，而以不適當的方式表現，卻被認為是行為問題，因此負向的後果策略對這群缺乏溝通技能學生之行為問題的處理，常是成效不彰或效果僅是短暫的制止其行為，卻無法有效長期改善，因而引發教師的挫折與無力感。面對這樣的

1　國立彰化特殊教育學校校長（時任臺中市立臺中特殊教育學校輔導主任）。

2　國立嘉義大學特殊教育學系副教授兼系主任。

3　臺中市立臺中特殊教育學校輔導組長。

4　國立彰化師範大學復健諮商研究所教授；博士級國際行為分析師（BCBA-D）。

現象，教師們要如何修正自己的觀念、態度，並重新思考要使用何種理論及技術，提升孩子的學習成效與生活品質，則成為各級特教教師的重要課題。

本章將分為「契機：處理行為問題的瓶頸和應用行為分析的啟發」、「啟程：正向行為支持的模式發展」、「分享：個案輔導研究與成果分享推廣」，以及「開創：邁向正向行為支持的校園」等四個階段，介紹臺中特殊教育學校正向行為支持小組十年的發展歷程、成果，以及未來的走向。

壹、契機：處理行為問題的瓶頸和應用行為分析的啟發

一、瓶頸：學生行為問題連連，學校評鑑績效不彰

在特教學校零拒絕的定位下，招收學生逐漸以重度或極重度為主，除了智能障礙類別外，有愈來愈多合併不同障礙類別的重度或極重度學生進入學校就讀，各式各樣類型的行為問題也不斷的挑戰教師們。其中，最具挑戰性的學生是自閉症合併其他障礙者的行為問題，例如：曾經有位壯碩的高一新生剛進校園時，由於要適應新的環境，產生一些具挑戰性的行為，如無法遵循班級常規、常會衝出教室或出現危險行為等。當時教師的處理方式即是以行為發生後才處理的狀態，如當學生衝出教室，教師（或教師助理）就會在後面追；或學生沒有危險概念，曾發生要攀爬欄杆的事件，教師初步阻止無效，加上該生身強體壯，情急跳到孩子背上，企圖以體重阻止孩子，結果孩子就背著教師繼續攀爬；也在開學沒幾天後就因好奇、過動等行為，在校車上弄斷鎖骨；此類具挑戰的狀況，在臺中特殊教育學校是屢見不鮮的。

後來，教師們開始發覺「後果處理策略」的行為改變方法，似乎只能看到當下行為被制止，但卻未能減少後來的出現率，行為問題反而愈演愈烈或頻率更高，僅使用後果策略很明顯對行為問題是成效不彰的，學生們

的行為問題如連鎖反應般的不斷在班級內、班級間引爆，而教師們基於教育理想，也嘗試著各種方式期望能解決問題，常於課餘間討論與分享，但卻也充滿著挫折與無力。再加上當時的特教學校校務評鑑，臺中特殊教育學校評比不佳，被教育部要求專家駐校輔導，再再打擊著學校教師的士氣。

二、契機：危機即是轉機，看行為不看症狀

教師們課餘間的討論開始聚焦在最具挑戰性的族群──自閉症學生的行為問題及處理方式，並開始思考是否應該再精進充實自己的知能來面對這樣的挑戰；既然教育部要求專家駐校輔導，正好可以藉此資源來發展增進教師處理學生行為問題的能力。經過教師們多次的討論後，由當時的專任教師吳雅萍向彰化師大的鳳華教授請益討論後，教師們自主於 2006 年成立正向行為支持計畫小組，開始以實證本位的研究取向為基礎，展開新的視野，並開始以客觀評量的行為為焦點，而不以其症狀作為處理的依歸；強調行為功能的觀點，重新看待行為問題；學習從問題看到學生的需求，而不再只聚焦於問題本身；也看到行為是個體與環境互動的結果，因此需要回到行為發生的環境現場，以了解行為功能、進行環境調整與改變、行為教導與塑造的角度，關照全校的學生。

貳、啟程：正向行為支持的模式發展

由 2006 年成立至今，小組的帶領者均是由學有專精的教師擔任，並受到相關處室主管的支持。主要成員願意持續參與的主要原因之一，是有效（採用正向行為支持的方法，能有效的處理孩子之行為問題）；之二，是自發的，想要學習的動機是出自教師們自己對教育的熱情以及對行為問題的挑戰。核心小組能持續保持此學習動能，並有高度向心力，是一種由下而上的力量在支撐。因此，初期參與的教師成員不會因行政處室的變動而改變，反而會因行政人員、處室的變動，而找到更強的支持力量，並逐步

開始吸引其他教師的參與。表 12-1 為歷年的小組帶領者及其歸屬處室的資料。小組的兩位帶領者之專業背景均受過正向行為支持方面的專業訓練，也因著帶領者當時的兼職行政職務，對小組的推動也結合了行政資源，而所屬處室亦是當時學校主要支持正向小組的行政力量，因此在 2009 年將正向行為支持小組納入學校特色，並納入校務發展重點。

此外，持續的支柱力量之三，則是專業的學習與實作。專業駐校教授（鳳華教師）一路走來持續堅持著指導正向小組在知識方面的增長，透過個案輔導實作增進行為處理程序，及結合研究方法展現實證資料，並鼓勵小組成員於各種國內外研討會議中發表介入成果，促進研究能力的成長。這些成長蛻變亦都是正向小組得以持續向前的重要推手。

表 12-1 臺中特殊教育學校正向行為支持小組歷年的小組帶領者及其歸屬處室資料

時間	2006～2007	2008～2010	2010	2012～2013	2014～2015	2016
處室	訓輔處	訓輔處	實習輔導處	實習輔導處	實習輔導處	輔導室
主管	吳勝儒 特教博士	王志全 特教博士	王志全 特教博士	王志全 特教博士	張慈燕 資深特教教師	王志全 特教博士
團體帶領者	專任教師 吳雅萍 特教博士班學生	復健組長 吳雅萍 特教博士	專任教師 楊善知 特教碩士*	實習組長 楊善知 特教碩士	實習組長 楊善知 特教碩士	輔導組長 楊善知 特教碩士
指導教師	鳳華教授 彰化師大復諮所	鳳華教授 彰化師大復諮所	鳳華教授 彰化師大復諮所	鳳華教授 彰化師大復諮所	鳳華教授 彰化師大復諮所	鳳華教授 彰化師大復諮所

註：*楊善知於就讀美國奧勒岡大學（University of Oregon）特研所期間，研習正向行為支持相關知能。

一、核心小組模式

該小組成立於 2006 年，由當時的專任教師吳雅萍發起，邀請有意願的

教師及專業人員（社工師、職能治療師）共同參與，並共同制定學習目標。此核心小組約有 5 人，其中，岳教師一直延續至今，另一位教師因職務變動後逐漸淡出，2011 年吳雅萍教師轉任嘉義大學，由楊善知教師接下帶領者之職後，核心小組成員一直維持在 5 人左右，亦為臺中特殊教育學校目前的核心小組成員。

二、學習及工作任務

　　學習模式包含讀書會、個案輔導實作及研習訓練。讀書會的形式為每週定期聚會（利用下班時段，下午 4〜6 點），閱讀應用行為分析及正向行為支持之專書及文獻，專家指導則為每月 1〜2 次；此讀書會之形式延續至今，已經閱讀 17 本專書（請參閱本章附錄一），內容涵蓋行為理論與各類教學策略。個案輔導實作則從 2007 年起，除持續進行每週一次的讀書會，也同時開始進行校內個案的輔導與研究，以一年的時間，運用個案研究法，採行為分析的方法，在指導教師（鳳華教師）的指導下，由觀察、定義目標行為、擬訂計畫到介入策略的執行及成效的評估，共進行四位個案的輔導與研究；其障礙類別有自閉症、智能障礙與多重障礙；行為問題類型則為負責任行為（如上學遲到、工作被動）、不適當社交行為（不當肢體接觸、未經許可取物）、攻擊、自傷和干擾行為等；在介入成效方面，四位個案皆展現降低行為問題與提升正向行為的效果，大大的激勵正向小組成員的信心，並將成果透過研習與教學研究會等方式分享給全校教師，同時奠定正向小組運作的模式。在教師研習方面，除主動協調行政單位辦理校內外教師的應用行為分析相關研習外，亦利用每年校內教師的研習時段，提出小組該學期輔導研究的個案歷程以及原則、原理，期望提升校內教職員在處理行為問題方面時，能增進使用正向行為支持的知識及技巧。

三、擴展與校內支持

　　小組聚會時間均為課後，一週一次，每學期第一次的聚會即決定每次讀書會導讀的成員及章節，並訂定個案研究及討論的時間（請參閱本章附

錄二），以開放參與的方式，廣邀校內、外同仁共同參與。小組成員除了對自己任教班級的學生採用正向支持的策略外，教師們在課餘時的個案討論中，若發現其他班級教師分享的「棘手」個案，也會主動介紹應用行為分析的相關策略，並分享之前小組介入過的個案實例，逐漸拓展正向支持的理念。在廣為交流的發展期，同時開啟校內支持系統的雛形，校內支持的模式為：了解個案行為問題，取得該班導師同意後，入班觀察並共同分析行為功能及訂定介入方案，也邀請非成員教師加入正向小組，或由小組成員入班協助處理行為議題。

參、分享：個案輔導研究與成果分享推廣

一、個案輔導研究

圖 12-1 為正向行為支持小組的核心信念。在行為產生的路徑中，環境可以調整、前事可以調整、後果可以調整的情況下，小組成員堅信行為一定能跟著調整。在找出行為的功能後，趕快的「A」下去，由改變環境和前事著手，打破行為產生的鏈結，相信行為很快就會改變。

2007 年，小組開始進行個案輔導研究，該年度共介入四位個案，障礙類別有自閉症、智能障礙與多重障礙，行為問題類型有上學遲到、自傷、不適當社會行為、攻擊、工作被動，以及干擾行為等；2008 年介入個案有三位，障礙類型為智能障礙與多重障礙者，處理行為問題類型也更進一步挑戰選擇緘默症行為、玩弄生殖器行為、工作被動與不適當的社會行為（如和小狗舌吻、發出 A 片女主角的聲音）等，上述七位孩子的介入成效皆證實：功能性評量與正向行為支持計畫能有效應用與改善不同範疇的行為問題。表 12-2 至 12-4 為近十年來正向行為支持小組運用單一受試研究法，依循功能性評量與正向行為支持計畫的方法及步驟，完整處理的個案整理。

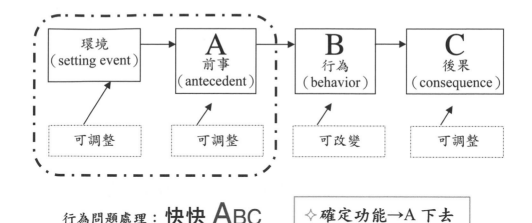

行為問題處理：**快快 A**BC　◇確定功能→A 下去

圖 12-1　正向行為支持小組的核心信念：行為流程及處理原則圖

在開始進行個案輔導研究時，是以小組成員任教班級中的外顯型行為問題為主，經過系統化的介入處理後，發現學生的行為問題不但有減少（或降低），同時其良好（適應）的行為亦隨之增進，其學習更有效率、生活更有品質。小組成員開始將眼光放在「安靜客人型」（內隱型）的孩子或學生不足的技能，以提升未來需要的技能著眼，以系統化的介入，協助「建立孩子的適當行為」，以拓展行為技能，提升個人價值。表 12-2 為小組十年來，進行的個案輔導以「改善不適當行為」和「建立適當行為」為目標的比率。表 12-3 為對目標所進行的功能評量的功能類型百分比，可發現在教室中讓教師覺得是「問題」的行為，其行為的功能以「逃避工作／要求（39%）」和「獲得注意力（24%）」為大宗。缺乏功能溝通的身心障礙學生，其行為問題是長期以來與環境的互動所建立，對學生而言則是「最適切」、「最有效能」的行為，但卻可能不符合社會規範。但該行為問題對學生而言都是有其目的及意義的，找到其功能，才能規劃有效的介入策略。表 12-4 則為正向行為支持小組近十年個案輔導研究所使用策略的統計，小組成員使用最多種類的策略類別為前事策略，而在後果策略的使用上，最常使用的則是「增強」替代行為或適當行為，減少了傳統「行為問題發生」再以「喝止」、「剝奪」、「隔離」或「處罰」方式處理，而

表 12-2　臺中特殊教育學校正向行為支持小組近十年個案輔導研究之目標行為分類

目標行為	個案數	百分比
改善不適當行為	31	79.5%
建立適當行為	8	20.5%

註：統計期間：95 學年度～104 學年度；個案總數：39。

表 12-3　臺中特殊教育學校正向行為支持小組近十年個案輔導研究之行為功能類型

行為功能	個案數	百分比
逃避工作／要求	13	39%
獲得注意力	8	24%
自我刺激	6	18%
逃避內在不安	4	12%
逃避注意力	1	3%
獲得物品	1	3%
（雙重功能）*	（2）	

註：統計期間：95 學年度～104 學年度；個案總數：31。

　　* 在 31 位個案中，有 2 位的行為具有雙重功能。

表 12-4　臺中特殊教育學校正向行為支持小組近十年個案輔導研究所使用之策略統計

前事策略	次數	行為訓練策略	次數	後果策略	次數
調整課程／活動	11	自我管理	8	區別性增強（DRA、DRI）	29
提示（視覺／位置）	8	逐漸褪除計畫	7	消弱	8
調整環境／座位	7	行為契約	4	隔離	7
預告	6	個人工作系統	4	社會增強	5
非後效增強	3	替代行為	4	重新引導	5
功能溝通訓練	3	同儕介入	4	反應代價	2

表 12-4　臺中特殊教育學校正向行為支持小組近十年個案輔導研究所使用之策略統計（續）

前事策略	次數	行為訓練策略	次數	後果策略	次數
調整作息	2	休閒活動教學	3	自我增強	1
調整工作內容	2	圖片兌換溝通系統	2		
社交技巧訓練	2	替代性溝通	2		
社會故事	2	功能性溝通訓練（FCT）	2		
增加個案選擇與控制	2	單一嘗試教學（DTT）	2		
調整刺激呈現方式	2	不相容行為	2		
個人結構化時間表	1	社交技巧訓練	1		
單一嘗試教學（DTT）	1	社會故事	1		
自我管理技巧教學	1	逐減敏感	1		
建立個別化代幣系統	1	提示（口語／手勢／肢體）	3		
刺激控制	1				
示範	1				
次數小計	55		50		57
百分比	34%		31%		35%

註：統計期間：95 學年度～104 學年度；個案總數 39 位，共使用 163 種策略。

是注重能事前「預防」，提高「期待行為」的發生。

二、正向行為支持小組成果發表與經驗分享

在指導教師的鼓勵與指導下，小組成員將實際介入個案輔導研究的成果分別在校內、外教師研習中進行分享，也受邀以自身的經驗協助其他單位夥伴進行正向知能的專業成長，並參與國內外研討會口頭及海報論文的發表，於國內外之應用行為分析國際研討會、中華溝通障礙教育學會的兩岸溝通障礙學術研討會、第一屆亞太地區融合教育國際研討會，以及第一

屆亞太地區正向行為支持國際研討會中，共發表 3 篇口頭論文及 14 篇海報論文（請參閱本章附錄三）。表 12-5 為正向行為支持小組在校內教師研習中分享之個案量統計，表 12-6 則為正向行為支持小組受邀至其他單位，以協助進行其正向知能專業成長的場次統計。

表 12-5　校內教師研習中分享之個案量統計

成果發表	報告個案數量
2008 年臺中區社區化高中職研習	4
2011 均質化臺中特教「正向行為支持計畫成果分享」	7
2012 臺中特教正向行為介入成果分享	8
2014 臺中特教正向行為介入成果分享	6
2015 臺中特教正向行為介入成果分享	3
2016 臺中特教特教知能研習	2

表 12-6　受邀協助其他單位正向知能的專業成長場次統計

經驗分享單位及場次名稱
2009 彰化仁愛實驗學校，情緒障礙學生安置與輔導專家研討會
2010 太平國小，正向行為支持實施策略經驗分享
2011.11～2012.06 臺中啟明學校，PBS 教學課程
2012 臺中市慈愛智能發展中心，特殊需求個案研討會議
2012 雲林縣教育局，亞斯伯格與高功能自閉症問題行為處遇工作坊
2013 惠明盲校，情緒障礙學生之教學輔導策略
2013 雲林縣，102 年度特殊教育學生問題行為介入方案工作坊
2016 105 年度嘉義市身心障礙專業人員訓練——教保員初級班研習課程

三、參與成員心路歷程與轉變

參與者從 100 學年度的 12 名，102 學年度至 104 學年度穩定 13 名，到 105 學年度則增加為 18 名。表 12-7 為 100 學年度至 105 學年度小組成員數及其身分別的統計。在 101 學年度時，某次讀書會只有四位成員參與，創下

最少成員與會的紀錄。其主要挑戰是研讀主題重複而降低資深成員的意願，因應此現象，小組帶領者除了重新確認參與成員的需求，開始採用師徒制的方式，在資深有個案實務的成員引領下，讓新成員能快速的跟上腳步，在重新設定小組常態性聚會的功能及目標後，成員參與的意願及穩定性較提高。

表 12-7　近六年參與正向行為支持小組成員及人數

學年度	教師	教師兼行政	代理教師	實習教師	相關專業人員	他校夥伴	總計
100	3	3	3	3	0	0	12
101	2	3	1	2	0	0	8
102	5	3	1	2	2	0	13
103	3	4	2	2	2	0	13
104	3	3	2	4	1	0	13
105	4	5	1	3	2	3	18

是什麼原因讓正向小組成員們願意犧牲休息、逛街、看韓劇的課餘時間，來參加每週的讀書會，且還願意完整的依程序、表單進行個案輔導研究呢？在走入第十個年頭時，正向小組透過問卷，蒐集了成員們的感動回饋，因有許多皆真誠且激勵人心，此處直接摘錄部分成員的參與心得：

岳老師（參加資歷十年）：進入特教領域時，總覺得特教沒什麼專業可言，不過就是「愛心、耐心、永不灰心」就夠應付了。後來接觸了正向之後，才發現，原來有這麼多專業的東西可以用，而且這麼好用，所以開始期許自己要用十年的時間，讓自己變成一個很專業的特教教師。每次看到孩子的能力，因為我用的方式，而有了一點點的改變和進步，就覺得很爽快。能夠以更有效、更有教育意義的方式，協助孩子提升自己的能力，讓孩子愈來愈獨立，充分展現特教教師的價值，自己也很有成就感。

楊老師（參加資歷八年）：我一直相信，每個孩子都有進步的潛能，可惜的是常常感受到教師自己還沒準備好。因為自覺到這點，於是在尋求資源的過程中，幸運的遇到良師、益友和可以一路扶持的夥伴。我們學習到的，除了有效的策略和研究精神，更是發現自己可以從「被協助者」轉變成「協助他人者」，就像我們希望孩子們帶走的能力。

蔡老師（參加資歷五年）：累積完整的行為介入經驗，往後面對學生的行為問題，能更有結構、更迅速地想好處理策略，在過程中也得到許多思考和吸收新知的機會。此外，學生的改變也是對自己的正向回饋，能鼓勵自己在面對行為問題時不氣餒。參加正向小組能充實專業、透過交流了解和激盪不同想法，也是紓解工作壓力的管道。

林老師（參加資歷三年）：每次參加正向小組皆花約1.5～2小時，不過在這段時間裡，總讓我感到收穫滿滿，除了專業知識的提升之外，看到每位教師都願意在課後時間「主動」前來參加並互相討論、提供意見，以及分享個案介入成效等等，看著每個教師專注聆聽、分享意見的模樣，總是讓我感到感動。踏入教育界時間很短，但無視學生學習權益的教師也看過、聽過好多。每次的小組聚會都會覺得：「啊！這裡還是有很多很棒～很認真～很熱血～很為學生著想的一群教師呀！」所以我總是期待每週的正向聚會，甚至當成充電的時間，提醒自己時時刻刻都要繼續精進自己，做個真的能帶給學生「什麼」的教師！第一次實施個案介入是在這間學校當實習生的時候，當時介入的整個過程影響我很多，原來以前在書本上死讀的策略，適當的應用在學生身上，真的可以帶給學生很不錯的改變！雖然介入過程需要耗費一些時間和心力，但是在離開這間學校，當了正式教師後，即使不是自己帶班，也常常會思考哪些學生可能需要哪些策略，並

著手去做，做的其實並沒有像當初實習時那麼完整、科學化，但是看到學生的改變，還是會覺得很興奮、開心！參加正向小組讓我鞭策自己：永遠帶著熱情的心去學習，並盡力做好教育工作。除了專業素養的提升之外，有些令人頭痛的學生問題，帶來這裡和大家分享，也可以獲得好多好棒的腦力激盪成果（也常常突破我的盲點）。除此之外，覺得影響我最深的應該是我本身的態度，教學的時候，學生出現行為問題時，偶爾為了趕課或是顧及其他學生，不免給學生「處罰」，但回鍋正向小組後，每當學生又出現行為問題，正要火冒三丈「處罰」時，真的會有個小天使在心裡提醒自己：「要正向！要正向！！」（而通常以正向的處理方式，也真的能做到較長久的回饋，以及學生正向行為的增加！！）

肆、開創：邁向正向行為支持的校園

2012 年修訂的《特殊教育法施行細則》第 9 條規範，個別化教育計畫（IEP）的內容須包括：「……四、具情緒與行為問題學生所需之行為功能介入方案及行政支援。……」，教育部近來亦強調正向行為支持方案在特殊教育中的必要性，並納入為視導、評鑑的指標。

由教師自發而組成的行為正向小組，有如走在浪前，累積相當的知識及經驗；現在法規規範「情緒行為問題」需給予策略方案，讓我們不再是走在前面，而是站在浪頂，小組應思考如何將正向行為支持的概念落實在學校每位孩子身上，讓臺中特殊教育學校隨著浪潮前進，而不被浪潮吞沒。

透過理論及實務的經驗，小組發現前事處理在處理行為問題深具「成效」，希望未來進入學校的孩子，能由前事處理開始，避免行為問題的發生，包括：課程的調整、物理空間的調整等，朝建立全校性正向行為支持方案及正向小組學校組織化的方向努力。

伍、臺中特殊教育學校正向行為支持三級預防

　　2016 年正向小組除了例行的讀書會及個案輔導研究外，也結合專家學者的指導，參考採用中華民國特殊教育學會（2014）發展提出的「特殊教育學生情緒行為問題處理架構圖」及相關表件，偕同輔導室規劃出「臺中特殊教育學校學生正向行為支持三級預防流程圖」（如圖 12-2 所示），同時辦理「全校性班級正向行為支持工作坊」，邀請全校高一導師及有興趣的高二、三導師，加入學生正向行為支持三級預防方案。

　　在進行初級預防時，首先面臨到的問題是「表件較多」。小組考量導師面對的是一個班之學生，因此將以每位學生為單位的「學生基本表現與環境適配性檢核表」，重新設計為以班級為單位，可評量每位學生的電子化表件，並加上顏色區分，教師在評完全班後，電子表件會以紅色標出需進行初級預防介入的學生及其指標。此外，結合個別化教育計畫（IEP），調整學生的課表；納入相關專業團隊成員，如語言、物理、職能、心理、社工師，共同進行三級預防的工作。對於學生嚴重的自傷及傷人行為，則立即啟動「危機處理小組」，強力排除可能的傷害，以保護孩子的人身安全。

　　在推行全校性正向行為支持方案的過程中，小組成員發現：若僅由單一處室推動，力量較弱，且三級預防的概念，含括學生的學習與生活，宜納入校內的各行政單位，通力合作、共同執行。當個案量大時，小組成員除自己的課務外，實難再抽時間，長期到別班協助輔導，故需擬訂「正向小組組織辦法」，將小組成員的資格、經驗、權益與義務正式化，並鼓勵小組成員取得資格（副行為分析師），強化小組的專業。未來在行政權責的規劃方面，將朝初級預防以教務處為主導，輔導室和學務處為協助；次級預防以學務處為主導，教務處和輔導室為協助；三級預防以輔導室為主導，學務處和教務處為協助，導入行政資源，落實全校性正向行為支持方案。

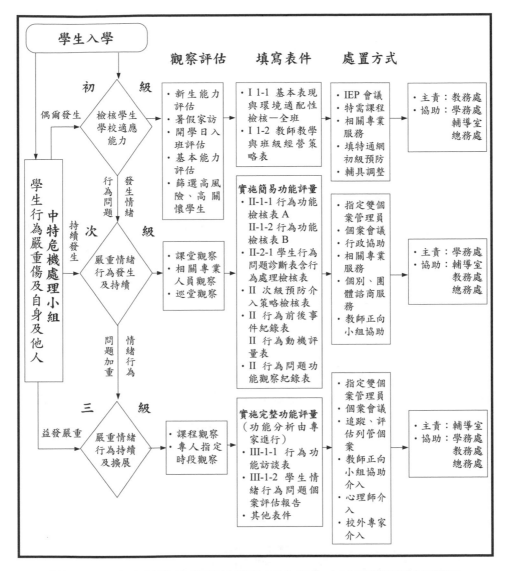

圖 12-2　臺中特殊教育學校學生正向行為支持三級預防流程圖

陸、結語：期許下一個十年

「為什麼你會持續加入正向行為支持小組？」
「因為有效。」

　　正向行為支持是眾多行為改變方案之一，但為什麼正向行為支持小組持續堅持使用在處理孩子的行為問題？小組的經驗發現，不但是能有效的了解、處理孩子的問題行為，更重要的是在處理的過程中，教師不再因孩子的行為「不符合」預期而生氣，對孩子的不適當行為抱持著探因、解題的精神，處理過程少了斥喝與無力；在介入處理過程中，孩子是主動的、是有笑容的、成效是持久的，孩子的眼神變得明亮、滿足、有自信，也是這樣的眼神回饋，讓小組成員持續前行。

　　未來將以更專業（目前即將有第二位成員取得副行為分析師執照）、更積極（擬訂正向行為支持小組章則，納入學校發展計畫內）的態度，以團體互相支持、討論的形態，增進處理孩子不適當行為的品質與有效性，拓展孩子適切的行為技能、創造孩子更高的價值。

附錄一　正向小組讀書會及共同團購閱讀書目

書目	出版社
·身心障礙者行為問題處理：正向行為支持取向（鈕文英，2001）	心理
·身心障礙者的正向行為支持（鈕文英，2009）	心理
·做·看·聽·說：自閉症兒童社會與溝通技能介入手冊（K. A. Quill）	心理
·人際發展活動手冊：少年、青少年與成人版（S. E. Gutstein & R. K. Sheely）	智園
·兒童人際發展活動手冊（S. E. Gutstein & R. K. Sheely）	智園
·兒童語言與溝通發展（錡寶香）	心理
·脾氣爆發了怎麼辦／擔心太多了怎麼辦／抱怨太多了怎麼辦／腦袋不聽使喚怎麼辦（D. Huebner）	書泉
·高職特教班社交技巧教學之理論與實務（王欣宜等人）	五南
·泛自閉症者的社交能力訓練：學校沒有教的人際互動法則（劉萌容）	書泉
·心理與教育測驗（葉重新）	心理
·玩出品格力：青少年體驗式學習的品格教育（洪中夫）	校園書房
·自閉症兒童社會—情緒教育實務工作手冊（鳳華等人）	心理
·自閉／亞斯兒強化動機治療手冊（R. L. Koegel & L. K. Koegel）	遠流
·應用行為分析（上）、（下）（J. O. Cooper, T. E. Heron & W. L. Heward）	美國展望教育中心
·語言行為途徑：自閉症和相關障礙兒童的教學方法（M. L. Barbera & T. Rasmussen）	美國展望教育中心
·心智解讀：自閉症光譜障礙者之教學實用手冊（P. Howlin, S. Baron-Cohen & J. Hadwin）	心理
·應用行為分析導論（鳳華等人）	心理

附錄二　臺中特殊教育學校正向行為支持小組 105 學年度第一學期進度表

臺中特教《正向行為支持小組》105 學年度上學期進度表

開會時間：週四下午 4：30 開始（若遇其他會議，則以廣播時間為主）

開會地點：本校實輔處

開會流程：

A. 討論介入個案／學生狀況→導讀章節 20～30 分鐘→討論章節。

B. 邀請彰師大鳳華教授，指導本校「正向行為支持計畫」，與會者歡迎提問討論。

讀書會書目：應用行為分析導論（心理出版社 2015.11 初版）

次數	Date	星期	主題	導讀者／教授
1	9/13	二	本學期進度說明與組員分享	
2	9/22	四	ch4-刺激控制	孟萱
3	9/30	五	全校性班級正向行為支持方案說明會	鳳華教授
4	10/6	四	ch1-應用行為分析的定義、發展歷史與基本概念	善知
5	10/13	四	ch5-四期後效：動機操作	佑慈
6	10/21	五	全校性班級正向行為支持方案工作坊 1	鳳華教授
7	10/27	四	ch8-語言行為	怡喬
8	11/3	四	ch2-增強	品吉
9	11/10	四	ch3-懲罰	維倫
10	11/18	五	全校性班級正向行為支持方案工作坊 2	鳳華教授
11	11/24	四	ch13-行為觀察與測量	祥文
12	12/1	四	ch7-減少行為策略	孝梅
13	12/8	四	ch9-應用行為分析取向的其他教學策略	莉婷
14	12/15	四	ch9-應用行為分析取向的其他教學策略	莉婷
15	12/22	四	ch11-自我管理＋討論 ABA 測試答案	示安
16	12/23	五	全校性班級正向行為支持方案工作坊 3	鳳華教授
17	12/29	四	ch16-行為功能評量	威力
18	1/5	四	ch17-前事介入與正向行為支持	志全
19	1/13	五	全校性班級正向行為支持方案工作坊 4（個案介入報告）	鳳華教授
20	1/19	四	ch6-增加行為策略＋歲末歡樂會	家薰

備註 1：請導讀者準備 20～30 分鐘的心得摘要，若需要投影或喇叭，也請導讀者先行準備喔～！

備註 2：請夥伴們於開會前先行讀過當週章節，希望能激盪出不一樣的想法。

未認領章節：ch10-應用行為分析與個別化教育計畫、ch12-其他行為介入模式、ch14-行為資料圖示與分析、ch15-實證本位研究與單一受試實驗設計。

附錄三　海內外研討會發表之口頭論文及海報論文

研討會名稱	口頭論文／海報論文名稱
2008 TABA 會員大會暨研討會	〈口頭論文〉 正向行為支持計畫在學校之應用
2009 35th ABAI Annual Convention in Phoenix（USA）	〈海報論文〉 School-based Positive Behavior Support: The Effects of Using FBA and PBS for Students with Behavioral Problems in Special Education School in Taiwan
2009 應用行為分析國際研討會	〈口頭論文〉 推動應用行為分析與正向行為支持計畫的學校方案：以一所臺灣中部特殊教育學校為例 〈海報論文〉 1.運用自我管理策略減低高職階段智能障礙學生口語干擾行為之成效研究 2.正向行為支持計畫對具有選擇性緘默症的中度智能障礙學生在教室中被動行為處理成效之研究 3.教導中度智能障礙學生運用自我管理策略在增進工作主動性及降低不適當行為之成效
2011 應用行為分析國際研討會	〈海報論文〉 1.同儕介入結合 AAC 訓練在自閉症學生休閒課程之研究 2.延宕增強策略及區別性增強策略在重度智能障礙學生職業課程之研究 3.自我監控策略結合行為契約在中度智能障礙學生社交技巧之研究
2011 中華溝通障礙教育學會兩岸溝通障礙學術研討會	〈口頭論文〉 有效的自閉症學童溝通方式

研討會名稱	口頭論文／海報論文名稱
2013 ABAI Annual Convention in Minneapolis（USA）	〈海報論文〉 The Effectiveness of Video-feedback and Self-monitory Strategy of the On-task Behavior for a Middle School Student with Autism
2015 第一屆亞太地區融合教育國際研討會	〈海報論文〉 1.「好行為競賽」改善高職智能障礙學生課堂口語干擾行為之成效研究 2. 自我管理策略改善高職多重障礙學生自我刺激行為之成效研究
2016 APPBS-The First Asia Pacific International Conference on Positive Behavior Support	〈海報論文〉 1. The Effects of Self-recording on the Cleaning Windows of a High School Student with Intellectual Disability in Special Education School 2. The Effects of Positive Behavior Support of Reducing Out-of-seat Behavior of a High School Student with Intellectual Disability in Special Education School 3. The Effects of Positive Behavior Support on Off-task Behavior of a High School Student with Intellectual Disability in Special Education School 4. The Effects of Positive Behavior Support Plan for Self-stimulatory Behavior of a High School Student with Autism Spectrum Disorders in Special Education School

第十三章

實例二：南區三校建構全校性三級預防系統之經驗分享

何美慧[1]、吳佩芳[2]、郭勇佐[3]、黃莘涵[4]、康琮富[5]

壹、試辦背景

隨著融合教育思潮之普及與相關政策之落實，身心障礙學生已大多於普通教育環境接受特殊教育服務，而安置於特殊教育學校的學生，其障礙程度則更趨於重度或多重障礙。不論是在普通學校或是特殊教育學校，任課教師因此面臨不甚熟悉的學生族群，隨之而來的挑戰則是學生情緒行為問題的發生比例日益增加，除了嚴重干擾學習外，甚至有危害自身及他人安全之虞。因應爆發情緒行為問題的學生，教師往往期望學務處或是輔導室提供立即性協助，以隔離學生的方式，待行為消失後再返回班級。此類治標不治本的處置，讓相同劇碼不斷上演，學校處室與教師只能無奈地接受學生的情緒行為問題隨時可能會無預警出現。

欣見中華民國特殊教育學會（以下簡稱特教學會）推動試辦「特殊教

1　國立臺南大學特殊教育學系副教授。

2　國立高雄師範大學特殊教育學系副教授；博士級國際行為分析師（BCBA-D）。

3　國立臺南大學附屬啟聰學校總務主任。

4　國立臺南特殊教育學校特教教師。

5　臺南市永康區大灣國小特教教師。

育學生情緒行為問題處理守則與專業倫理」計畫，預期將有助於建立三級預防模式的校內支持機制，以因應學生的情緒行為問題，因而南區三校：國立臺南大學附屬啟聰學校（以下簡稱南大附聰）、國立臺南啟智學校（以下簡稱南智）、臺南市大灣國小（以下簡稱大灣國小），欣然加入試辦行列。南大附聰與南智皆是具有百年歷史的特殊教育學校，也皆有完整的各階段教育服務，包括：學前、國小、國中與高職部；大灣國小是一所大型學校，共有普通班 60 班，以及資源班與特教班各 2 班。三校或為特殊的學校，或為普通學校，性質不同，但皆有共識以建構全校性三級預防機制為標的，其核心理念是給予學生正向支持，同時也提供教師處理學生行為問題的正向支持。以下分享此三校的試辦經驗，此試辦歷程始於準備工作（建立正向支持之氣氛與機制），以下說明試辦歷程與結果。圖 13-1 為試辦過程的重要工作。

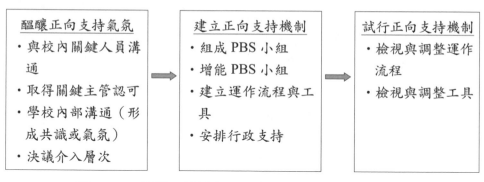

圖 13-1　南區三校試行全校性正向行為支持之過程

貳、試辦前的準備

一、醞釀正向支持氣氛

　　南區三校在參與試辦本計畫之初，由臺南大學特殊教育學系何美慧教授先與校內關鍵人員溝通，在獲得校長或主管處室的同意後，各校依各自

學校的生態進行共識之建立。之後，三校都決議以全校性 PBS 方案為目標，其各項工作內容摘要如表 13-1 所示。

表 13-1　南區三校之準備工作 1：醞釀正向支持氣氛

工作項目	工作內容		
	南大附聰	南智	大灣國小
與校內關鍵人員溝通	何美慧教授與輔導室郭勇佐主任溝通。	何美慧教授與輔導處陳柏旬主任、教務處黃培瑜主任溝通。	何美慧教授與資深特教教師康琮富溝通。
取得關鍵主管認可	郭主任向校長陳報，校長初步同意。	二位主任向校長陳報，校長初步同意。	康老師與學校有關處室溝通，確認可行。
學校內部溝通（形成共識或氣氛）	何教授向全校教師說明計畫精神與預定實施方式。行政主管會議討論，決議由輔導室主責。	配合學校現有之學生行為處理之校內教師知能系列研習計畫，將試辦活動融入其中。主責處室視活動性質分由教務室與輔導室執行。	初階段：康老師與校內合適且有意願的教師溝通。後續推廣階段：校務會議形成三級預防輔導計畫，由輔導室主責。
決議介入層次	三校皆以全校性三級預防系統為目標。大灣國小：分階段推行。		

本階段工作未遭遇困境，其成功要素整理如下：

1. 與校內關鍵人員溝通：信任、友誼、理念相同、學校需要。
2. 取得關鍵主管認可：溝通人士的特質與資歷、主管信念、學校需要。
3. 學校內部溝通（形成共識或氣氛）：符應學校生態。
4. 決議介入層次：專業知識、主管魄力、學校生態。

二、建立正向支持機制

正向支持機制之建立，首先要成立 PBS 小組，這是提供普通班教師穩定支持的核心。組成後，PBS小組增能計畫與建立支援系統是重要工作。支援系統包括建立運作流程與工具，以及安排行政支持，如表 13-2 所示。

表 13-2　南區三校之準備工作 2：建立正向支持機制

工作項目	工作內容		
	南大附聰	南智	大灣國小
一、成立 PBS 小組	主要成員：14人。 含輔導室 8 人（主任、專業團隊）、教務處 3人（主任、組長）、學務處 3 人（主任、組長）。	主要成員：9人。 含教務處 1 人（組長）、學務處 2 人（主任、組長）、輔導室3人（主任、組長、心理師）、導師3人（幼兒部、國中部）。	·成員（初階段）：8人。 含特教教師5人（特教班、資源班）、專輔教師1人、普通班資深教師2人。 ·常任成員（推廣階段）：14人。 含輔導室 9 人（主任、輔導組長、特教組長、專輔教師、特教教師）及5位普通班資深教師。
二、增能 PBS 小組	·2015 年 12 月至 2016 年 5 月期間，臺南大學特殊教育學系辦理「104 年度南區 PBS 種子教師研習」，是 12 次的系列研習，由高雄師範大學特殊教育學系吳佩芳教授授課。研習目標是了解正向支持之理論與實作。 ·研習過程中，各校在校內同步進行試行計畫。		
三、建立運作流程與工具	·參照特教學會所建議的三級預防流程與有關表格，融入IEP之行為功能介入方案表格，但依各校生態因素做微調（參見表 13-3）。 ·PBS 小組任務：提供諮詢服務、支援教師處理個案（包括協助教師填寫附件資料、研擬與實施介入計畫）。		

表 13-2 南區三校之準備工作 2：建立正向支持機制（續）

工作項目	工作內容		
	南大附聰	南智	大灣國小
四、安排行政支持	• 主責單位：輔導室。 • 訂定正向行為支持實施計畫。 • 支持 PBS 小組執行任務，必要時連結外部資源。	• 教務處與輔導室共同規劃，各司其職。 • 教務處：舉辦正向行為支持知能研習、檢視 IEP（含行為功能介入方案）。 • 輔導室：協助教師撰擬行為功能介入方案、辦理輔導知能研習、提供輔導資源。	• 主責單位：輔導室。 • 需要家長參與時，邀請家長；與 PBS 小組討論備案，擔任導師與家長間的緩衝器。 • 舉行個案會議，其辦理時機：（1）輔導者、申請者或 PBS 小組成員有需求時；（2）有危機事件發生時；（3）個案需要轉介到更高層次介入時。

本階段成功的要素如下：

1. 成立 PBS 小組：共識、成員熱忱、跨處室合作。

2. 增能 PBS 小組：提供時間參與（例如：公假）。

3. 建立運作流程與工具：有完整範例參考（例如：特教學會所建置之流程與工具）、符合學校生態（例如：教師使用情形——專業要求、態度）、負擔少（例如：不增加額外負擔，而學生與教師都可以順利得到正向支持）。

4. 安排行政支持：集思廣益；家長、教師及行政人員三方合作且可行的處理方式。

本階段遭遇的困境與因應作法如下：

1. 成立 PBS 小組：二所特殊教育學校皆以行政處室為班底，主要為求穩定，但專業上恐有限制。因應之道是提供系統性研習。
2. 增能 PBS 小組：有些行政人員公務繁忙（南智），以致未能全程參與。
3. 建立運作流程與工具：教師態度保守，初篩機制運作不甚理想，因此擴增個案來源，凡轉介單內容經 PBS 小組評估與確認屬服務對象者，即啟動 PBS 運作（南大附聰）。

參、試辦過程：試行正向支持機制

南區三校的試辦內容簡要說明如下。

一、南大附聰

輔導室邀請有意願的個案班級導師參與三級預防介入的試辦工作。導師轉介三名有明顯行為問題的多重障礙學生，包括一名國小生（小四）與二名高職生，由於其行為問題明顯與持續，因此直接實施次級預防介入。PBS 小組與導師合作實施功能評量，了解學生行為之有關影響因素、行為功能，並訂定擬建立的正向行為；功能介入方案再於 PBS 小組會議中確認。介入方案強調學習環境調整、班級經營、替代行為增強機制等初級預防層級措施。接著，進行校內橫向聯繫，分工合作執行方案，由導師與教師助理員配合實施。

二、南智

首先由教務處與輔導處先訂定有關的工作項目與期程，並針對十位個案，請其導師撰擬行為功能介入方案、納入 IEP，接著召開個案研討會討論方案，並視個案需要引進相關的輔導資源。

三、大灣國小

　　包括二部分：其一，PBS 小組於每星期二下午，在輔導室提供教師關於學生行為問題正向支持之諮詢；其二，由集中式特教班教師、普通班教師共提出二個學生案例，試行特教學會提出之三級預防流程與有關表格；此二個案例因行為問題明顯嚴重，便直接進行初級預防及次級預防的處理。第二個試行階段，則新增四個案例。

　　南區三校試行的三級預防流程（篩檢、初級預防、次／三級預防），皆係微調特教學會提供的「特殊教育學生情緒行為問題處理三級預防工作流程圖」。篩檢、初級預防階段的工具，係採用特教學會之表格。次級預防的簡易功能評量則主要參照 PBS 小組增能研習時，由吳佩芳教授提供之行為功能介入計畫表（類似特教學會之表格）。南區三校流程大致類似，但稍有不同，摘要如表 13-3 所示。

表 13-3　三校在試行流程之不同處摘要

階段	重要工作	南大附聰	南智	大灣國小
初篩	篩檢有適應困難／行為問題的學生，轉介輔導室進行初級預防介入。	班級導師填寫。	班級導師填寫。	導師或科任教師提出，輔導室輔導組或專任輔導教師受理申請。 全校學生篩選（含非特殊教育學生）。
初級預防	依附件表格檢核，並形成初級介入方案。評估方案實施成效，據以決定是否需要次級或三級預防介入。	PBS 小組支持個案導師，含填寫附件資料，以及研擬與實施計畫。	輔導室協助教師填寫與擬訂行為功能介入方案。學生若有初級預防需求，繼續填寫表A；若有次級／三級預防介入需求，則填寫表 B。	PBS 小組協助申請者填寫有關表格，並評估申請者需求，提供預防性的介入。 視需求舉行個案會議。

表 13-3　三校在試行流程之不同處摘要（續）

階段	重要工作	南大附聰	南智	大灣國小
次級預防	實施簡易功能評量，並擬訂介入方案。	PBS 小組支持導師，含填寫附件資料，以及研擬與實施計畫。必要時連結外部資源。	學生若有次級／三級介入需求，填寫表 B。輔導室協助教師填寫與擬訂行為功能介入方案。	PBS 成員與教師合作實施簡易功能評量，依評量結果擬訂相對應的策略並執行；必要時轉介校外資源，進行跨領域合作。視需求提出個案會議或危機處理。

　　南區三校試行後，形成 IEP 之「行為功能介入方案與行政支持」表格，南大附聰版本有 10 個附件表格，南智版本則分 A 表、B 表。三校表格之調整情形，與特教學會表格之對照摘要，如表 13-4 所示。

表 13-4　南區三校試行後應用於行為功能介入方案表格與特教學會表格對照表

特教學會[1]表格	南大附聰	南智	大灣國小
初篩			
特殊學生初級需求調查表 I.適應簡易調查表（附件一）	微調（附件 1）	微調	微調
初級預防			
II-1.基本表現（附件二）	微調（附件 2）	表 A（1）	v
II-2.環境適配性指標表（附件二）	微調（附件 2）	表 A（1）	刪[2]
教師教學與班級經營策略表（附件三）	附件 3、4	表 A（2,3）	微調

表 13-4　南區三校試行後應用於行為功能介入方案表格與特教學會表格對照表（續）

特教學會表格	南大附聰	南智	大灣國小
次級、三級預防 [3]			
危機處理 I.處理策略（附件四）	附件 6～9	表 B	主要參照吳佩芳教授提供之行為功能介入計畫表
行為功能訪談表（附件五）	附件 7	表 B	
行為動機評量表（附件六）		表 B	
行為前後事件記錄表（附件七）	附件 6	表 B	
次級預防介入策略檢核表（附件八）	附件 8、9	表 B	
危機處理 II.（附件九）		表 B	

註：1.本表為中華民國特殊教育學會的表格舊版編號與表格名稱。
　　2.初級預防表格之刪除理由（大灣國小）：刪除附件二係因為此表與附件三重複性高，後者更為明確，而該校採 PBS 小組與教師共同討論相關因素，避免教師覺得填寫過多相似表格。
　　3.次／三級預防表格之調整與理由：
　　　(1)南大附聰：增列二附件。附件 5（行為問題處理優先順序；目標行為處理歷史）、附件 10（記錄執行結果）。
　　　(2)南智：實施簡易功能評量時，提供特教學會表格與吳佩芳教授表格供教師參考使用。另提供三附件供教師參考——「行為問題起因與特性及處理相關建議」、「行為功能起因及處理策略建議」，以及「正向行為支持相關策略參考」。
　　　(3)大灣國小：實施簡易功能評量時，考慮若表單太多普通班教師不易填寫，故主要採用吳佩芳教授於研習中提供的開放式行為功能介入計畫表（與特教學會之表格類似），由 PBS 小組成員協助教師填寫，並共同討論相關策略。

肆、試行成果與展望

　　南區三校試行成果以學生案例處理成效，摘要如表13-5、13-6所示；參與教師的回饋，摘要如表 13-7 所示。

一、學生案例處理成效

　　南大附聰針對導師轉介的三名個案實施次級預防介入，經 PBS 小組與導師合作，進行功能評量，形成行為功能介入方案，包括：前事控制、環境改善、行為教導，以建立其替代行為，並以增強物維持所建立的替代行為；學生的行為問題在 PBS 小組與導師、任課教師及教師助理員的合作之下，執行 2 週後，便顯現出效果，摘要如表 13-5 所示。大灣國小實施二階段試辦工作，案例合計六名學生；依前述過程，特教學生之行為亦有明顯改善（第一階段試辦），而普通班學生之行為問題改善更為明顯（第二階段試辦），導師在 PBS 小組協助下，往往在短期內便可以看到學生改善情形，並表示可以自行接手處理；學生改善情形摘要如表 13-6 所示。

表 13-5　南大附聰試辦三位學生之目標行為與處理成效摘要表

學生	學生情形		學生的目標行為			處理成效（處理期程為 2 週）
	年級	障礙	行為	嚴重情形	功能	
甲	小四	聽障+腦麻	上課離座	每一節發生，干擾同學與自己的學習	引起注意	由 100%減為 60%
乙	高職一	智障+自閉症	上課插嘴	經常插嘴，影響教學進行	引起注意	由 100%減為 60%
丙	高職一	智障+自閉症 無口語能力	1.脫衣服 2.自慰 3.玩排泄物 4.咬東西	經常發生	自我刺激	1.由一週 2～3 次減為 0～2 次。 2.由一天 4～6 次減為 2～5 次。 3.由一週 2～3 次減為 0～2 次。 4.由 100%減為 80%。

表 13-6　大灣國小試辦（二階段）六位學生之目標行為與處理成效摘要表

學生	學生情形		學生的目標行為			處理	
	年級	障礙	行為	嚴重情形	功能	期程	成效
第一階段試辦：特教學生							
甲	小五	智障+自閉症	不服從（尖叫打頭）	凡不合己意便尖叫，干擾同學與自己的學習。	逃避	3個月	由 100%減為 50%。
乙	小三	智障+自閉症	不服從（閉眼哭泣）	凡不合己意便閉眼哭泣，干擾同學與自己的學習。	逃避	3個月	由 100%減為 30%。
第二階段試辦：普通班學生							
丙	小一	疑似情障	抗拒	凡不合己意便尖叫，干擾同學與自己的學習。	逃避取得注意	3週	導師表示可自行接手處理；約由 100%減為 50%。
丁	小三	疑似情障	不服從	凡不合己意會敲頭、威脅自殺、哭泣，干擾同學與自己的學習。	逃避取得注意	2週	導師表示可自行接手處理；約由 100%減為 80%。
戊	小四	注意力不足	不專注	無法專注於學習，導致害怕學習。	逃避	1週	導師表示可自行接手處理；約由 100%減為 50%。
己	小四	疑似情障	抗拒	凡不合己意便哭泣，干擾同學與自己學習。	逃避	1週	導師表示可自行接手處理；約由 100%減為 50%。

二、參與教師的回饋

參與教師的回饋摘要，如表 13-7 所示，說明如下。

表 13-7 南區三校試辦參與教師的回饋摘要表

校別	得到心理支持（導師）	得到專業支持（導師）	得到專業成長（導師、PBS 小組）	減少工作負擔	其他
南大附聰	v	v			
南智				v	v
大灣國小	v	v	v		

1. PBS 實施過程中的支持與陪伴，減少了導師面對學生行為問題所感受到的孤立無援與力不從心（南大附聰）。

2. PBS 支持機制讓普通班教師在處理學生行為問題時多了安全感，覺得自己不是單打獨鬥，例如：（1）透過小組開會，避免導師與家長直接衝突；（2）透過每週追蹤處理情況，小組成員適時介入協助；（3）透過資深教師的現身說法得到真實經驗的傳承，比較不需擔心自己的處理方式恰當與否（大灣國小）。

3. 參與者獲得專業成長，包括：（1）透過非正式的閒聊模式，導師在問題討論中覺察自己的問題癥結；（2）資深的普通班教師提供自己的經驗，增進受信任度；（3）資深的普通班教師說明與檢視班級經營的初級預防策略，因而得以檢視自己的教學是否可以更加精進（大灣國小）。

4. 新版的行為功能介入方案之表格啟用後，教師便於填寫，減少教師額外負擔（南智）。

三、展望與挑戰

（一）南大附聰

該校配合當前教育政策而全校性推行正向行為支持方案的運作，有其因強制性而帶出的效率，尤其目前已建置的 PBS 小組，在全面推動過程中可提供必要的支持與服務，有利於教學現場落實正向行為支持來因應學生的行為或情緒問題。不過，正向行為支持方案係資料本位，其過程需費

時、費神的蒐集資料與數據，對於習於立即處理學生行為問題的教學現場教師，會是一項大挑戰，並可能因而引發抱怨紙筆作業多、實施過程繁瑣等；因此，仍需要透過研習活動，持續與教師溝通，並藉樂意參與的教師分享其個人見證與經驗，相信應能逐漸營造出全校正向支持的氛圍。

（二）南智

目前該校教師在撰寫行為功能介入方案仍有進步的空間，因此將會規劃邀約具豐富經驗的教師來分享實作經驗。另一方面，鼓勵有熱情與興趣的教師成立專業學習社群，共同討論、聘請專家學者指導，促進專業成長。行為功能介入方案的擬訂與執行，非教師單打獨鬥可以完成，導師、任課教師皆不可或缺，學校也會積極促進教師彼此之協助與交流，俾利於預防和解決學生的情緒行為問題。

（三）大灣國小

該校接續的努力目標是擴大邀請資深優秀的普通班教師參與 PBS 小組，目前已成功增加了五位。此外，將全面篩檢全校普通班可能有適應困難的學生，並逐年累積屬於該校自己的全校性正向行為支持經驗。

伍、結語

南區三所試辦學校示範了建立全校性正向行為支持機制的歷程，順利建構這項正向行為支持機制的關鍵起點是妥善的準備工作：其一是取得主管支持與第一線教師的共識，其二是建立強力的支持小組。三校藉著特教學會提供之三級預防架構與有關表格，並考量各自的學校生態環境，包括：學校成員（學生、教師、行政人員）之特質與需求、運作習慣、資源便利性，已然建構適用於自己學校的版本，並將據以推行全校，讓教師有所遵循，累積自己學校的經驗，於是學生、教師、行政人員三贏的校園是可以期待的。

第十四章

實例三：國小資源班 ADHD 學生「拒絕進教室行為」

廖芳玫[1]、詹千慧[2]

壹、前言：個案背景資料與行為問題描述

一、背景

本個案為確認情緒行為障礙（ADHD）之國小五年級特殊教育學生，就讀於不分類身心障礙資源班。

個案在一年級上學期剛開學時，就出現拒絕進教室的情形，在校門口拉著媽媽的手哭鬧，經導師轉介給特教組進行觀察，特教教師請家長帶至醫院評估，醫生診斷為「注意力缺陷過動症」（ADHD），並給予利他能，每天用藥一次，但拒學問題仍未改善。

二、轉學

一年級下學期轉學到○○學校後的第一、二天，曾在媽媽帶她到教室門口時不進教室，然而在導師熱烈表示歡迎、邀請她自我介紹，再請全班

1　教育部國民及學前教育署情緒及行為問題專業支援團隊督導；臺北市立大學兼任講師。
2　基隆市中正區中正國小特教組長（時任不分類巡迴輔導教師）。

同學拍手，並且和她約定要請她擔任小老師，個案就順利進班上課了。雖然後來她時常與同儕發生糾紛，例如：玩玩具時，無法與同學輪流玩；時常會插隊或是搶玩具，但在導師介入處理的情形下多能和平解決。另外，導師也時常口頭鼓勵讚美她、請她擔任小幫手幫忙發簿本，或是請她上臺示範，給她成就感，另一方面也時常提醒她相關的規範與約定。因此，個案拒學情形未再出現，而且喜歡到學校上學、喜歡老師及同學。

三、適應困難

從三年級開始，個案常主動向教師告狀、衝突時會大聲罵同學、玩遊戲時容易犯規或是動作粗魯碰傷同學，或是時常沒有準備文具用品、衛生紙而一直向別人借但未還。以致很多同學都不願意跟她玩、也不願意借她東西、常常向教師告她的狀。

個案放學回家後，都到隔壁從小帶大她的褓母家做功課。在家裡容易與媽媽大小聲、不服管教，覺得功課很難不想寫，一定要褓母一題一題陪著她寫，才願意寫。寫完功課一定要和褓母一起玩電腦遊戲。如果媽媽要去接個案回家，就會不高興地瞪媽媽或是躺在地上耍賴許久才肯回家，甚至要褓母陪她回家直到她睡著。家長極為信賴褓母、互動密切。

媽媽固定帶個案回診，每天督促她按時用藥（早餐吃完出門前用）。用藥後的專注力明顯改善，能夠理解與回應教師的問話，但上課時對於教師口頭講述、邏輯抽象的課程內容，較難馬上理解且容易分心。在與同學相處互動方面仍然困難，時常發生衝突與被孤立的情形，例如：分組時，沒有人主動找她一組；當她要跟同學借鉛筆時，沒有人願意主動借給她。

四、接受巡迴輔導服務

該校的特教組長因個案的人際互動問題，在特教通報網上申請不分類巡迴輔導服務。巡迴輔導教師自個案三年級上學期開始，持續到校上社會技巧課，個案和同學的互動略有進步。

個案從五年級上學期開始，每個月生理期的第一、二天會因不舒服請

假，其他時候均正常上學。

五、拒絕進學校與進教室

　　個案於五年級下學期開學第一天即出現拒絕進學校的情形，在校門口哭鬧，拉住媽媽的手不讓媽媽離開，並且要求媽媽全天陪伴，情況持續了一整週。第 2 週和第 3 週早上曾經躲在家中廁所，不肯出門上學，媽媽請管區警察到家勸說後由救護車送醫。因為警察告訴她如果以後不上學，還是會來送她去醫院，所以之後她早上能跟著媽媽出門，但總是在校門口哭鬧不停、與媽媽拉扯，即使媽媽答應全天陪伴也不願意進學校。就算老師和同學輪番勸說，也常常要勸到 10 點以後才願意進教室。在這段拉扯的時間中，每個到學校來上學的同學、學弟妹等都看到她在校門口失控的表現，變得更不喜歡和她互動。

　　第 4 週某一天早上媽媽將車開進校園後，個案卻不下車，和媽媽哭鬧拉扯，動手搶媽媽的皮包、平板電腦和車鑰匙，讓媽媽無法離開，並威脅媽媽：「只要媽媽一走，就要翻牆逃出學校，讓媽媽無法安心去做生意。」當天媽媽只好陪個案待在車上玩一整天平板電腦。連續鬧了幾天，即使告訴她如果再這樣鬧，要叫警察來，她也不理會，繼續鬧了一個小時左右，最後在媽媽和老師反覆提醒警察會來之後才進教室。後續幾天，天天如此。到了第 5 週又完全不進教室，堅持在車上不下車，或是偶爾由媽媽陪著待在圖書館或健康中心。

　　個案拒絕進教室、過度使用平板電腦、過度依賴褓母、生氣時破壞物品，以及拿物品丟擲父母的情形日趨嚴重。

小提醒

1. 對於大部分注意力缺陷過動症的學生而言，穩定就醫用藥是一項重要的介入策略，但不是唯一的介入策略。這類學生仍然需要許多的環境調整、行為教導與鼓勵措施，才能逐步適應團體生活。

2. 少部分注意力缺陷過動症的學生若出現上學困難的情形，可能經常與

其在學校面臨學習困難、人際困難、缺乏成就感等原因有相當大的關係。本個案在一年級下學期的班級導師採取多鼓勵、時常請她當小幫手幫忙發簿本，或是請她上臺示範給同學們看，給她成就感的方法；在處理她與同學之間的糾紛時，也時常提醒她相關的規範與約定，因此讓她具有足夠能力適應學校而漸漸減少拒學情形，最後穩定下來並喜歡到學校上學。但在個案三、四年級時，這些支持未能持續執行，以協助其所面臨的學習及人際困難，包含：學習時的理解困難和分心狀況、寫作業的習慣、與同儕之間的分組、遊戲互動等，讓她對於學校的生活漸漸產生挫折感。

巡迴輔導教師適逢參與中華民國特殊教育學會「特殊教育學生情緒行為問題處理守則與專業倫理北區學校試辦計畫」，即與以特教組長為聯繫窗口的「校內輔導團隊」（成員包括校長、教導主任、特教組長、輔導教師、班級導師及家長）在北區督導廖芳玫老師的協助下，以特教生三級情緒行為問題處理流程，於開學後第 2 週至第 5 週執行初級介入、第 6 週至第 15 週執行次級介入，最後再進行介入成果的評估及追蹤。各層級的處理情形與問題摘述如下。

貳、初級預防

由於個案拒絕進教室的問題出現之時，恰逢巡迴輔導教師開始參與試辦計畫，於是巡迴輔導教師視個案問題為放長假後出現的「適應困難」，即嘗試使用初級預防的方法提供協助。

首先，巡迴輔導教師透過特教組長請導師和社會科、英語科、體健科、藝文科和音樂科教師填寫「適應簡易調查表」。填答結果發現：多數教師表示個案於過去一個月約有 4～7 天缺席，其中以星期一的缺課天數最多，且個案在學校的整體適應情況不佳，其中人際及學習適應皆顯現困難，且情緒及行為表現亦有問題，例如：個案在失控哭鬧的情形下，無法

在 30 分鐘內因為旁人安慰、時間延宕、注意力轉移、環境轉換等各種協助，而控制住自己的情緒。

　　巡迴輔導教師再請導師與科任教師填寫「學生基本表現與環境適配性檢核表」，發現個案在社會課與體健課時，上課注意聽、聽從指令、完成指派工作、適當提問、參與小組活動、輪流等待、尋求他人協助等基本表現最為困難，其餘課程的表現則相對較佳。而就「學校提供的學習環境」題項的勾選結果看來，個案的導師已對個案各項表現做了彈性調整，例如：減少作業量、降低評分標準、個別給予指導、介入協助分組、調解個案與同儕間的糾紛等，但可能尚不足以降低個案面對學校生活中的各種挫折所產生之壓力。

　　巡迴輔導教師繼而再以「教師教學與班級經營策略表」訪談各科任教師，並提供可再嘗試的教學與班級經營策略。結果發現：部分教師採取「經常的鼓勵與讚美」以及「提供學生參與各項活動機會」的策略能稍稍提升其學習動機和學習信心，但是大部分科任教師則對提供參考的策略抱持懷疑的態度，認為自己只上該班幾節課，這樣的調整會有用嗎？

　　由於個案的行為問題已經讓學校感到非常困擾，且自中年級至五上，導師已經嘗試過許多調整策略，但問題仍嚴重，故巡迴輔導教師在與特教組長和家長溝通後，決定與學校合作，為個案進行次級預防流程，亦即執行功能行為評量與介入工作。

小提醒

1. 對於個案行為問題是否嚴重的認定，有時因教師們的理念不同而有差異，但是若家長或個案的教師中有人覺得個案適應困難，則均應予以重視，並釐清問題。

2. 通常當個案在學校適應出現困難時，導師和科任教師們都能自行調整教學方式與教室經營的方法，但當個案的問題較為嚴重時，這些調整可能需要較高的一致性才能產生成效。此時，輔導團隊就可聚在一起，使用「學生基本表現與環境適配性檢核表」與「教師教學與班級

經營策略表」進行系統化的討論，分享彼此已使用的策略與成效，並且討論大家願意一致再嘗試的策略。

3. 當個案的行為問題持續重複出現時，即可能代表初級預防工作已不足，需進行次級預防工作。

參、次級預防

次級預防工作的工作程序如下：

1. 先透過特教組長召集校內輔導團隊開會討論，重要的會議內容如下：

    (1)決定標的行為：會議進行時，家長與相關人員曾提及個案除了「拒絕進教室」之外的行為問題，巡迴輔導教師特別說明行為問題處理有輕重緩急之分，建議優先處理「拒絕進教室」之行為，因為這個問題影響個案、家庭和學校最大。其餘問題可待個案能穩定上學後再行評估與討論。校內輔導團隊因此同意以「拒絕進教室」為標的行為。

    (2)巡迴輔導教師說明次級預防工作的工作內容、工作程序與工具。

    (3)徵求可以協助蒐集資料的人員以訪談、評量表，以及直接觀察等多元方式蒐集資料。

2. 巡迴輔導教師統整資料，評量行為功能與危機程度。

3. 巡迴輔導教師依據功能行為評量結果草擬介入目標、互競行為模式介入計畫與行為功能介入方案。

4. 巡迴輔導教師透過特教組長之安排，與校內輔導團隊開會，討論並確認評量結果及介入計畫。

5. 巡迴輔導教師與校內輔導團隊合作執行為期 10 週之行為功能介入方案。

功能行為評量與行為功能介入方案之擬訂和執行過程如下。

一、實施簡易功能行為評量及危機評量

　　由於個案的行為略具危險性，大家擔心她會獨自離開學校，所以先做一些危機處理：（1）請學校警衛加強校門口及校園內的巡視；（2）請媽媽在個案情緒不穩定時不要馬上離開學校；（3）請導師和班上的小天使們多多陪伴在個案身邊，不要讓她落單。繼而進行簡易的功能行為評量。為了深入了解個案的生長史、家庭背景、個案目前各項能力表現、生活作息、興趣嗜好、行為功能、期待行為和可能的功能等值替代行為，先使用「功能行為訪談表」蒐集資料。由巡迴輔導教師和特教組長訪談案母、導師和其他科任教師。

　　繼而特教組長再請導師、科任教師、資源班教師填寫「行為動機評量表」，其功能行為評量結果為「獲得他人注意」。

　　導師則以「拒絕進教室」為標的行為，用「行為前後事件紀錄表」蒐集了七筆事件。

　　巡迴輔導教師綜合蒐集到的資料，整理成「功能行為評量摘要表」，如表 14-1 所示。

小提醒

1. 雖然「功能行為訪談表」、「行為動機評量表」和「行為前後事件紀錄表」三個工具均有助於找到功能行為，但「功能行為訪談表」之內容較多，較可找到個案的環境因素及背景因素，「行為前後事件紀錄表」對於功能評估的精準度較高。

2. 在整理「行為前後事件紀錄表」上的事件紀錄時，建議先確定標的行為，再依時間序整理標的行為發生前已存在的立即前事，以及標的行為發生後已存在的後果，以找出事件間誘發標的行為及維持標的行為之要素的一致性。

3. 雖然以「行為前後事件紀錄表」獲得的訊息最為具體可信，但是若行為問題嚴重，例如：自傷或傷人，則應盡量預防行為再發生，而從訪談中釐清過去事件的前事與後果。

表 14-1　功能行為評量摘要表

前事			標的行為	後果	功能
背景因素		立即前事／先兆			
個體背景因素	環境背景因素				
1.學業成就長期落後，缺乏成就感。 2.與教師、同學關係疏離。 3.家中獨生女，習慣大人時時陪伴。 4.非常喜歡玩平板電腦及手機等電腦遊戲。	1.家庭： (1)媽媽很容易答應她任何事情。 (2)褓母寵愛她如 3、4 歲小孩，非常仔細照顧生活起居、陪伴她。 (3)個案非常喜歡玩平板電腦，媽媽和褓母時常讓她得到滿足，但是媽媽的要求稍微嚴格。 2.學校：雖然部分教師嘗試過一些教學輔導策略，例如：減少作業量、降低評分標準、個別給予指導、介入協助分組、調解個案與同儕間的糾紛，但缺乏一致性，且部分教師並未調整。	1.媽媽開車送到學校校門口。 2.褓母送她到學校。 3.校長、教師、同學到門口規勸。	拒絕進教室：拉住媽媽或褓母不讓他們離開，也不進教室上課。	1.媽媽或褓母答應進教室陪她上課一整天，個案進教室上課。 2.媽媽陪伴在車上玩平板電腦至放學。	獲得媽媽或褓母的陪伴。

二、草擬介入目標、互競行為模式介入計畫與行為功能介入方案

巡迴輔導教師依據上述功能行為評量摘要表的內容，草擬介入目標、互競行為模式介入計畫與行為功能介入方案，並與特教組長及家長先討論計畫中策略之可行性。

由於個案的行為功能是「獲得媽媽或褓母的陪伴」，為了有效減少標的

行為，並增加正向行為表現，巡迴輔導教師在與特教組長、導師、家長討論後，決定用「以口語表達要媽媽陪伴進教室」作為功能等值的替代行為。

但考量讓媽媽全天陪伴個案上課太辛苦，且易影響個案與班級同學相處，因此嘗試同時進行「相關行為訓練」──跟媽媽說再見。又希望減少個案使用平板電腦的時間，再加入「相關行為訓練」──擴展休閒興趣。

草擬的介入目標，以及因應功能行為評量摘要表中的個人與環境背景因素及行為功能所擬訂之前事處理策略、行為教導策略，以及後果處理策略，摘述如表 14-2 所示。

表 14-2　介入目標與互競行為模式介入計畫

功能等值的替代行為：說出要媽媽陪伴進教室。			
介入目標	1.減少個案在教室外哭鬧拉扯的次數，降低到 0 次為止。 2.增加主動開口表達需要陪伴的需求次數，每天至少主動表達 1 次。 3.增加進教室上課的次數，至每天準時進教室為止。		

前事處理、行為教導、後果處理策略			
前事處理策略	行為教導策略	後果處理策略	
		增加適當行為	減少不當行為
1.調整課程難度與內容，增加成功經驗。 2.提供同儕互動機會，協助建立人際關係。 3.安排心理師一週到校 1 次與案母會談，協助家長了解讓孩子獨立的意義及方法。 4.避免個案到校時無人陪伴。 5.給予使用平板電腦的規則。 6.親職教育。 7.擬訂行為契約，並向相關人員說明策略執行方式。 8.請媽媽不在校門口說要離開。	1.替代行為訓練：說「要媽媽陪伴進教室」。 2.相關行為訓練： (1)在媽媽的提示下跟媽媽說再見。 (2)教導使用行為契約。 (3)擴展休閒興趣。	正增強： 1.當個案主動說「要媽媽陪伴進教室」時，即由媽媽陪她進教室。 2.若在媽媽的提示下跟媽媽道別並進教室，可蓋章，然後於資源班上課時邀請同學陪她玩桌遊、累積獎勵章於期末兌換獎品。	在校門口或是教室門口哭鬧或跟媽媽拉扯： 1.提示正向行為。 2.反應代價：扣除獎勵章。

> **小提醒**
>
> 1. 在設計介入策略時，要能依據互競行為模式摘要表之內容，依序檢核各項促發行為問題的因素是否都有相對應的介入策略，環環相扣極為重要。可避免忽略重要前事未予以處理，或冗增沒有必要之策略，增加輔導團隊的工作負荷。
> 2. 在研擬策略時，盡量以個案之生活脈絡及個案的能力與興趣，去思考策略之可行性及可用之資源。
> 3. 以本個案來說，輔導團隊考量該學期至期末尚有兩個月可進行上述策略，乃將上述策略納入行為功能介入方案，並詳述實際作法及負責人。

三、召開會議凝聚共識與確認行為功能介入方案

為凝聚校內輔導團隊共識，巡迴輔導教師透過特教組長邀集案母、校長、教導主任、特教組長、原班導師、輔導教師召開臨時 IEP 會議，且於會議中說明會議目的、評估結果、互競行為模式介入計畫與行為功能介入方案，並確認介入目標與策略之可行性，繼而討論各項策略的執行方式和負責人（如表 14-3 所示）。

行為功能介入方案包含「四、評鑑資料蒐集」的部分。巡迴輔導教師與校內輔導團隊於會議中決議應蒐集哪些資料以判斷介入成效，最後決定由巡迴輔導教師定時晤談案母與導師，來追蹤個案在校門口出現與媽媽拉扯行為的頻率是否有漸漸下降，以及個案使用口語表達要媽媽陪進教室的頻率是否有增加，並使用學生出席紀錄表來了解個案每天到校後準時進入教室上課的頻率是否有逐漸提升。此外，校內輔導團隊亦決定每週五由巡迴輔導教師與特教教師負責檢視執行情形與實施成效。

表 14-3　個案的行為功能介入方案

○○市○○國小 105 學年度學生情緒行為問題行為功能介入方案

學生：○年○班○○號　個管老師：○○○

填表人：＿＿＿＿＿　填表日期：＿＿年＿月＿日　會議日期：＿＿年＿月＿日

一、行為問題

（一）標的行為：拒絕進教室。

（二）標的行為描述

1.行為樣貌：當媽媽或褓母早上開車送到學校校門口時，她會拉住媽媽或褓母不讓他們離開，也拒絕進教室，直至媽媽或褓母答應進教室陪她上課一整天，或媽媽陪伴在車上玩平板電腦至放學回家。

2.行為嚴重程度：一星期五天都不進教室。

3.功能行為評量摘要表：

前事		立即前事／先兆	標的行為	後果	功能
背景因素					
個體背景因素	環境背景因素				
1.學業成就長期落後，缺乏成就感。 2.與教師、同學關係疏離。 3.家中獨生女，習慣大人時時陪伴。 4.非常喜歡玩平板電腦及手機等電腦遊戲。	1.家庭： (1)媽媽很容易答應她任何事情。 (2)褓母寵愛她如 3、4 歲小孩，非常仔細照顧生活起居、陪伴她。 (3)個案非常喜歡玩平板電腦，媽媽和褓母時常讓她得到滿足，但是媽媽的要求稍微嚴格。 2.學校：雖然部分教師嘗試過一些教學輔導策略，例如：減少作業量、降低評分標準、個別給予指導、介入協助分組、調解個案與同儕間的糾紛，但缺乏一致性，且部分教師並未調整。	1.媽媽開車送到學校校門口。 2.褓母送她到學校。 3.校長、教師、同學到門口規勸。	拒絕進教室：拉住媽媽或褓母不讓他們離開，也不進教室上課。	1.媽媽或褓母答應進教室陪她上課一整天，個案進教室上課。 2.媽媽陪伴在車上玩平板電腦至放學。	獲得媽媽或褓母的陪伴。

表 14-3　個案的行為功能介入方案（續）

二、介入目標
1.個案拒絕進教室的次數，降低到 0 次。
2.主動開口表達要媽媽陪伴進教室的次數，每天至少主動表達 1 次。
3.應上學時間，於 8：00 前進教室的出席率達 100%。

三、介入策略		
（一）期待行為：自行下車進教室。		
（二）功能等值的替代行為：說出「要媽媽陪伴進教室」。		
（三）前事／行為／後果處理策略	實際作法	負責人
前事處理策略	1.持續調整課程難度與內容，增加成功經驗	1-1 讓個案帶著國語及數學科的作業至資源班寫、訂正。	巡迴輔導教師、特教教師
		1-2 導師同意個案可以在月考時拿考卷至資源班應試。	導師
		1-3 延長繳交作業期限：（1）作文：個案可以兩個月交出一篇即可（其他同學需一個月交一篇）；（2）社會作業若無法在課堂上完成，可延長兩天，讓個案帶回家完成後再繳交。	導師、科任教師
		1-4 採合作學習小組的方式，給予個案最大的支持。	導師
		1-5 教師個別指導，給予個案練習的機會：自然科教師利用課餘時間提供一對一指導。	科任教師
		1-6 給予分段任務：如將英文單字分成十天來背，一天只要花 5 分鐘背完一個。	巡迴輔導教師、特教教師
	2.提供同儕互動機會，協助建立人際關係	2-1 導師與巡迴輔導教師一起在班上進行友善的特教融合宣導，營造正向包容、接納的環境。	巡迴輔導教師、導師
		2-2 個案邀請同學參與一週一次資源班的社會技巧課，以學習與同儕互動。	巡迴輔導教師、特教教師

表 14-3　個案的行為功能介入方案（續）

前事處理策略	2.提供同儕互動機會，協助建立人際關係	2-3 社區的小朋友每天放學後陪她運動、打羽毛球。	媽媽
		2-4 在寒暑假時，報名參加冬、夏令營，增加與其他同儕的互動機會。	
		2-5 參加教會每週日上午的主日學活動、下午的打鼓社團。	
	3.安排心理師一週到校一次與案母會談	3-1 透過與心理師一週一次的晤談，協助家長了解讓孩子獨立的意義與方法、調整媽媽教養個案的方式及態度。	媽媽
		3-2 巡迴輔導教師及輔導教師定時的與心理師溝通諮商的進度、成效。	巡迴輔導教師、輔導教師
	4.避免個案到校時無人陪伴	4-1 早自習時間安排個案至低年級的教室，為低年級小朋友說故事，獲得成就感。	低年級導師
		4-2 訂定小天使陪伴制度，於下課時間陪伴個案進行遊戲。	導師
	5.給予個案使用平板電腦的規則	5-1 小提醒平板電腦平時由媽媽保管，並且設定密碼，個案須經過媽媽同意才可拿來玩。	媽媽
		5-2 給予計時器及行為契約，個案須配合計時器的提醒，每使用平板電腦 30 分鐘就要休息 10 分鐘，一個小時的使用時間到了之後，就要關機休息。	媽媽、褓母
	6.親職教育	6-1 教導媽媽給予個案明確的規範與獎勵制度。	巡迴輔導教師
		6-2 請媽媽定時與褓母溝通教導個案自行完成生活自理的工作。	媽媽、褓母

表 14-3　個案的行為功能介入方案（續）

前事處理策略	7.擬訂行為契約並和相關人員小提醒作法	契約內容包含： 7-1 每天早上8點前準時到學校，進入校門。	媽媽、褓母
		7-2 能在教室門口跟媽媽說再見，並進教室上課。	媽媽、褓母
		7-3 每天當小幫手（副股長），幫教師收發簿子。	導師、科任教師
		7-4 於課堂上完成至少一件教師交代的任務。	導師、科任教師
		7-5 遇到困難時，主動向教師或同學提出求助。	導師、科任教師
		7-6 在使用平板電腦玩遊戲時，必須配合平板電腦使用規則。	媽媽、褓母
		7-7 每天晚上10點一定要從褓母家回自己的家睡覺。	媽媽、褓母
	8.請媽媽不要在校門口表示要離開或表現出要離開的動作	8-1 請媽媽到校門口時，主動提示：到校門口了，妳要跟媽媽說什麼？	媽媽
		8-2 到了教室門口之後，媽媽主動提示：到教室了，妳要跟媽媽說什麼？	
行為教導策略	1.替代行為訓練：說「要媽媽陪伴進教室」	1-1 於資源班（8：00～8：40）教導個案當媽媽開車到校門口，媽媽說：「我們到校門口了，妳要跟媽媽說什麼？」時，主動說：「媽媽陪我上課。」	巡迴輔導教師、媽媽
		1-2 訓練方式：教師示範、學生練習、在教室情境中模擬練習、到校門口及班級教室門口實際練習。	巡迴輔導教師、媽媽
	2.相關行為訓練：	2-1-1 到教室後媽媽主動提示：到教室了要跟媽媽說什麼？	媽媽

表 14-3　個案的行為功能介入方案（續）

行為教導策略	(1)在媽媽的提示下跟媽媽說再見	2-1-2 當個案說完媽媽再見，媽媽回應：媽媽會在下午四點放學時到學校接妳。	媽媽
	(2)教導使用行為契約	2-2-1 與個案約定達成契約，並教導行為契約的使用方式。	巡迴輔導教師
	(3)擴展休閒興趣	2-2-2 向媽媽及褓母小提醒行為契約中與家庭相關的部分，以及各策略的執行方式。	巡迴輔導教師
		2-3-1 社區的小朋友每天陪她運動、打羽毛球。	媽媽
		2-3-2 在暑假期間，每天早上去社區游泳池游泳半天。	媽媽
		2-3-3 在寒暑假期間，報名參加冬、夏令營。	媽媽
		2-3-4 參加教會每週日上午舉辦的主日學活動及下午的打鼓社團。	媽媽
後果處理策略	增加適當行為	1.要增強的行為與增強方式： (1)個案主動說：「要媽媽陪伴進教室」，媽媽陪她進教室。 (2)於教室門口在媽媽的提示下跟媽媽道別後進教室：蓋章。 2.增強物：累積獎勵章（1）於資源班社交技巧課時，個案可邀請同學來陪她一起上課；（2）到期末兌換 Hello Kitty 杯子。	媽媽、特教教師、巡迴輔導教師
	減少不當行為	1.在校門口或是教室門口跟媽媽道別時出現哭鬧行為：（1）提示正向行為；（2）反應代價：扣除獎勵章。	媽媽、巡迴輔導教師

表 14-3　個案的行為功能介入方案（續）

四、評鑑資料蒐集			
資料名稱	資料蒐集方式	實際作法	負責人
進教室上課的頻率	班級學生出席紀錄表	導師每天記錄個案的出席情形，並於每週五提供紀錄表給巡迴輔導教師。	導師、巡迴輔導教師
在教室外拉扯拒絕進教室的頻率	訪談	巡迴輔導教師於每週五上午與案母、導師分別晤談，追蹤一週內個案每天上學的表現。	巡迴輔導教師、導師、媽媽
使用替代行為的頻率	訪談		
備註			

小提醒

1. 團隊合作的方式：所有行為功能介入方案的參與成員，應組成為一個團隊。在這個團隊中，主要負責規劃策略、追蹤執行過程、執行成效的人就是隊長，其他成員也扮演了非常重要的隊員角色。隊長在各工作階段需召集團隊成員召開會議，在會議中確定個案最需要馬上介入的行為問題作為標的行為、報告功能行為評量結果、討論及確認介入計畫中的策略之可行性，以及分配執行策略。其中最重要的是，隊長需確認所有隊員都清楚了解自己所負責的工作內容及執行方法。在這個介入方案中，因為巡迴輔導教師參與試辦計畫，所以和學校團隊一起進行初級預防與次級預防工作，而擔任了隊長的角色。然而，一般而言應該是由校內輔導團隊自行運作初級與次級預防工作，個案的特教個管教師則擔任隊長的角色。

2. 草擬相關草案的重要性：會議召開前宜由隊長先擬訂相關草案，會議時大家就草案進行議程，並給大家足夠的時間進行討論與確認，以免會議因無腹案，而時間冗長、沒有效率。

3. 備忘工作表：必要時，可於會後由一團隊成員負責為各相關人員整理個別的「備忘工作表」或「任務提示單」，以防遺忘。

四、執行方案與評估成效

　　校內輔導團隊於第 6 週召開的臨時 IEP 會議中達成行為功能介入方案的共識後，即開始執行。此方案自第 7 週起執行至第 15 週，由巡迴輔導教師負責於執行期間每星期詢問特教組長、導師、家長和相關教師有關策略執行情形，並蒐集個案出現標的行為與使用替代行為的資料。

> ### 小提醒
> 1. 保持密切溝通：個管老師在介入計畫的執行過程中，需與輔導團隊成員時時保持聯繫，並追蹤策略執行之確實性與有效性，必要時須召開會議調整策略。
> 2. 蒐集評鑑資料：研擬行為功能介入方案時就要依據介入目標，思考要蒐集哪些具體、可觀察、客觀的資料，以評估介入成效以及確認由誰負責蒐集資料。而且評鑑資料要在介入的過程中，定時逐步的蒐集，而不是預計要開檢討會的時候才蒐集。這樣才能在發現資料蒐集有困難時，即時修正資料蒐集策略。

五、評鑑方案執行情形及後續追蹤

　　上述方案持續執行至第 15 週時，資料顯示個案的標的行為（與媽媽在校門口拉扯）在介入後有漸漸下降至不再出現，且正向的行為（以口語表達要媽媽陪進教室及可以自己進教室）在介入後漸漸提升至 100%。因此，巡迴輔導教師於第 16 週時邀請校長、教導主任、輔導教師、特教組長、特教教師、導師、家長等相關人員一同參與行為介入方案評鑑會議，由巡迴輔導教師說明會議目的與個案最近的進步情形，如表 14-4 至 14-6 所示。

表 14-4　和媽媽在校門口拉扯，拒絕進教室的次數

該學期週次	第 1～5 週 （介入前）	第 6～11 週 （介入後）	第 12～15 週 （持續介入）
時期	介入前	介入初期	介入後期
在校門口拉扯，拒絕進教室的次數	每週 3～4 次	每週 2 次以下	每週 0 次

表 14-5　功能等值替代行為（使用口語表達要媽媽陪）的使用情形

該學期週次	第 1～5 週 （介入前）	第 6～11 週 （介入後）	第 12～15 週 （持續介入）
口語表達需要陪伴	每週 1 次以下	每週 2～3 次	每週 5 次

表 14-6　可於 8 點前進教室上課的情形

該學期週次	第 1～5 週 （介入前）	第 6～11 週 （介入後）	第 12～15 週 （持續介入）
出席率	20～40%	60～80%	100%

　　由於個案的三個介入目標皆已達成，因此輔導團隊即討論是否應停止行為功能介入方案。經討論後，輔導團隊成員認為個案雖已進步許多但仍需持續觀察其穩定度，故決定繼續執行相關策略並持續追蹤至學期末。自第 17 週起由巡迴輔導教師持續追蹤至學期末，因發現個案之標的行為未復發，確認結案。

小提醒

　　學校與家長維持信賴關係，是影響介入成效的重要因素。在個案處理的過程中，家長扮演非常重要的角色，不論是在訓練替代行為或是檢核個案的表現，都需要家長協助。當巡迴輔導教師與特教教師能同理家長的感受，維持穩定的接觸與討論，協助家長看到個案的進步，並持續鼓勵個案、提升個案信心、主動安排個案喜歡的活動當作增強等，均有助於家長與學校合作。

第十五章

實例四：國小資源班 ADHD 學生「離座干擾行為」

林慧茵[1]、鳳華[2]

壹、背景

本個案為就讀國小一年級普通班的情緒障礙學生。剛入學的第一週，每天四節課中約有三節課會離開座位做自己想做的事情；對於教師所下指令中不想做的部分，不會有所回應，當教師再度要求後，會出現和教師爭執的情況，甚至出現踢桌子、踢牆壁和踢門的情況；上課時，個案想要表達的想法會不管當下的情境，會一直說，一定要說到教師有所回應為止；會於上課時干擾同學、壓同學的名牌、推桌子等。干擾行為或發脾氣的情況，大概會持續 15 分鐘左右；若是嚴重的行為狀況，則會持續大概 30 分鐘。這些行為問題嚴重影響導師的班級管理，以及個案和同儕的學習狀況。

為了解個案過去的學習狀況，在資源班教師和學前單位的聯繫下，發現個案在幼兒園時便有相同的問題：會堅持做自己要做的，不遵守教師的指令，但干擾同學的行為較少發生。幼兒園教師對個案的處理以安撫為

1　彰化縣聯興國小教師。

2　國立彰化師範大學復健諮商研究所教授；博士級國際行為分析師（BCBA-D）。

主，多採順從個案的意願，以不干擾活動為目標，但改善成效有限。進入國小後，導師先採用強力增強的方式，若行為問題嚴重時，則請行政人員協助帶離現場，並請輔導教師與特教教師同時介入。

說明

　　就讀於普通班伴隨有行為問題的學生不應是導師一個人的責任，需有效整合校內資源並支援該名教師，方能減輕導師壓力，也才能有效的協助個案之適應問題。

貳、情緒行為問題處理流程

　　從個案的基本資料顯示，其在學前階段已有情緒困擾的問題，但家長並未帶至醫院診斷，也未接受任何相關的特教或輔導服務。個案的溝通表達力優於一般同儕，能清楚表達自己的需求和想法，但在認知上，除國語書寫表現較差、抄寫速度慢、不喜歡寫功課，其餘部分和同儕無顯著差異。個案對於不喜歡的課程或活動，會有離座的情況，且不遵守團體規範，會執著在自己感興趣部分的事件；對於他人的打斷或阻止，情緒反應會很大，且不能接受他人指正他的錯誤，犯錯的事情會推說是他人所造成，跟自己無關，而在澄清該事件或同學報告教師時，會與他人發生衝突。此外，個案和外婆的關係緊張，常常都有口角產生，而外婆是放學後的主要照顧者，因此導致個案在放學後無法完成功課的書寫，甚至產生情緒問題，而將該情緒延續至學校。

　　個案因開學兩週內，每天都有行為問題的產生，且有愈趨嚴重的情形，甚至出現對將其帶離教室現場的行政人員動手搥打和踢人的動作。因此，學校依據「情緒行為問題處理流程」進行處理，結合輔導與特教服務，執行特殊需求及行為功能評估，計畫實施兩個月的行為功能介入方案。該介入方案由輔導室主導、學務處協助，特教教師進行功能評量與課

程教學，輔導教師進行個案輔導，導師則主責調整班級經營和類化工作。處理程序說明如下。

一、實施班級經營檢核與問題功能行為評量

　　面對個案多項行為問題時，要選擇優先處理的標的行為，在特教教師（第一作者）和導師討論後，以減少班級干擾的行為為首要考量，因此標的行為設定「上課時間離開座位」。首先，進行教學與環境調整，並請導師填寫「教師教學與班級經營策略表」，了解導師和科任教師的教學與班級經營對個案的影響，再進行必要的調整。功能行為評量之評估工具為「功能行為訪談表」、「教師教學與班級經營策略表」及「行為前後事件紀錄表」，由特教教師入班觀察和導師的平時觀察記錄，完成紀錄表及訪談表。在訪談部分，特教教師則分別訪談導師、學前教師及家長，了解個案在學前及目前在學的行為。綜合多元資料，特教教師和導師初步討論出行為假設為「逃避不想上的課和活動」，便從該假設開始進行擬訂行為功能介入方案。

說明

1. 選擇重要且易達成的標的行為：選擇要處理的行為問題，可考慮行為的嚴重性、對環境的立即效益及達成可能性，除可減緩行為問題或惡化外，也因較易達成目標行為，可讓學生及導師立即獲得正向回饋，提高自信，促使其他行為的改善更加容易。
2. 環境調整為預防之鑰：行為與環境相互影響，若能先調整環境，行為自然會有減緩的效果。
3. 蒐集相關資料形成假設：要運用相關的結構化表格和非結構性的訪談，若個案的口語表達正常，也可與個案進行晤談，得以蒐集多元大量的資訊，充分分析問題行為的脈絡，進行交叉比對，形成功能假設。

二、擬訂行為功能介入方案

　　在個案的行為功能評估部分，由特教教師主導，導師共同參與，導師與個案的相處最密切，介入方案亦由特教教師和導師共同擬訂，介入目標設定為：（1）上課及進行活動時能坐在位子上，做替代活動；（2）遇到不想做或困難的活動時，能舉手表達困難需要協助，與教師討論及選擇調整的方式。

　　介入策略主要包括前事及環境調整行為教導兩部分。在前事調整部分，包括：服用藥物、教師教學調整、班級經營調整及建立行為契約。在行為教導部分，則以教導舉手表達需求和發言，減少對班級的干擾，降低與教師的衝突。此外，和個案建立行為契約，依據契約有正向行為的表現時，教師立即給予社會增強和代幣增強，以代幣兌換個案所希望的實質獎勵，例如：吃麥當勞的點券或獲得小型樂高玩具。

說明

1. 選擇介入策略的原則：為使方案能有效且持續執行，需考量個案本身的能力及相關教師的配合度，宜優先選擇對執行者較容易實施的策略，因此在擬訂方案過程中，所有相關教師或人員的共同討論是非常重要的。

2. 教導替代行為：找到與行為問題功能等值的替代行為相當重要，讓個案可以發展具功能的替代行為，提高其適應能力。

3. 善用正增強策略：採正向行為的回饋，當初期行為改變時，要提供立即、連續的正增強（視個案的偏好提供增強物），亦可運用代幣制或訂契約，提供個案最喜愛的活動或物品作為後援增強物，以強化個案的持續改變動機，但也須逐步調整增強的強度、頻率和類型，以促使個案的行為改變是因自我成就所產生。

三、召開會議，聯繫相關人員相互合作

　　會議分為個案會議及小組工作會議。在擬訂介入方案後，召開個案會議，請家長、相關教師與行政人員出席，由特教教師說明對個案的行為問題處理方式及正向介入方案。在會議中決議請家長配合帶個案就醫，並找尋適切的安親班協助完成回家功課，分配緊急應變的協助人員，亦即當個案產生行為問題時，由行政人員協助突發狀況的支援工作分配與流程。小組工作會議則在個案會議後，由特教教師、導師及科任教師開小組會議，針對教學及班級經營調整、行為教導和增強部分進行討論，確認執行程序的一致性。在會議中，達成共識後並做成會議紀錄。

說明

1. 會議目的：個案會議是為了充分溝通意見，說明評估結果、介入方案和執行方式，讓相關人員能了解方案內容和執行方式及其理由，建立共識；小組工作會議則在促進執行程序的一致性。經由會議的討論和決議，有助於團隊間的合作和協調，讓介入方案能執行的更順利、完善。

2. 家長參與：家長為重要關係人，讓家長能清楚知道須配合事項，達成共識，始能讓行為的改變加速。

四、執行方案與評估成效

　　方案的執行依據功能行為評量結果，從兩部分同時進行：其一為個案的技能訓練及行為介入，另一為教師的教學與班級經營調整。在個別技能訓練及行為介入部分，主要為教室適應技巧的訓練及教導替代行為——舉手表達需求或調整活動。在班級經營的部分，包含：提供選擇、建立個人化代幣制、提供必要練習技能的機會、調整作業呈現方式，以及評量方式等。由導師進行觀察記錄，導師和科任教師同時執行，對於較為困難執行

的部分，由特教教師從旁協助，例如：建立代幣制、作業或學習單的書寫分段進行。

成效方面，在替代行為教導部分，由特教教師進行抽離式、一對一，並分三階段教學。在第一階段的認知訓練，個案只花兩週三次上課時間便能達到 99%的達成率，接著進行第二階段的教導舉手能力，共花三週六次即完成此項教學，個案目標達成率為 98%。第三階段為類化階段，觀察個案在班上執行該替代行為的表現共觀察一個月的時間，個案能達到 96%的達成率。

在班級經營和教學調整方面，實施的第1週因個案對於獎勵過度在意，造成另一種困擾。由特教教師介入後，與個案進行個別溝通，並與教師協商降低增強物的兌換標準，第2週開始行為有明顯改善，在第4週時導師將其獎勵標準恢復到原本的設定標準；在六週後，導師發現除了聯絡簿抄寫偶爾還會出現情緒反應外，其他書寫部分不會有情緒反應，而且不再出現離座情況。

說明

1. 評估成效方式：針對標的行為的評量方式和標準，應設計適切的紀錄表，能幫助快速記錄與檢核，以確認實施成效，特別是在普通班內的相關紀錄。

2. 調整方案內容：在開始執行方案後，可依個案的狀況，適時調整方案，配合個案的需求，再逐步增加目標達成標準，以逐步符合自然情境的要求。若需要先行抽離教導特定技能，亦應規劃類化到自然情境的執行程序及評量方式，以確保技能類化的成果！

五、檢討會議

在執行過程中，導師或科任教師有任何問題時，特教教師會隨時支援協助。此外，經過兩個月左右的介入後，由輔導室召開檢討會議，邀請行

政人員、導師、科任教師和特教教師一同針對替代行為的教學、班級經營調整等進行檢討，行政人員則分享協助突發狀況的執行程序。會議中搭配相關的紀錄和觀察資料，教師們均一致表示個案的行為問題已明顯改善，並決議替代行為已達自然類化，教學可撤除；班級經營則持續進行，作為預防的措施，行政人員則持續待命。除了持續追蹤外，建議可針對個案的其他行為問題，進行正向支持介入方案。

說明

　　檢討會議的目的在於確認行為功能介入方案的成效，並討論方案是否持續，若個案在此部分已有明顯的進步與改善，便可結案，或僅持續預防性處理。若有其他行為問題待解決，則需開啟另一介入方案；或是如果無明顯改善，可針對此部分進行討論，調整方案或教學方式。

參、行為功能介入方案內涵

　　行為功能介入方案包含前事介入──班級經營調整方式與修改策略，以及行為訓練──基本適應技能訓練課程及替代行為教導。以下分項說明。

一、前事介入──班級經營調整

　　表 15-1 為班級經營的介入方式，經由小組工作會議後，特教教師提供相關的班級經營及調整策略，由導師和科任教師共同調整執行。建議調整班級經營之項目主要為下列兩方面：第一是以導師實施有成效，科任教師未執行部分；第二則為預防個案發生行為問題的項目進行調整。

表15-1　班級經營目標、調整方式、修改策略、評估方式、執行者及成效

班級 經營項目	目標／調整方式與修改策略	評估方式	執行者	成效
對重要技能提供足夠練習機會。	**目標**：新技能教學時確認個案有參與練習。 **調整方式**：個案不喜歡書寫國字，可在上生字課時，教導同儕筆順時，由他擔任小老師，書寫給同儕看；早修同儕的作業是開放式問題，但個案可給予國字的拼字組合練習，增加國字書寫的機會。	1.情緒反應紀錄。 2.參與練習次數。 3.作業完成度。	導師	S
調整作業的質／量或呈現方式。	**目標**：個案可以在穩定的情緒下完成作業。 **調整方式**：將班上習寫的量（約20分鐘可完成），分成三段分量給予個案，每完成一段後，給予休息2分鐘，同時提供回答作業的線索資料（畫課本中的重點或題目中的重點）。	1.情緒反應紀錄。 2.作業完成時間。 3.作業完成度。	導師、科任教師	S
調整評量方式。	**目標**：個案能在穩定的情緒下完成所有的評量。 **調整方式**：導師會提供部分試卷報讀，用來確認個案的專心度，也縮短個案因拼讀過慢，不願意書寫試卷的情形。另外，部分評量由導師及任課教師改給予口頭評量。	1.情緒反應紀錄。 2.評量成績。	導師、科任教師	S

表 15-1　班級經營目標、調整方式、修改策略、評估方式、執行者及成效（續）

班級 經營項目	目標／調整方式與修改策略	評估方式	執行者	成效
提供個別化的獎勵。	**目標**：能完成教師交代事項。 **調整方式**：導師採用雙重獎勵，包括全班的集蘋果獎勵和好棒卡獎勵制，另對個案則有笑臉的集點獎勵，針對特定行為進行個別獎勵（例如：完成交代功課、完成簡單任務、在時間內完成任務等），請導師和科任教師搭配，採用相同獎勵，特別是在個別的笑臉獎勵部分。	約定事項的達成度。	導師、科任教師	S
提供學生選擇的機會。	**目標**：在自主決定下情緒平穩的完成任務。 **調整方式**：導師了解個案在部分工作上，如學習單的書寫，較容易因為不熟悉而不願意書寫，故由導師先給選擇學習單完成的方式，如要用畫圖完成或寫字完成，可請科任教師也採用相同模式，在發下考卷時和個案先討論完成目標，和教師可接受的兩種選擇給個案選擇。	任務完成度。	導師、科任教師	S
必要時，提供個別提示系統。	**目標**：對困難材料提供視覺提示。 **調整方式**：教師除了既有的全班性之教學提示系統，另外增加個案特殊需求之個別化視覺提示，如國字的提示和活動流程的時間提示、飯菜量的照片提示等。	1.求助的次數。 2.完成事件的速度。	導師	S

表 15-1　班級經營目標、調整方式、修改策略、評估方式、執行者及成效（續）

班級經營項目	目標／調整方式與修改策略	評估方式	執行者	成效
對學生不合理要求，採取消弱—提示—讚美。	**目標**：教師能採取消弱—提示—讚美策略進行重新引導。 **修改策略**：導師和科任教師並未做到消弱，由特教教師教導導師和科任教師進行消弱程序，同時包括教導同儕一同使用消弱。	1.教師自我檢視。 2.不合理要求次數。	導師、科任教師	S
正向行為提供頻繁、立即回饋。	**目標**：增加正向行為。 **調整方式**：科任教師可運用導師與其約定的個別獎勵和全班獎勵制度，在課堂中給予立即、頻繁的鼓勵。	教師自我檢核。	科任教師	S

註：執行結果：S 有效；U 無效；F 尚需評估。

二、行為訓練

　　個案行為訓練分為兩部分：第一部分為基本適應技能訓練；另一部分為教導個案替代行為，以減少不適當行為來表達需求或逃避要求，以下分別敘述。

（一）基本適應技能訓練

　　檢核表顯示個案有三種適應技能有待加強，包含：上課能專注 25 分鐘以上、遵守教室規則，以及完成指派工作，其訓練課程、評估方式、執行者，以及成效，詳如表 15-2 所述。

表 15-2　基本適應技能項目、訓練課程、評估方式、執行者及成效

基本技能項目	訓練課程	評估方式	執行者	成效
上課能專注 25 分鐘以上。	採用耐受力訓練，例如：專注聽講時間約 15 分鐘，超過時間會離座，可約定如果可以安靜上課 14 分鐘，教師會給予 1 分鐘休息時間，之後再逐步增加時間，拉長上課專注的時間。	直接觀察記錄上課專心時間長度。	導師、科任教師、特教教師	S
遵守教室規則。	給予視覺提示，讓個案可以注意到教室規則，包括：上課安靜不干擾他人和舉手發言的班級規則。	1.記錄上課專心的時間長度。 2.舉手發言次數。	導師、科任教師、特教教師	S
完成指派工作。	先給予較容易完成的項目（作業書寫、打掃工作、午餐、收拾物品），當其完成後，立即給予獎勵；之後再逐步增加任務的難度。	1.工作完成度。 2.生氣頻率。	導師、科任教師、特教教師	S

註：執行結果：S 有效；U 無效；F 尚需評估。

（二）替代行為教學

　　個案在需要表達意見或需求時不會以舉手方式表達，而是直接離座去找導師溝通，或離座從事自己想做的事情，故以教導舉手表達需求來作為替代行為，以減少離座找教師提出要求或離座不參與活動，在使用策略和教導方式上，如表 15-3 所述。

　　替代行為教導分為三階段進行：第一階段先進行認知課程訓練，在教學過程一週後（每週三次，每次 20 分鐘），個案能在未提示下，運用口語說出情境圖卡中的解決方式，情境圖卡又分為舉手發言、表達協助及表示

表 15-3　替代行為的教導策略與方式

前事	不適當行為	替代行為	使用策略
上科任課時。 完成早自修、學習單或考卷等作業。	擅自離座去拿取畫畫或其他的物品。	舉手告訴教師很累，想休息。 舉手表示內容困難或分量太多，希望分段完成。	1. 使用普墨客法則：先幫學生的工作量切分成三等分，當學生完成時便給予休息 2 分鐘。 2. 中斷連鎖：當學生離位逃避時，請他回座，仍舊要求他進行原本要求的目標行為，然後 1 分鐘後，給予字卡提示，請他舉手跟教師提出需求（想休息、分段完成內容或提供協助），教師則立刻給予其提出的需求。

註：建議先採抽離式一對一的訓練，先讓其訓練習慣舉手表達需求，方式則是採用個別上課時，給予較多作業或困難的作業，當學生想離座去做其他事情時，便立刻將他帶回，並要求他完成，1 分鐘後，提供字卡並口頭提示請舉手告知教師需求，若做到，便給予其要求事項。

休息等三種舉手的意涵。第二階段為行為訓練（教導舉手），前二週為資源班之行為演練，第三週開始為階段三類化訓練，將舉手類化到普通班，第四週後，在教室內的舉手頻率已能達到 90%，且能類化到對科任教師舉手表示需求，而不僅限於找導師，其教學成效如表 15-4、表 15-5 所示。在介入方案實施一個月後，導師和科任教師均表示學生在班上的干擾行為降低很多，行為有明顯進展；教師們也能感受到環境調整的重要，以避免個案發生情緒問題，導師並欣喜表示個案能獨立完成被要求的事務持續 20 分鐘以上；此外，情緒管理也有所進展，例如：該生若在情緒不佳的情境緩和後，會自我檢討，重新完成作業。

表 15-4　替代行為三階段教導結果 1

達成率	階段/次數 訓練目標	階段 1 （認知訓練）			階段 2 （教導舉手能力）					
		1	2	3	1	2	3	4	5	6
教導舉手發言		74%	93%	98%	63%	68%	77%	80%	94%	96%
教導舉手表示需要協助		87%	95%	100%	55%	69%	83%	90%	95%	99%
教導舉手表示需要休息		67%	97%	100%	63%	75%	84%	90%	97%	100%

表 15-5　替代行為三階段教導結果 2

達成率	階段/次數 訓練目標	階段 3 （教導的目標行為在普通班的應用）								
		1	2	3	4	5	6	7	8	9
教導舉手發言		35%	53%	75%	75%	85%	90%	95%	80%	95%
教導舉手表示需要協助		50%	70%	85%	85%	80%	85%	100%	75%	100%
教導舉手表示需要休息		45%	60%	75%	70%	80%	85%	90%	80%	95%

肆、結語

　　結合班級經營的調整、基本適應技能的增長，以及替代行為的教導，對個案的各項能力和行為表現均有明顯的成長。在班級經營策略中，特別是在獎勵的部分，教學現場的教師均覺得是最具影響力的部分。另外，對於行為和口語的衝動行為，提供視覺提示的協助是很有助益的，而替代行為教學的確可減少干擾班上課程的進行，任課教師行為管理策略的運用及態度的轉變，對個案行為的進展與師生關係的改善亦有相當大的幫助。部分需在團體中進行的提示或忽視策略對大團體授課的教師確有其困難，未來在訓練或介入方式的設計可再做思考。

本案例展現幾個重要議題，值得參考：

第一，特教教師與普通班的合作模式，以及學校行政人員所扮演的協調、溝通及整合之重要推手。協助普通班之情緒行為障礙學生，需要結合多方資源，不應由班級導師單打獨鬥，合作模式的建置，例如：召開個案會議及小組工作會議等，確認彼此應分擔的工作職責，並確認執行行為介入程序的正確度及一致性等，是成功之鑰。

第二，科任教師的配合參與，藉由會議討論，達成充分溝通，讓科任教師能參與介入方案，特教教師並能於需要時入班協助，取得教師信任，才能達成事半功倍的效益。

第三，增強制度的建立，教師們一致認為增強制度是最為顯著的介入策略，如何讓普通班教師理解增強原理及實作程序，如執行行為改變之初，應提供立即、連續的增強，再逐步提供較為間歇性增強計畫；或是後援增強物的適切性及兌換機制等，應是持續推動的重點。

第四，當普通班教師不熟悉行為介入的策略及執行程序時，特教教師則應扮演示範、共同合作及積極教導的角色，以促進執行策略的忠實度及一致性。

行政的支持，促進班級正向行為支持的啟動；而不同專業教師之間的合作，加倍了正向行為支持的能量；其終極目標，則是讓學生有更好的行為表現與學習成果，為學生的生活品質開啟新的樂章。

第十六章

實例五：國中資源班 ADHD 學生「課堂干擾行為」

廖芳玫[1]、陳婉萍[2]、蘇芷瑩[3]

壹、前言：個案背景資料與行為問題描述

本個案就讀完全中學國中部七年級，因出現課堂干擾等行為而由導師與輔導教師轉介給特教組。從個案的教育史可知，個案於小學四年級曾提報鑑定為疑似情緒行為障礙，並持續接受資源班教學輔導至小學畢業。個案於國七上以疑似情緒行為障礙學生的身分由輔導教師安排每週一次的個別諮商，特教組提供諮詢服務與鑑定資料蒐集，於國七下經提報鑑定為確認情緒行為障礙學生。

個案從小學起即有注意力不足及過動的問題，其專長為手球，是校隊成員，也是學校體優班學生，體能及肢體協調能力優於普通班同儕。但課堂上無法持續專注，尤其是在靜態課程會隨意離開座位、大聲說話（想到什麼就立刻說，想到某事就立刻做等）、未經許可離開座位（自行離座丟垃圾、走到後方看公告欄上的段考成績、拿聯絡簿等），難以遵守團體規範與作息。雖經當下提醒能夠暫停動作，但過幾分鐘後又故態復萌。除此

1. 教育部國民及學前教育署情緒及行為問題專業支援團隊督導；臺北市立大學兼任講師。
2. 臺北市立成淵高中特教教師。
3. 臺北市立成淵高中特教教師。

之外，尚有球隊練習不積極、放學後常常晚歸、與同儕玩過頭而在走廊大聲喊叫同學名字及大聲說話、作業缺交、違抗、與師生口語及肢體衝突等行為問題。即使就醫並穩定用藥，自入學至今，個案的上述行為問題仍頻繁地出現，平均一天出現次數約 35 次（課堂觀察平均每隔 10 分鐘便會出現隨意離開座位、大聲說話等行為問題），造成教師必須暫停教學進度，提醒個案專心聽講，且引起同儕對個案之反感。個案已因前述行為問題造成自己的學習品質受損，且嚴重干擾同儕學習。

為了處理個案的行為問題，特教組長、個管教師、輔導教師和導師組成校內輔導團隊，在北區督導廖芳玫老師的協助下，以中華民國特殊教育學會行為工作小組擬訂之三級行為問題處理流程，針對個案的學習環境與其行為問題依序進行評量及介入。各層級的處理情形摘述如下。

貳、初級預防

校內輔導團隊先以「學生基本表現與環境適配性檢核表」檢視個案的基本能力和環境所提供的支持，從表中「學校提供的學習環境」題項的勾選結果發現：教師平時已盡可能為個案調整作業完成方式與數量、給予成功的經驗、提供正向鼓勵與營造班級接納的環境。但其中「因應學生特殊需求調整教學內容」、「因應學生特殊需求調整教學策略」、「明確說明或示範所期待的正向行為」，以及「因應學生學習及參與的需求，提供必要的支持」等項目尚未做到。因此，校內輔導團隊再以「教師教學與班級經營策略表」討論，嘗試「將個案位置調整至教室後方」，以避免干擾其他同學上課；也請教師於「上課中增加教具等多元媒材」，以提升學生的專注力與學習動機，並「允許學生在不干擾上課的情形下，暫不參與學習」。但實施約一週後發現，個案的上課干擾行為未改善。因此，個管教師與輔導教師討論後，決定為個案進行次級預防流程，亦即執行功能行為評量與介入工作。

小提醒

　　當個案的行為問題經初級預防工作介入處理，仍然持續重複出現時，即需要更精準的評估行為問題的前事、後果及功能，才能給予適切的介入。

參、次級預防

　　在執行次級預防工作時，先由上述之校內輔導團隊成員蒐集及分析與個案行為問題相關之訪談及觀察資料，待釐清個案行為問題的功能後，再請個案的國文教師加入輔導團隊，依評量結果討論、擬訂並執行為期一學期之行為功能介入方案。個案的功能行為評量與方案擬訂和執行過程，茲說明如下。

一、實施簡易功能行為評量及危機評量

　　由於個案之行為問題表現多元，因此經校內輔導團隊討論後，決定優先處理影響「個案與同儕的學業學習」之行為表現，進而將標的行為界定為「課堂干擾行為」，包括：上課時離座、大聲說話、做無關的事等。

　　經校內輔導團隊討論，認為個案的課堂干擾行為型態和強度並不具有危險性，因此決定直接進行簡易的功能評量，而不進行危機處理。

　　在進行功能評量時，特教組長和個管教師合作，先使用「功能行為訪談表」訪談導師、科任教師、家長及個案本人，以了解最可能以及最不會引發個案課堂干擾行為的背景因素、立即前事和行為後果。此外，個管教師亦在訪談的過程中，了解科任教師對個案行為的期望是能「安靜聽講，老師點名回答才說話」。

　　但以個案目前的能力實無法達成教師的期望，因此校內輔導團隊與科任教師一起思考，在個案能力所及的情形下有哪些是教師能夠接受的替代

行為表現，討論結果有：（1）個案將想回答或突然想說、想做的事情，寫或畫在紙上；（2）個案在一節課中，每10分鐘可以舉手講話1次。

完成訪談後，再由特教組長及個管教師使用「行為前後事件紀錄表」，輪流在英文課、國文課、歷史課、地理課、生物課、生活科技課、音樂課、表演藝術課各一節課進行入班觀察。期間有8堂均出現上課干擾行為事件。

觀察結束後，再與任課教師討論所記錄之個案行為表現。根據觀察紀錄可發現：個案「上課干擾行為」的發生頻率平均一節課15次，老師大約每5分鐘需呼喚個案名字1或2次以制止其干擾行為，不但造成上課進度受影響，同儕也會因此罵他或不想理他。

校內輔導團隊利用四週的時間完成訪談及觀察資料蒐集，接著從訪談資料歸納可能影響個案行為問題之個人與環境背景因素，再綜合訪談和觀察資料統整引發課堂干擾行為的立即前事和後果。整體而言，訪談與觀察資料顯示：個案的課堂干擾行為可能具有多重的功能，包括：「滿足內在衝動」及「獲得注意」。其功能行為評量摘述如表16-1所示。

小提醒

　　此階段的工作重點是：（1）羅列所有行為問題；（2）選擇標的行為；（3）蒐集資料、整理行為事件；（4）診斷標的行為，以形成標的行為的功能假設。

　　其中，「選擇標的行為」時宜注意：

1. 透過入班觀察後整理的「行為前後事件紀錄表」，能更清楚知道哪些問題的功能行為相同，可一併介入處理。

2. 選擇時除了考慮行為之嚴重性外，若著手處理，可避免惡化或發生其他行為問題，例如：師生衝突，亦適合優先選為標的行為。而且因為不嚴重，容易改變，可以為個案和團隊都帶來信心。

表 16-1　行為功能評量摘要表

前事			標的行為	後果	行為功能
背景因素		立即前事			
個體背景因素	環境背景因素				
1.ADHD，有用藥，但過動衝動控制仍有困難。 2.學科學習動機低落。	1.家庭： (1)父母忙於工作，無暇教導指正學生行為規範與課業。 (2)手足和個案有類似過動、衝動的情況，會互相學習不當的行為。 (3)家庭對於學習成就沒有要求。 2.學校： (1)無明確的班規。 (2)同學習慣上課中隨意講話。 (3)教師對班上同學隨意講話的行為，習慣口語提醒或忽視。	1.教師問全班問題。 2.教師講解課文。 3.教師表達對某件事情的感受。	課堂干擾行為。	1.教師有時忽略、有時制止，個案能暫停約 5 分鐘後又繼續。 2.同學偶爾會回應個案（看他、回嘴、一起做動作）。	1.獲得內在衝動（立刻說想說的話、立刻得到答案、立刻完成想做的事情）的滿足。 2.獲得回應。

二、草擬介入目標、互競行為模式與行為功能介入方案

　　個管教師先依據功能行為評量摘要表草擬介入目標、互競行為模式介入計畫與行為功能介入方案，然後再與校內輔導團隊對上述草案進行討論、確認，以達成共識。

　　由於個案的行為具有多重功能，為了有效減少標的行為並增加正向行為表現，個管教師與其他團隊成員在擬訂計畫前，已先討論並確認個案標

的行為之每種功能，皆有功能等值且符合個案能力所及的替代行為。

因為在前述訪談時，科任教師可接受的行為表現皆屬於「獲得內在衝動的滿足」之替代行為，因此校內輔導團隊成員再就「獲得回應」之功能行為，討論個案可表現的替代行為，並決定讓個案以適當的表現獲得教師的回應（如將行為紀錄表拿給教師簽名）。

介入目標則草訂為：（1）個案在二週內，上課干擾行為下降為一節課4次以下（包含4節課）（即標的行為減少的預期成效）；（2）在二週內，個案能將想回答或突然想說、想做的事情用畫或寫在合作紀錄表上（即替代行為增加的預期成效）。

因應功能行為評量摘要表中的個體與環境背景因素，特教組擬訂之前事處理策略包括：「持續提醒用藥」、「班規宣導」、「要求班上同學遵守一致班規」、「草擬行為契約」。

在行為教導策略部分，主要強調上述功能等值替代行為之教導，以及與個案逐條討論契約、澄清契約內容，最後由個案逐條朗讀契約，於同意後簽名。後果處理策略可分為正向行為出現以及行為問題出現時的因應策略，其內容包括：提示正向行為、自然增強、自我增強、社會性增強，以及區別性增強等。

「行為功能介入方案」的內容則包括個案標的行為的功能評量摘要、介入目標、各種策略、負責人員，以及評鑑日期和評鑑結果等。方案的內容詳見表 16-2 所示。

小提醒

1. 選擇介入策略的原則：為確保後續方案實施之可能性，須考量個案本身的個體背景因素（過動、衝動的困難）以及相關教師之執行可能（上課中能執行的策略——以手勢提示學生將想說的話寫下來），選擇彼此皆容易執行之策略。

2. 重視功能等值替代行為：在行為介入輔導的初期，積極評估功能行為並教導個案使用功能等值之替代行為，如此才能使個案較容易表現出正向行為，以獲得增強，因而有成就感，形成內在動力。

3. 善用行為後果的處理：在正向行為建立的過程中，宜提供個案喜愛的獎勵（例如：碳酸飲料）作為增強物，以強化個案持續改變的動力。但後續應隨時注意個案的行為變化，調整增強方式或增強物類型。

三、召開會議凝聚共識與確認行為功能介入方案

計畫草案完成後，由特教組召開臨時 IEP 會議，召集導師及科任教師討論介入目標和行為介入計畫的適當性與可行性。

由於校內從未有實施行為功能介入方案的經驗，因此與會人員對於正向行為支持策略、行為介入團隊、行為契約擬訂與執行、標的行為記錄方式、突發狀況處理等，多有疑惑。評估學生參與動態課程之行為問題較少，參與靜態課程之行為問題出現頻率較高，且國文課節數較多，而國文教師對於特教學生之態度很友善，故先選擇國文課執行介入方案。

介入目標修改為：

1. 個案在二週內，於國文課中，上課干擾行為下降為一節課 4 次以下（包含 4 節課）（即行為問題減少的預期成效）。
2. 在二週內，個案於國文課中，能將想回答或突然想說、想做的事情用畫或寫在合作紀錄表上（即替代行為增加的預期成效）。

隨即繼續討論各策略具體的執行方式，以及各策略負責執行的人員，尤其是任課教師的角色和需使用的策略等，並決定於計畫開始執行後第 3 週評鑑方案的執行情形。

小提醒

1. 召開會議的意義：藉由簡要說明功能行為評量之過程，協助校內輔導團隊確認標的行為與設定之介入目標，並說明選擇各項介入策略之緣由，有助於增進校內輔導團隊對方案內容的認知與期待之一致性，以凝聚共識。
2. 普通班教師參與：透過向普通班教師宣導，了解正向行為支持方案之概念及運作模式，並透過觀課及後續追蹤回饋，增進兩者之合作。

表 16-2　個案的行為功能介入方案

○○市○○高中國中部 105 學年度學生情緒行為問題行為功能介入方案

學生：○○○班○○○　個管教師：○○○

填表人：＿＿＿＿＿＿　填表日期：＿年＿月＿日　會議日期：＿年＿月＿日

一、行為問題

（一）標的行為：課堂干擾行為（上課時離座、大聲說話、做無關的事等）。

（二）標的行為描述

1. 行為樣貌：上課時，當教師問全班問題、教師講解課文或教師表達對某件事情的感受時，個案會出現課堂干擾行為。教師有時忽略、有時制止。若制止他，個案能暫停約 5 分鐘後又繼續。同學則偶爾會回應個案（看他、回嘴、一起做動作）。

2. 行為嚴重程度（次數／頻率／強度／持續時間／反應時間／達成度／影響程度）：

   (1)頻率：平均一天出現次數約 35 次（課堂觀察平均每隔 10 分鐘便會出現隨意離開座位、大聲說話等不適當行為）。

   (2)影響程度：

   　①造成教師必須暫停教學進度，提醒個案專心聽講。

   　②引起同儕對個案之反感，不太理會他。

   　③個案已因前述行為問題造成自己的學習品質受損。

3. 行為功能評量摘要表：

前事			標的行為	後果	行為功能
背景因素		立即前事			
個體背景因素	環境背景因素				
1.ADHD，有用藥，但過動衝動控制仍有困難。	1.家庭： (1)父母忙於工作，無暇教導與指正學生行為規範與課業。 (2)手足和個案有	1.教師問全班問題。 2.教師講解課文。 3.教師表	課堂干擾行為。	1.教師有時忽略、有時制止，個案能暫停約 5 分鐘後又繼續。	1.獲得內在衝動（立刻說想說的話、立刻得到答案、立刻完成想做

表 16-2　個案的行為功能介入方案（續）

前事			標的行為	後果	行為功能
背景因素		立即前事			
個體背景因素	環境背景因素				
2.學科學習動機低落。	類似過動、衝動的情況，會互相學習不當的行為。 (3)家庭對於學習成就沒有要求。 2.學校： (1)無明確的班規。 (2)同學習慣上課中隨意講話。 (3)教師對班上同學隨意講話的行為，習慣口語提醒或忽視。	達對某件事情的感受。	課堂干擾行為。	2.同學偶爾會回應個案（看他、回嘴、一起做動作）。	的事情）的滿足。 2.獲得回應。

二、介入目標

1. 個案在二週內，於國文課中，上課干擾行為下降為一節課 4 次以下（包含 4 節課）。

2. 在二週內，個案於國文課中，能將想回答或突然想說、想做的事情用畫或寫在合作紀錄表上。

三、介入策略

（一）期待行為：安靜聽講，教師點名回答才說話。

（二）行為功能等值的替代行為：

1. 獲得內在衝動的滿足：將突然想說、想做的事情，用寫或畫在合作紀錄表上。

2. 獲得回應：將合作紀錄表拿給教師簽名，教師對其答案給予回應。

表 16-2　個案的行為功能介入方案（續）

（三）前事／行為／後果處理策略		實際作法	負責人
前事處理策略	1.提醒用藥	於早自習及午休時間提醒個案用藥，並確認個案確實服藥。	導師
	2.班規宣導	於早自習及班會時間向全班同學提醒須遵守班級規定，上課發言要舉手、保持安靜。	導師
	3.要求同學遵守一致班規	於課堂中進行班規宣導。	導師、輔導教師
	4.草擬行為契約	依據前事調整策略與行為教導策略的內容，草擬適合的契約。	個管教師
行為教導策略	1.替代行為訓練 2.自我管理訓練	替代行為訓練合併自我管理訓練： (1)向個案說明需介入處理目標行為的原因並溝通其想法。之後與個案逐條討論、澄清契約內容，最後由個案逐條朗讀契約，並於同意後簽名。 (2)於契約中教導個案： ① 當上課中想回答問題、想說話或想做什麼的時候自己記錄在行為紀錄表中，並計算自己答對的次數。但每 10～15 分鐘可以舉手說話，一節課限 4 次以下。 ② 於下課時，將行為紀錄表交給國文教師簽名。	個管教師
後果處理策略	增加適當行為	1.要增強的行為與增強方式： (1)記錄上課中想說的話與想做的事情：自然增強（藉由書寫記錄獲得衝動的滿足）、自我增強（核對自己答對的答案）。 (2)將行為紀錄表交給教師：社會性增強（教師簽名並讚美）。	個案、國文教師、個管教師

表 16-2 個案的行為功能介入方案（續）

後果處理策略		(3)干擾行為一節課出現 4 次以下：區別性增強（上課中每 10 分鐘說話次數 1 次或 1 次以下，即獲得 1 分），當個案能表現正向行為，或遵守契約自我監控記錄（行為紀錄表）時，教師立即給予點數。 2.增強物：碳酸飲料（1000ml）、國文教師的簽名與讚美。	個案、國文教師、個管教師
	減少不當行為	提示正向行為：當教師發現個案未舉手就要說話時，可用手勢提醒個案將想講的話記錄下來。	

四、評鑑資料蒐集			
資料名稱	資料蒐集方式	實際作法	負責人
1.課堂干擾行為次數 2.個案將在上課中想回答問題、想說話或想做什麼但沒做，只記錄在紙上的次數	個管教師設計的行為紀錄表──「合作紀錄表」。	1.個案自己填寫行為紀錄表。 2.下課時由教師簽名認證。 3.於每星期五第五節上資源班抽離課程時，將紀錄表交給個管教師統計、討論及兌換增強物。	個案、國文教師、個管教師
備註			

四、執行方案與評估成效

在執行行為功能介入方案二週後，個管教師蒐集並整理國文教師對個案填寫的自我監控紀錄表之回饋，發現個案的課堂干擾情況明顯下降，干擾次數從第 1 天開始皆減少為 0 次，成效顯著，而其替代行為明顯增加，如圖 16-1 所示。

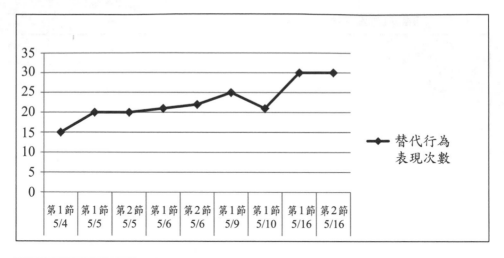

日期	5/4	5/5	5/5	5/6	5/6	5/9	5/10	5/16	5/16
當日節次	第 1 節	第 1 節	第 2 節	第 1 節	第 2 節	第 1 節	第 1 節	第 1 節	第 2 節
替代行為表現次數	15	20	20	21	22	25	21	30	30

圖 16-1　替代行為表現次數

　　但在實施過程中，個管教師也發現個案對於契約給予的彈性次數完全沒有使用。個案表示因為覺得還要計算太麻煩，所以寧可忍耐，導致覺得忍的很辛苦。針對這個問題，個管教師於個別談話時，協助個案了解自己過動、衝動的特質與需求，適度滿足自己的需要是可被接受的。

小提醒

1. 評估成效方式：針對標的行為的評量方式及標準，設計適當的紀錄表，有助於定期檢核實施成效，並引導學生順利達成。
2. 調整方案內容：實施行為功能介入方案後，宜隨時依據個案的標的行為及身心狀態變化，與校內輔導團隊取得共識，適時調整方案內容，考量個案能力及內在衝動等生理因素，訓練其自我覺察與提升自我管理之能力。

五、評鑑方案執行情形及後續追蹤

個案行為功能介入方案之評鑑，連同期末 IEP 會議一起召開，透過標的行為紀錄表、導師及任課教師觀察，個案已完全達成設定之介入目標外，相關教師增進了處理個案行為問題的能力，也初步啟動校內輔導團隊的運作方式。回顧個案在介入期間，非常努力地表現替代行為，雖多次差點忍不住衝動（干擾課堂的行為），但都在科任教師的提示下達成行為契約的約定，確實進行自我監控，能確實遵守教室規範。因此，於期末 IEP 檢討會議時，建議將本方案中所使用的策略調整為初級預防，由任課教師於 IEP 中持續以有效策略，維持個案的良好行為。

小提醒

評鑑重點在於確認行為功能介入方案的整體成效，並討論方案是否持續執行。

六、介入限制

由於個案即將轉學，因此校內輔導團隊計畫於個案轉學前，召開個別化轉銜會議，邀請個案即將轉入的學校了解個案現況及方案執行程度，以分享介入輔導經驗，並給予後續介入輔導建議。

第十七章

實例六：高職特教班自閉症學生「離開教室及校園行為」

王若權[1]、翁素珍[2]、謝秀圓[3]

　　本個案為就讀高職特教班一年級的自閉症學生，入學第一週的每一節課即趁機離開教室（例如：教師寫板書時），並在校園閒逛（例如：球場），一天中至少有一次離校買飲料，二至三小時後會自行回校；一個上午會喝四至五瓶飲料；沒錢買飲料，會跟同學借錢，被拒絕時會對同學大叫（例如：你不給我，我就要打你），並將手舉高或將書捲起作勢要打人；當教師限制其離開教室或管制使用金錢買飲料時，個案會出現大哭大鬧行為（例如：哭、喊、罵髒話或躺在地上，持續約 15 分鐘）。

　　前述行為問題已嚴重影響個案學校適應與導師班級經營，經閱讀國中轉銜資料發現，個案就讀資源班時即存在上述情形，國三時期更加惡化，於畢業暑假期間，曾出現逃家情形，而後由家長安排住院。在開學初期，導師善用讚美或鼓勵，希望個案上課能留在教室，並嘗試以口頭提醒個案可能的行為後果（例如：校規處理），但成效有限，故轉介特教組協助處理。

1　國立新竹高級工業職業學校特教組長。
2　國立臺灣師範大學特殊教育學系博士暨兼任助理教授。
3　國立新竹高級工業職業學校特教教師。

說明

　　個案行為問題若持續且嚴重影響學校適應時，導師或個管教師應轉介校內相關處室，由校內輔導團隊協助處理。

壹、情緒行為問題處理三級預防工作流程

　　個案的轉銜資料顯示，學齡前即被診斷出自閉症特徵，並有注意力與情緒困擾等問題。其認知能力優於特教班同儕，能閱讀白話文及一般書報雜誌，但在課堂上無法持續專注，對於不喜歡的課程會隨意離開座位，不易遵守團體規範與作息。在溝通能力方面，能與他人應對自如，能清楚說明事件經過及緣由。但面對任何想做的事情，個案會立即採取行動，無法延宕滿足，對於他人的阻止或打斷，會有強烈情緒反應。此外，個案喜歡上網及看電影，甚至會自己製作電影海報，喜歡玩電影院售票員角色扮演之遊戲。

　　個案除前述行為問題外，於開學後兩週又出現逃家行為，家長遵從醫囑，安排住院，因此學校依據「特殊教育學生情緒行為問題處理三級預防工作流程圖」，採取次級預防處理個案之行為問題，並結合 IEP 的能力現況及特殊需求評估，實施為期一學期之行為功能介入方案。第一筆者時任特教組長，且參與 PBS 種子教師培訓，因應訓練要求而擬訂方案，發起校內輔導團隊，參與成員包括個案本人、家長、導師、任課教師、輔導室、學務處、教官室，以及總務處的教師。以下說明方案擬訂過程。

一、實施功能行為評量及危機評量

　　面對個案複雜之行為問題，在選擇優先處理之標的行為時，經與導師討論後，人身安全為首要考量，故將其界定為「上課時間離開教室及校園」。評估工具包括功能行為訪談表及行為前後事件紀錄表。由於個案為

新生，開學初導師對個案的行為問題發展史了解有限，因此透過訪談國中教師、家長及個案本人，以及課堂觀察結果，研判個案之行為功能為獲得喜歡做的事情及逃避操作課程。另外，個案之標的行為會影響其人身及校園安全問題，故擬訂危機處理流程，由相關處室提供行政支援，如表 17-1 所示。

表 17-1　功能行為評量摘要表

背景因素		立即前事	標的行為	行為後果	行為功能
個案背景	環境背景				
1. 難忍受悶熱環境。 2. 非常喜歡喝飲料。 3. 討厭操作課程。	1. 國中有上課離開教室的情形。 2. 得不到想要的東西（如飲料）、覺得課程無趣、被責備或批評時，就會離開教室。	1. 教師轉身寫板書。 2. 下課時從班級教室移動到實習工廠教室。	1. 快速離開教室，並走出校園。 2. 從工廠區的大門離開校園。 3. 從校園外買到飲料後，自行返回學校，並在校園四處遊蕩後回教室。	1. 被導師叫到辦公室晤談。 2. 到教官室寫自白書。 3. 沒收飲料。	■獲得 　■外在刺激： 　　做喜歡的事 　□內在刺激： ■逃避 　■外在刺激： 　　操作課程 　□內在刺激：

說明

1. 選擇重要及易達成之標的行為：選擇標的行為可考慮其嚴重性與可進步性，除減緩行為問題惡化外，有助於增進其自信，並促進良好行為之類化。

2. 功能行為評量之動態循環歷程：在教育現場因考量時間、環境、人力，以及行為的急迫程度，較難系統性操弄變項，以解釋行為問題之因果關係，因此本研究除透過轉銜資料、跨情境觀察（實習課及學科

課程）外，在訪談方面詢問個案本身對標的行為之看法，是相當重要之訊息。故綜合前述評估資料，初步歸納個案之行為功能為獲得飲料、做自己喜歡的事情，以及逃避不喜歡的課程。但隨著觀察的時間愈長，及對個案能力與需求的掌握愈精準時，發現其主要功能為獲得自己喜歡做的事情及逃避實習課程。在行為功能介入方案實施初期，雖無法透過實驗操弄確認行為功能，但若能掌握功能假設之大方向，並隨時檢討成效，除能減緩標的行為惡化外，亦能經由介入驗證其行為功能，故在教育現場，行為功能介入方案可說是評量、介入與成效評估之動態循環過程，如圖 17-1 所示。

圖 17-1　功能行為評量動態循環歷程

3. 擬訂危機處理流程：主要是調整環境及運用相關人力或資源，處理個案的高頻率之離開教室行為。

二、擬訂行為功能介入方案

個案導師雖不熟悉行為功能介入方案，但對個案的標的行為最為了解，故導師評估個案能力，將該學期之介入目標訂為：（1）「上課能坐在教室，從事個案喜歡之替代性活動（例如：畫圖、製作電影價目表）」；（2）「無法參與課堂學習時，能舉手表達困難，與教師討論並選擇彈性調整課程內容」。

介入策略包括前事處理、行為教導，以及後果控制三方面（詳見「貳、行為功能介入方案」），尤其是前事處理之訂定行為契約，參與者包括個案、父母、導師及特教組長，契約內容包括期待之正向行為及其增強方式，以及若上課擅自離開教室時，需付出之行為代價，例如：減少喜愛的活動或在晤談室反省等。在訂定契約過程中，亦與個案逐條討論、澄清契約內容，最後由個案逐條朗讀契約，並同意後簽名。在行為教導部分，根據學生能力，初期教導功能等值之替代行為，亦即個案在教室上課從事喜愛之替代性活動，就能獲得想要做的事情，並逃避不喜歡之課程；後續則是能舉手表達困難，與教師討論課程調整方式。在後果控制部分，當個案能表現出正向行為，或遵守契約時，教師立即給予社會性增強，並搭配代幣方式，提供個案期望之實質獎勵，例如：有限度使用手機或由替代役陪個案打籃球。

說明

1. 不同行為功能之因應策略：針對個案行為功能為「獲得自己喜歡做的事」與「逃避操作課程」，在「獲得」功能方面，採取策略為教導功能等值之替代行為；針對「逃避」功能方面，則採取課程調整。同時，可以兼顧逃避與獲得之策略，為擬訂契約、教導表達需求、自我選擇與決定。此外，教師觀察個案最多只能待在教室 5 分鐘時，初期每隔 5 分鐘，增強個案的任何好行為，成效頗佳，亦提醒教師在學生行為問題未出現前，頻繁之正增強能有效減少行為問題出現情形。

2. 選擇介入策略原則：為確保後續方案實施之可能性，須考量個案本身及相關教師之能力，選擇彼此皆容易執行或練習之策略，而個案參與是非常重要的，尤其是認知能力較佳或接近成年之學生。

3. 重視功能等值之替代行為：在行為改變初期，宜尋找行為功能與標的行為相同之替代行為，首選個案較易達成之介入目標，以促進其內在動機。而後根據個案進步情形，逐漸提升介入目標，例如：「上課做自己喜歡的事」到「課程調整」，待其行為穩定後，最後之介入目標

則為「能完成上課的指定工作或活動」；對「逃避學習」而言，此種課堂逐步調整是很重要之歷程。

4. 善用行為後果處理：在行為改變初期，除提供立即、連續的社會性增強外，亦提供個案喜愛的活動作為增強物，以強化個案持續改變之動力，但應隨時注意觀察個案的行為變化，調整增強方式或增強物類型。

三、召開會議凝聚共識

由特教組擬訂的介入草案，應先與導師、家長召開小型個案會議，說明校方處理方式，以取得家長同意，家長也希望契約書亦能應用於家中。之後，由特教組長邀請相關任課教師與處室召開大型個案會議。由於校內從未實施行為功能介入方案，與會人員對於增強實施方式、支援人力、行為契約之擬訂與執行、標的行為記錄方式、危機處理等，多有疑惑。故由特教組長說明個案標的行為之發生脈絡，從正向與預防角度，引導與會成員了解方案內容，並將相關處室須提供之行政支援明確化，會後方案內容經由校長簽核後，列入 IEP 執行。

說明

1. 會議目的：藉由簡要說明標的行為之發展過程及其功能，與選擇各項介入策略之緣由，有助於增進校內輔導團隊對方案內容認知與期待之一致性。

2. 家長參與：目的為確保當事人的相關權益，同時讓家長清楚需配合之事項，以形成共識。

四、執行方案與評估成效

　　個案於 10 月住院返校後，開始實施行為功能介入方案。由任課教師所填寫之標的行為觀察紀錄發現，在執行第一週及第二週後，個案離開教室的行為已由每週 35 次，減少為每週 8 次及 16 次，離校次數則降為 0。但在實施過程中，特教組長也發現個案會鑽契約規範未完善處的漏洞，因此重新與個案討論修訂行為契約，過程中發現個案不但了解契約不周延之處，甚至主動提出修正內容（例如：個案承諾可改善之不當行為，能主動補充教師未提到之行為——向別人要錢、喝太多可樂），並在個案同意下增加控管手機。之後，個案每節課皆能坐在教室，直到 11 月中旬，因為生病請假一週返校後，仍出現拉肚子的狀況，因此上課中會要求上廁所，而開始藉故離開教室。因此，在前事處理部分，增加「提示適當行為」，亦即個案上課期間需要上廁所時，教師會事先提示個案「應於 5 至 10 分鐘內回到教室」，自此直到期末，個案每節課皆能坐在教室上課。

說明

1. 評估成效：針對標的行為之評量方式及標準，設計容易記錄之格式，例如：以節為單位設計一週 5 天、一天 7 節的空白表，當個案能留在教室時畫○，若離開教室時畫╳，簡易統計後即可讓個案本人及教師了解標的行為變化情形，有助於定期檢核實施成效。
2. 調整方案內容：實施行為功能介入方案後，應隨時依據個案標的行為及身心狀態變化，適時調整方案內容，並考量個案認知能力，促進個案參與方案，引導其自我覺察與管理之能力。

五、評鑑方案執行情形

　　本方案之評鑑同時於期末 IEP 會議進行檢討，發現個案不僅達到介入目標，當個案想要做的事被阻止時，所出現之哭鬧行為，也隨著標的行為之

改善而減少，並能使用適當方式表達需求，甚至能與教師進行協商。行政支援方面皆能有效實施，例如：教官室協助緊急處理機制。另外觀察發現，教師開始能預測與有效處理個案標的行為，其中有少數教師稍感困擾之介入策略為「標的行為發生前就實施增強」，因為教師們擔心會影響教學進度；其次為標的行為之記錄雖有時會遺忘，但已初步啟發校內輔導團隊之運作方式。因此，於期末 IEP 會議決議終止此標的行為之介入方案，另以同儕衝突作為下學期之標的行為，以改善其行為問題。

說明

1. 校內輔導團隊運作：召開大型個案會議除了能有效確認各項任務與負責人外，亦能有效增進相關人員之參與情形，有別於過去個案會議只談學生行為問題，未有後續執行與檢討情形，校內已有重大之改變。
2. 評鑑方案之重點：除重視個案行為改變外，亦可關注其他參與人員的變化，藉此觀察學校人員的觀念與態度之轉變。
3. 針對其他行為問題評估：個案標的行為雖有顯著改善，但由於個案行為問題多元且複雜，故可再次評估其他行為問題，決定是否要持續針對新的標的行為予以介入。

貳、行為功能介入方案

行為問題界定	每天每節上課時都會趁機（例如：教師寫板書時）離開教室，在校園閒逛，且一天中至少會有一次跑出校外，到便利商店買飲料，在外閒逛二至三小時後，會自動回到學校。				
行為功能	□獲得內在刺激：（　　　　　　　　） ■獲得外在刺激：■特定／物理刺激（飲料及做自己喜歡的事） 　　　　　　　　　■社會刺激 □逃避內在刺激：（　　　　　　　　） ■逃避外在刺激：□特定／物理刺激 　　　　　　　　　■社會刺激（逃避實習、操作課程）				
介入目標	1.上課能坐在教室從事替代性活動。 2.當坐不住或是無法參與課堂內容時，可以舉手表達困難，並與教師討論彈性課程。				

	策略	執行方式	負責人	檢核期間	執行情形	執行結果
前事處理	就醫評估	1.由家人協助安排醫師評估是否有飲料成癮問題，並提供後續處理建議。 2.經家長同意後，由導師提供行為前後事件紀錄表給醫師，作為醫療評估的參考。	家長、導師	10/7	A 1.確認無飲料成癮。 2.住院期間情緒穩定。	D
	訂定行為契約	1.與家長、個案共同訂定契約，採代幣方式，以兌換個案喜歡的增強物。 2.契約規範在教室內的替代活動，以及離開教室與校園之代價。 3.行為契約延伸到家中，家長配合執行契約內容。	個案、導師、任課教師、家長	10/12 10/23	B 修正行為契約已連續二週能待在教室內。	D

	策略	執行方式	負責人	檢核期間	執行情形	執行結果
前事處理	安排增強策略	1.個案能坐在教室上課的時間，大約只能維持5分鐘，故於介入第一週採固定時距增強，每間隔5分鐘增強個案的任何好行為；第二週起固定時距增強改為 10 分鐘。 2.第三週起改為非固定時距增強個案的所有好行為。	任課教師	10/9 10/16- 1/30	A	D
	中斷先兆	1.提示行為後果：當個案出現坐立難安、抓傷口、皺眉等先兆時，提示個案「我知道你想要做什麼，但是記得我們的約定，如果做了約定不能做的事，會有你不喜歡的後果」。 2.提供選擇機會：喝從家裡帶來的蜂蜜水及從事替代性活動。	導師、任課教師	10/9- 1/30	A	D
	調整課程	個案無法參與之課程，教師允許個案在位子上做喜歡的活動，或提供符合個案能力的彈性課程或作業。	任課教師	10/9 11/20- 1/30	A	D
	提示適當行為	個案於 11 月中旬生病返校後，上課出現藉故上廁所而離開教室的情形，由教師提醒上廁所應於限定時間（5～10分鐘）內回到教室。	任課教師	12/20- 1/30	A	D

策略		執行方式	負責人	檢核期間	執行情形	執行結果
行為教導	教導功能等值之替代行為	能從事喜愛之替代性活動，例如：畫圖、做價目表。	任課教師	10/9-1/30	A	D
	教導表達需求、自我選擇與決定	1.個案能辨識自己坐不住時，能以舉手表示需求。 2.個案能自我選擇並決定有能力完成之替代性活動或學習內容。				
後果控制	區別性增強不相容行為	能坐在教室或從事替代活動時，給予增強，增強方式依照契約規定。	任課教師	10/9-1/30	A	D

參考代碼：執行情形：A 已執行，B 執行中，C 尚未執行。
　　　　　執行結果：D 有效，E 無效，F 尚需評估。

◎本方案所需之行政支援服務

1. 離開教室之危機處理流程：由導師指定同學通報學務處及警衛室，協助管制個案離開校門；若個案自行返校，由任課教師記錄個案離開與返校的時間，後續由導師依行為契約處理。
2. 相關行政支援：學務處主責為生輔組長，輔導室為輔導主任。當個案須進行自我反省時，由教官室協助派員支援陪同個案；另外，輔導室協助提供自我反省空間（諮商室）。

◎行為維持或類化的計畫

1. 本方案執行的第一週，允許個案先上上午半天課，觀察適應狀況，下半天則由任課教師提供上課講義、學習單，由家長在家協助個案完成，待第二週穩定後恢復全天上課時間。
2. 當個案在校表現良好，由家長在家中提供玩手機一小時作為增強。

3. 個案從事替代性活動，需要較為寬敞之空間，故個案分組課程教室皆安排於原班教室，並將行為契約書布置於桌上，以利自我提示。

◎方案評鑑與期末 IEP 會議

1. 方案評鑑方式主要由特教組設計行為問題紀錄表，並由每節任課教師負責記錄。

2. 期末 IEP 會議，綜合各項紀錄，確認個案已達成介入目標，故終止本行為問題之介入方案，並將其融入 IEP，持續教導個案自我管理之能力。

第十八章

實例七：高職特教學校自閉症學生「嗅覺刺激行為」

廖莉婷[1]、郭佑慈[2]、鳳華[3]

壹、認識 A 生個案

本個案 A 生於 2016 年入學，就讀特教學校高職部，被診斷為自閉症。剛入學第一週，即出現每一節課會自行離開教室（時間約 20～30 分鐘）、背著書包在校園逛（例如：操場、走廊、川堂）、上課時會站起來走動，並且靠近聞女同學頭髮的味道，或於課餘時間拿起教室內任何看得到的食物直接拆封食用等情形；若制止 A 生上述的行為，會出現大叫的反應，嚴重時會生氣大叫並且漲紅臉咬自己的衣袖、跺腳。

導師先依據「學生基本表現與環境適配性檢核表」進行初步檢核，顯示個案在教室適應能力，除了「聽從指令」、「能適當回應教師的提問與喚名」、「完成指派的工作」之能力表現程度有達到「偶爾如此」以外，其他均為「很少如此」，此表示個案在教室的適應技巧能力方面明顯薄

1 臺中市立臺中特殊教育學校特教教師。
2 國立屏東特殊教育學校特教教師。
3 國立彰化師範大學復健諮商研究所教授；博士級國際行為分析師（BCBA-D）。

弱。此外,從 A 生的轉銜資料基本能力現況中亦發現,個案除了無口語溝通能力外,生活自理能力亦相當薄弱,例如:吃飯時需要他人餵食、不會自己裝水、穿脫衣物需要他人協助,其行為特徵尤其在固著行為及興趣部分有較多的固著和重複的行為,在溝通、社會互動、固定行為及興趣方面皆為顯著弱勢。

貳、A 生行為問題之初級預防

A 生的主要行為議題包含:自行離開教室、靠近並聞女同學的頭髮味道、未經許可拆封食物食用、被制止會有大叫自傷等行為。以下分別依據不同行為問題的初級預防策略進行說明:

1. 自行離開教室:在開學初期,A 生只要是在教室上課時間(星期一到星期三上午、星期四下午),就會自行背著書包離開教室,到處逛校園,若採制止方式,則會出現行為問題,因此導師除了疲於奔命追著 A 生之外,也成為學校經常廣播協助尋找的對象。經過二週時間的直接觀察後,導師和班級任課教師分析出 A 生離開教室是為了照電梯的鏡子以獲得視覺的自我刺激,因此在教室擺放了一面全身鏡後,A 生離開教室的頻率立即大幅下降。預防策略展現其明顯成效。

2. 靠近並聞女同學的頭髮味道:經國中轉銜資料發現,A 生就讀國中小特教班時即存在上述行為問題。國中導師表示,原本 A 生會將自己的襪子脫下來聞味道,後來改成穿涼鞋,其行為問題就轉為聞女同學的頭髮味道,造成女同學恐慌並且大叫。開學初期,雖然已經教導女同學以肢體方式(推開)向 A 生表達不喜歡這樣的行為,但成效有限,除影響 A 生本身的學習機會之外,亦影響班級同學的上課情緒。女同學上課時會一直盯著 A 生,擔心深怕一不注意 A 生就會靠近自己,並且聞頭髮味道,以致影響上課的專心度及學習成效。導師亦使用「教師教學與班級經營策略表」,從表中發現班級經營的調整部分,因受限於 A 生的認知功能,在團體教學課時由於

個別差異落差太大，有時在課程設計及教學上難免難以兩全，例如：「每節課均明示教學目標」、「上課提供有系統、結構的教學程序」、「提供額外的補救教學」於介入前均未實施，因此在目標行為介入時將針對上述能預防行為發生的班級經營項目進行調整，包括：視覺結構化個人課表、針對個別特殊需求提供教學、調整同儕座位並安排同儕小幫手在旁邊，讓已實施的項目有成效，或將導師未注意部分進行實施的調整。

3. 未經許可拆封食物食用：此行為顯示 A 生缺乏表達需求以及分辨他人與自己所有權的能力，因此將溝通能力列為教學優先考量。

綜合上述，由於前事調整後，依舊出現聞女同學頭髮的干擾行為，因此緊接著進行功能行為評量，發展正向行為支持計畫，藉以改善 A 生的行為問題。

參、進行功能行為評量及功能假設

標的行為界定為「教室內上課時間靠近女同學聞頭髮味道（身體和臉朝向女同學距離五十公分以內）」，評估工具包括「功能行為訪談表」、「行為動機評量表」及「行為前後事件紀錄表」。由於 A 生為高一新生，導師對 A 生的標的行為發展史了解有限，因此訪談對象包含國中教師、主要照顧者及機構教保員，並根據導師對 A 生行為問題之「行為前後事件紀錄表」，由導師及特教教師（第二筆者）共同完成評估資料，發現 A 生之行為功能假設為「自我刺激」，即獲得自動化增強，其標的行為之互競行為模式路徑分析圖如圖 18-1 所示。

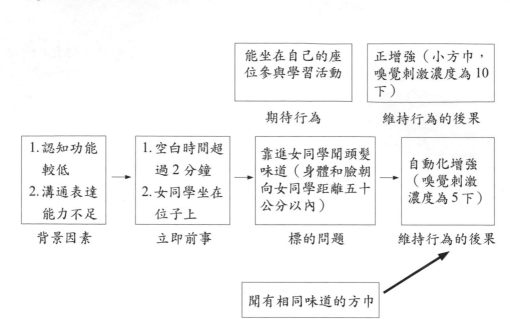

圖 18-1　標的行為之互競行為模式

肆、建立正向行為支持計畫

導師結合教室適應技能檢核、個別化能力評估，以及班級經營檢核等資料，將該學期之介入目標行為定義如下。

一、標的行為

1. 降低標的行為：減少教室內上課時間靠近女同學聞頭髮味道的次數（身體和臉朝向女同學距離五十公分以內）。
2. 增進功能溝通技能：能以圖卡方式表達個人需求。
3. 增進認知學習：善用嗅覺優勢成為學習管道，使 A 生能開始學習認知課程。

二、標的行為的基線與期望改善標準

1. 聞女生頭髮：行為出現頻率／強度／時間長度為 1 週 19 次，強度為中度，每次時間大概持續 2～3 秒。期望改善標準為不再出現此行為，並以替代方式獲得原自動增強。

2. 功能溝通技能：目前無任何口語能力或替代溝通能力。期望能以圖片兌換溝通系統（PECS）建立第三階段的辨識溝通表達。

3. 認知學習：認知能力薄弱，生活自理上處於學前幼小階段，需要大量協助。期望能增進認知能力，理解他人的要求，並增進對環境的辨識及認知。

其正向行為支持計畫之介入，如表 18-1 所示。

表 18-1　正向行為支持計畫

行為訓練的策略	預防性策略	替代行為的策略	使用後果效應的策略
1.訓練溝通：PECS。 2.調整個人需求課程結構：（動—靜—休息—靜—動，每個段落 10 分鐘）。 3.提供個人嗅覺配對課程。	1.調整女同學洗髮精香味。 2.調整班級座位。 3.提供個人視覺化課表。 4.NCR：每 20 分鐘聞一次香味。	想聞味道時能將小方巾拿出來聞（區別性增強替代行為）。	1.當有做到期待行為（能坐在自己座位參與學習）時：正增強（味道更為濃烈的小方巾，噴灑 10 下）。 2.當有做到替代行為時：自動化增強（噴灑濃度 5 下之小方巾）。 3.當出現行為問題時：反應阻擋。

伍、應用策略及實施程序

一、正向介入策略

　　包括：前事調整（例如：調整課程、結構化時間表、NCR、增加反應費力度）、行為教導（例如：替代行為、期待行為），以及後果控制（例如：期待行為的區別後效、反應阻擋及感官消弱）三方面，其應用策略之說明及實施方式，如表 18-2 所示。

表 18-2　正向介入策略、實施方式、執行人員及成效

策略		實施方式	執行人員	成效
前事調整	調整課程並安排結構化時間表。	1.安排課程為動靜交替（一節課 50 分鐘，切割為五個時段）。 2.依序為：撿羽毛球→一對一認知課程→休息→PECS 訓練→撿羽毛球。 3.提供 A 生選擇活動順序機會。	導師 專任教師 實習教師	S
	安排非後效增強（NCR）。	採固定時距增強，教師實施介入第一週，每間隔 20 分鐘提供個案相同嗅覺味道刺激（行為問題觀察總時間／總次數＝ 22 分鐘，意即平均每 22 分鐘發生一次行為問題，因此提前於每 20 分鐘即事先提供一次相同嗅覺刺激的味道）。	教師助理員 實習教師	S
	功能溝通訓練。	以圖片交換溝通系統（PECS）訓練溝通能力，目標為可以自行拿取圖片，跨越整間教室的距離長度，並能區辨圖片，對不同教師表達需求。	導師 實習教師	S
	增加反應費力度。	1.將原本會聞到味道的女同學位子拉開間隔至少兩個座位以上。 2.建立初期位子，拉起一條紅色線繩，高度到膝蓋，之後逐步褪除。	導師	S

表 18-2　正向介入策略、實施方式、執行人員及成效（續）

	策略	實施方式	執行人員	成效
行為教導	教導功能等值替代行為。	當 A 生想要聞味道時，能拿起相同味道的小方巾起來聞（提供相同嗅覺刺激），並使用區別性增強替代行為方式執行（提供可替代味道的小方巾濃度為 5 下）。	導師專任教師教師助理員	S
	建立期待行為。	1.增進認知能力，能在座位上與同學共同學習。 2.安排 A 生特殊需求課程（詳見說明如下）。	同上	S
後果控制	期待行為。	出現期待行為：給予小方巾，噴灑個案可替代味道，濃度為 10 下。	導師教師助理員	S
	反應阻擋。	若 A 生已經快要接近女同學頭髮時，有事先教導女同學應該以雙手阻擋 A 生靠近，並且說：「請走開，我不喜歡。」	導師女同學	S
	感官消弱。	女同學更換洗髮精的品牌及味道：經過衣物浸泡洗髮精測試，發現 A 生偏好的味道皆屬於花香系列，詢問女同學的洗髮精品牌，味道亦屬花香系列，因此請女同學更換其他非花香系列品牌，進行感官消弱。	導師女同學	S

註：執行結果：S 有效；U 無效；F 尚需評估。

二、行為訓練補充說明

（一）替代行為之行為塑造步驟

1. 使用材料：從教室小毛毯（約長 120 公分、寬 120 公分、厚度約 0.3 公分），到測試 A 生偏好的布料材質（衣服棉質 T 恤、POLO 衫、毛毯），最後為噴有味道的小方巾。

2. 行為塑造程序：在教室拿起毛毯聞味道→將毛毯縮小成方巾聞味道→將方巾帶到教室內指定位置聞味道→將小方巾放在口袋→跨兩個上課情境→跨三個上課情境→跨四個上課情境。

（二）認知課程訓練

1. 以嗅覺優勢進行認知配對訓練：對於其偏好物（例如：洗髮精、可樂果）進行味道與圖卡配對；一般認知活動的學習，則以味道配對認識不同的花。

2. 聽者反應：訓練教室常用的接受指令，例如：拿取物品、放置物品、起立等。

3. 多元感官課程訓練：視覺配對、嗅覺配對、提供音樂刺激（聽覺）、撿羽毛球（觸覺）。

4. 重疊課程：能正確配對課程相關名詞與物品配對「手套」、「清潔劑」、「口罩」，或能受控於環境刺激，例如：給予抹布就能拿抹布擦桌子。

陸、成效評量：目標行為的測量紀錄及結果

一、目標行為介入成效

1. 目標行為次數變化：A 生的行為問題次數由原本的一週 19 次，在策略介入後降至一週 0～2 次，如圖 18-2 所示。意即實施正向行為支持計畫之後，個案聞女生頭髮味道的次數大幅下降。

2. 其他觀察：在其他非觀察時段發現，自從訓練 PECS 之後，除了 A 生主動溝通的意圖提升之外，也能透過圖卡主動表達其需求，而不需要以行為問題獲得其需求。

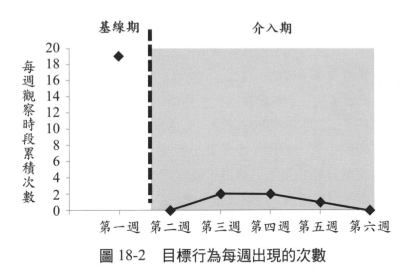

圖 18-2　目標行為每週出現的次數

二、其他行為進展

1. 溝通技能：A 生已經進展到第三階段區辨圖片，正確率達 90%，而主動拿取圖卡表達個體需求的次數亦明顯上升，導師甚至發現當出現「競爭型刺激物」（如可樂果、品客）時，A 生的功能溝通次數明顯向上提升，行為問題則不再出現。

2. 認知學習：除了課程中的聽者反應訓練之外，日常生活中的搭配及立即增強，亦能有效協助 A 生學會該項技能，而在教室聽指令部分，「坐下」、「起立」、「椅子往前拉」、「關燈」可達到獨立階段。在嗅覺配對部分，發現在搭配嗅覺配對訓練課程時，亦達到預防效果，提供嗅覺刺激的同時，A 生出現行為問題的次數同時下降；在進行嗅覺配對的同時，A 生的注意力相較於視覺配對更加集中；相同的認知配對訓練，A 生在嗅覺配對時，獨立進展速度更快。在重疊課程設計時，針對課程內容選擇適合的配對訓練，也能幫助 A 生適時的融入課程（例如：手套配對「找一樣的」，則可以建立「一雙」的概念），透過密集訓練兩堂課後，可完成獨立，正確率達 90%。

3. 生活自理：在教導 A 生的生活自理技能時，發現 A 生過去長期屬於被動接受生活自理協助（臺傭幫忙），接受外界的口語刺激不足，並非個體本身不會此項技能，例如：口渴拿杯子裝水，在經過日常生活的聽者反應訓練之後，A 生目前已經能夠在自己感到口渴時，拿起杯子去裝水。在如廁部分，A 生會在自己想去上廁所時主動走到正確的位置上廁所（小便到小便斗、大便到馬桶）。訓練六週後，用餐時能在提示下拿取「便當圖卡」請打菜的同學幫忙裝便當，中午用餐完後，能聽從指令進行桌面擦拭動作、手部清潔、擰乾抹布、吊掛抹布等動作。

柒、回饋與心得

一、其他教師及同儕回饋

在實施正向介入計畫後，教師們共同反映 A 生及同儕的上課狀況專心度提升許多，女同學亦表示上課較不用擔心個案會不定時跑來聞自己頭髮的味道。整體而言，班級教師助理員及其他專任教師、實習教師等皆一致認為，A 生問題明顯下降，教師上課過程更為流暢，A 生的功能溝通技能有明顯的進展，同時擴充 A 生的多元學習活動，並且增進其認知功能。

二、介入心得與啟示

1. 溝通訓練的迫切需要：在班級經營及課程設計中，面對能力落差愈來愈大的學生，如何提供其適切的特殊需求課程，是每位教師必須用心面對的課題，尤其是在幫助無口語學生設計功能溝通訓練教學，不僅能提供其更有效地表達自己的需求，亦能打開個體與外界的連結，增進更多元的互動方式。

2. 偏好物的調查：在進行感官消弱時，必須事先進行 A 生對於味道的偏好調查，並且在不侵犯及不影響女同學上課的前提下，提供不同

品牌味道的洗髮精，達到影響程度為最小的調整。另外，在整體訓練時，需要事前完成偏好物評估，了解該生對不同刺激物的偏好強度，有助於訓練相關技能時，能提供不同程度的後效增強，進一步提升學習成效。經過觀察後，發現能和洗髮精味道抗衡的，是 A 生喜好的「可樂果」，因此在事前預防時，提供競爭型刺激物，搭配功能溝通訓練，亦是相當重要的一環。

3. 善用優勢管道：教師透過嗅覺管道打開 A 生的聞香世界，除了幫助個案能更加融入班級課程外，同時也能發揮該生的學習潛能，增進該生的認知能力及對環境的掌控力。將原本的行為問題轉換為具功能的學習管道，亦是教師進行功能評量的最佳禮物。

4. 相關人力的配合：班級教師團隊彼此分工，一致性的訓練目標在整個介入計畫中扮演相當重要的角色，彼此缺一不可，也唯有找到行為問題的功能，並且對症下藥，提供正向行為支持計畫之介入，才能真正幫助學生提高學習成效，並且擴充更多元且正向的行為模式。

第十九章

實例八：高職特教學校智能障礙學生「以行為契約建立自我管理技能」

楊善知[1]、鳳華[2]

壹、楔子

在偶然的機會中，第一作者翻到十三年前的日記赫然發現，當時竟寫著：「小孩不乖就是要教訓，不是嗎？」驚覺當時對不適當行為的看法與現今的想法真是天壤之別，簡直不敢相信自己的眼睛。受到正向的薰陶與影響後，已經開始奠立的信念是：「處罰是下下策耶！要了解行為不適應的原因，對症下藥之良方正是快快 ABC 啊」（見第十二章圖 12-1 所示）。

初任教時，滿腹理想，想幫學生做的事太多，然而突發狀況又排山倒海而來，每天都焦頭爛額，總覺得時間不夠用。當時，有個孩子上團體課時的程度不適合、因無聊而不斷干擾課程進行，想要也需要個別化的數學及語文課程，於是每天利用午休時間進行一對一教學。對於該生體重過重、體脂肪超標的情況，也特地帶他去醫院找營養師諮詢，設計健康飲食

---

1 臺中市立臺中特殊教育學校輔導組長。

2 國立彰化師範大學復健諮商研究所教授；博士級國際行為分析師（BCBA-D）。

計畫，並且每頓午餐都在旁盯梢。當時以為自己用心良苦很感人，然高二下某天，他居然在日記本上寫下「希望明天是楊善知老師的忌日」。這一棒敲醒瞎忙的夢中人，在細細檢討與到處找資源求助的過程中，認識了教職生涯一輩子的好朋友——「正向行為支持」（PBS）。

當學生有不適當行為時，彷彿在透過行為說：「我需要幫忙」，除了建立替代行為之外，更希望能走在不適當行為之前，幫助學生建立更多適當行為，這些適當行為如能成為學生畢業後也帶著走的能力，就會更有成就感了！本案例使用正向行為支持計畫搭配行為契約，透過自我記錄的訓練，穩定建立個案的工作動機與工作習慣，並且成功類化至家中及其他工作情境。

貳、認識 B 生

身為導師的第一作者有次詢問：「我們來討論一下對自己的期望吧～大家將來想成為什麼樣的人？想做什麼工作呢？」班上酷哥一號回答：「我要當流氓！」B 生回答：「我也是！」之後的每節下課，總會看到 B 生跟在班上酷哥一號和二號的後頭，努力學習他們八家將的走路方式，在他們吆喝其他同學後，B 生也會再回聲式的重播一次內容。導師則是在旁細心觀察這孩子想融入同儕、成為他人注目焦點的認真樣。

B 生就讀高職部三年級，手部抓握力較弱但不影響日常功能，能理解並回應連續兩步驟的指令，但在回應他人問題時多用單詞單字，說五個字以上的句子時容易口吃，識字量為小學一年級程度，可以使用計算機計算加減法。在「學生基本表現與環境適配性檢核表」中，除了「能夠適當提問」之得分為很少如此以及「能輪流等待」之得分為有時如此外，其他項目之得分皆為總是如此，顯示 B 生具備基本教室適應能力。B 生有一副迷人的笑容，對漂亮女生很溫柔，興趣是蒐集逛街路過的各店家名片，專長是模仿同學、可惜選錯模仿對象……。

> **小提醒**
>
> 　　無論面對的情況有多艱難，在看待學生時，要養成習慣找出「至少三個優勢或喜好」，除了可以建立增強物的資料庫，更要避免只看到行為而忘了看待學生與環境的互動。

參、個案的不當行為

　　一早，學生們都還未到校，電話先響了，B生媽媽氣急敗壞的說B生又在沒告知鄰居的情形下騎走他人腳踏車，已經是這個月第三次了。之前鄰居人好不計較，但這次居然把車撞壞，被鄰居下了最後通牒——下次警察局見。導師還在想用什麼方法協助B生時，媽媽接著訴說最近如何的快被B生氣炸，例如：講話大小聲、偷拿錢、不如意就摔東西砸玻璃、吵架就踹弟弟、騎車受傷不敢講結果忍到傷口化膿……哇～這孩子在家中竟然有這麼多的行為問題，原來把好的一面都留在學校表現了呀！

肆、建立正向行為支持計畫

　　倘若不適當行為多到令人措手不及時，建議就從建立好行為下手吧！

一、建立正向支持計畫

　　為了回報家長對學校的信任，導師決定要幫 B 生改頭換面。首先清點可能的豐厚籌碼（也就是 B 生的增強物），包含：B 生在學校力求表現、B生對錢很有需求、B 生對新接他們班的導師還很客氣；接著檢視之前效益不彰的後果策略，例如：好言相勸、扣減玩電腦時間（剝奪）、請生教組長

扮黑臉祭出休學警告書等;之後再邀請班上教師群,開了一個圓桌會議,先進行功能評量,找出行為與環境(前事與後果)的功能關係,再依行為功能擬訂出一個 PBS 計畫草案,並做好隨時需要依照現況改善的心理準備。偷竊行為顯示 B 生對錢有需求及動機,因此可以藉此需求轉換成改變行為的動力,也因著他強烈需要被看重的自我尊嚴之需求,導師將此作為改變 B 生的動機操作,並透過和 B 生共同制定目標,提供選擇權(目標及增強物),讓 B 生計畫可行的方案,如圖 19-1 所示。

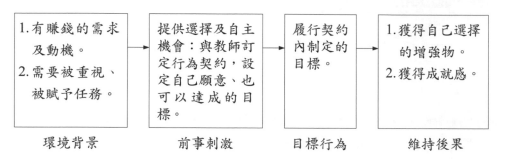

圖 19-1　目標行為的 ABC 路徑圖

階段一:簡簡單單輕鬆入門

　　B 生從小缺乏成功的經驗,只好一直用不適當的行為到處衝撞,結果就是不停的被責罵和處罰,這些經驗應該也讓他感到很挫折無力吧!因此,導師利用計畫草案和同事們達成共識,先幫助 B 生設定很容易就可達成的目標,從他原本已經可以做到的小事開始,再增加一點要求,例如:原本 8:05 才開始工作,目標就設定為 8:00 整開始,而且 5 天中有 3 天成功就可以。

　　導師找了一個下課空檔,邀請 B 生到安靜無干擾的班上小隔間裡,略帶神秘語氣的問他:「想不想賺零用錢?可以用自己賺的錢買飲料、請同

學喔，是不是超棒？老師想幫你變厲害，讓你自己選獎勵品，好不好？」在頻頻點頭與藏不住驚喜的眼神下，完成了「只有他有」的秘密協議——行為契約。

小提醒

　　簽訂行為契約的每個細節都很重要，達成目標的標準要能清楚明瞭、容易達成、定期檢視回饋和調整，最關鍵的，是要讓學生感受到「被重視」。簽訂契約的最終目標，應該是學生能體會「我也可以」的感受，進而提高自我期許。

階段二：提高標準悄悄變難

　　透過每 5 天檢討 1 次的契約，可以履行的工作內容增加了，標準提高了，例如：契約 3 的目標行為包含舊的目標（能在 8：00 整開始工作），以及新的目標「10 分鐘內完成打掃教室及自我評量」，其增強物是訂外送飲料一杯；契約 7 的目標亦包含之前的契約目標以及新增的目標：「連續完成三項指定工作及自我評量」，增強物除了筆記本（由教師帶去書局自己挑選），還有加碼的獎勵金。在達成每張契約的過程中，B 生也可以感受到自己的進步，每次都很開心地自主提出要挑戰再多一些難度的目標。看到 B 生每天小心翼翼拿著契約和檢核表「正確的」做自我檢核，終於看到原本很具挑戰、需要大力協助的學生，開始可以放手讓他自己主導自己的生活了！如圖 19-2 所示。

[阿傑與老師的行為契約 3]

我，_____，在 9/16 下星期三工作報告時，

可以完成掃教室的自我評量，

在 5 天裡面有 **3 天在八點整 8:00** 開始工作，

並且在 **10 分鐘內**完成工作，拿給老師檢查，

就可以去買飲料一杯。

立約人：_____

_____

日期：_____

[阿傑與老師的行為契約 7]

我，_____，在 11/13 星期五工作報告時，

可以完成掃教室→寫早自習→帶同學運動的自我評量，

在 5 天裡面有 **3 天**在 **8:00** 開始工作，

並且有 4 天達到標準(每個地方都沒有垃圾)，拿給老師確認，

就可以得到筆記本一本。

P.S. 只要有使用自我評量，每天都有獎勵金$1 元。

立約人：_____

_____

日期：_____

圖 19-2　B 生與老師的行為契約（範例一）

階段三：成功類化

　　父母很疼愛 B 生，即使媽媽每天都要在家門口擺攤賣章魚燒，也是會捨不得B生吃苦、不讓他幫忙，久了以後就算B生想幫忙，也常常被媽媽阻止。在聽媽媽吐苦水時，導師靈機一動，與其讓 B 生回家後翹二郎腿看電視，不如讓他藉著幫忙來賺零用錢，這樣就沒時間趴趴走，也不會為了要隨意買東西而偷拿錢了呀！於是與家長溝通好策略，包含：（1）家長能依照契約給零用錢；（2）其他錢全部鎖好不隨意置放。此外，為了讓他可以協助製作章魚燒，也和家長確認B生在每個製作步驟需協助的程度後，開始將契約延伸至「在家賺錢」。

　　在簽訂契約前，教師們先到家中實地勘察，以工作分析的方式，將章魚燒的製作步驟加上字幕和旁白，編輯成示範影片，在全班面前播放。在影片中，每天幫忙擺攤的B生弟弟被塑造成「工作中最帥氣」的偶像，不只B 生露出羨慕的眼神，在班上也造成旋風，同學們紛紛表示以後也要去工作、想成為影片中的主角。動機再次攀升後，和家長一一確認B生適合的工作內容，排除有可能會危險或太難的工作步驟，幫B生找到在家中幫忙時舒

適的定位。

　　短短三個月、歷經六張在家幫忙的契約（如圖 19-3 所示），幫忙時間從 30 分鐘逐漸增加至一小時，達成標準從連續 2 天增加至連續 10 天，工作項目的標準從只要有幫忙，進步到必須精準完成指定內容才能獲得增強物。最後 B 生已經可以用自己的薪水請同學們喝飲料，裡子面子都兼顧到了。

阿傑與老師的行為契約 12/22

我，阿傑，跟老師約定，

如果回家有幫忙賣章魚燒(站在攤子旁招呼客人、加醬裝袋、收錢)

30 分鐘、連續兩天，老師就會贈送小瑜老師的照片一張。

立約人：＿＿＿＿＿＿＿

＿＿＿＿＿＿＿

日期：＿＿＿＿＿＿＿

※請媽媽或爸爸在下面打勾簽名：

日期	12/22 (　)	12/23 (　)	12/24 (　)	12/25 (　)	(　)	(　)	(　)	(　)
有幫忙 30 分鐘								
有發薪水 $30 元								
家長簽名								

阿傑與老師的行為契約 3/19

我，阿傑，跟老師約定，

如果回家有幫忙賣章魚燒，並且做到下列工作：

1.刷醬不會沾到盒子、2.美乃滋只擠 2 條、3.名片本放旁邊或收起來

每天 1 小時以上，連續 10 天，就可以獲得楊老師照片兩張。

立約人：＿＿＿＿＿＿＿

＿＿＿＿＿＿＿

日期：＿＿＿＿＿＿＿

★☆請媽媽或爸爸在下面打勾簽名：

日期	3/19 (　)	3/ (　)	3/ (　)	3/ (　)	(　)	(　)	(　)	(　)
五點之前 開始幫忙	登記時間							
	打勾							
1 刷醬	確實做到							
2 美乃滋	需要提醒							
3 名片本	沒有做到							
有發薪水 $30 元	請媽媽存起來 給阿傑							
家長簽名								

圖 19-3　B 生與教師的行為契約（範例二）

二、其他不適當行為之處置

1. 示範及區別性增強：在學校，B 生偶爾會對同學不耐煩，以為講話比較大聲才像老大，除了示範和提示好行為，也搭配區別性增強其他適當行為，教同學如何忽略 B 生講話大小聲的行為等，逐步改善 B 生大聲說話的不當行為。

2. 親師合作：在家裡，長久以來養成的習慣較難改變，對學生和家長

來說都是不易改變的挑戰，除了往建立好行為的方向努力，更要常常對家長精神喊話，確認家長有稱讚孩子的好行為，同時也經常以不固定時距計畫表提醒學生「教師很期待看到他的轉變」，以增強他的好表現。

伍、成效與心得：好行為的「附」作用

分享這個案例，是因為好行為所帶來的「附」作用實在太驚人了。

又是一個早晨的電話，B生媽媽劈頭就感性的道謝，她好驚訝在週末時，B生主動表示想要去幫忙在夜市擺攤的阿姨，原本想說讓他去試試也好，沒想到一站就是十個小時，而且都不喊累、也不要休息，對工讀生要求頗高的阿姨也稱讚有佳。

John Dewey 於 1938 年指出：「教育的理想目標是塑造出自我控制的能力。」之前B生在工作時，教師總需要在旁提醒、糾正和檢查無數次。簽訂行為契約的過程，讓B生找回了自主性與掌控權，B生可以（在教師的引導下）參與決定以下項目：選擇增強物、設定目標，以及決定評量方式，於是B生心甘情願地為自己的決定負責，每天都主動拿著表格做自我檢核。另外，在為期六個月、總共十三份的契約中，B生選擇的獎勵從飲料、名片本、到吃牛排都有，後期居然開始害羞的說希望能獲得教師的照片，這才驚覺，在執行正向行為支持方案的過程中，教師也被配對成為增強物了！

當同一個時段內的好行為增加，不適當行為自然就減少了，這是自然的正反消長現象。與其花時間處理不適當行為，若能多費心思去建立適當行為，似乎效果倍增呢！而B生正是一個最佳範例。教師學習從其問題看到需求，看到可以改變的契機，發現他的優勢，強化他的好行為，並搭配行為訓練，形塑出適當的工作技能與態度。慶幸B生在高三畢業之前，有機會認識不一樣的自己，為進入職場建立良好的職涯相關能力，從常常被數落責罵的小跟班，轉變成「認真工作的帥仔」。看到學生正向的成長與轉變，也正是身為教師最大的增強了。

索引

特殊教育學生的正向行為支持

英文索引

國家圖書館出版品預行編目（CIP）資料

特殊教育學生的正向行為支持／洪儷瑜等主編.
--初版. --新北市：心理, 2018.02
面 ； 公分. --（障礙教育系列；63150）
ISBN 978-986-191-811-2（平裝）

1. 特殊教育　 2. 學習障礙學生

529.57　　　　　　　　　　107000438

障礙教育系列 63150

特殊教育學生的正向行為支持

策　　　劃：中華民國特殊教育學會
主　　　編：洪儷瑜、鳳華、何美慧、張蓓莉、翁素珍
責任編輯：郭佳玲
總 編 輯：林敬堯
發 行 人：洪有義
出 版 者：心理出版社股份有限公司
地　　　址：231026 新北市新店區光明街 288 號 7 樓
電　　　話：(02)29150566
傳　　　真：(02)29152928
郵撥帳號：19293172　 心理出版社股份有限公司
網　　　址：https://www.psy.com.tw
電子信箱：psychoco@ms15.hinet.net
排 版 者：辰皓國際出版製作有限公司
印 刷 者：辰皓國際出版製作有限公司
初版一刷：2018 年 2 月
初版四刷：2022 年 1 月
I S B N：978-986-191-811-2
定　　　價：新台幣 450 元